爱子坊
优教新智慧丛书
NO.1

孩子不能惯着养

纠正危害孩子的66个坏习惯

九州出版社
JIUZHOUPRESS

图书在版编目（CIP）数据

孩子不能惯着养：纠正危害孩子的 66 个坏习惯／成墨初编著 .—北京：九州出版社，2009.9

ISBN 978-7-5108-0207-2

Ⅰ. 孩… Ⅱ . 成… Ⅲ . 行为矫正－儿童教育：家庭教育 Ⅳ .G78

中国版本图书馆 CIP 数据核字（2009）第 181372 号

孩子不能惯着养：纠正危害孩子的 66 个坏习惯

作　　者	成墨初 编著
出版发行	九州出版社
出 版 人	徐尚定
地　　址	北京市西城区阜外大街甲 35 号（100037）
发行电话	（010）68992190/2/3/5/6
网　　址	www.jiuzhoupress.com
印　　刷	北京中达兴雅印刷有限公司
开　　本	710×1000 毫米　16 开
印　　张	17
字　　数	240 千字
版　　次	2009 年 11 月第 1 版
印　　次	2009 年 11 月第 1 次印刷
书　　号	ISBN 978-7-5108-0207-2
定　　价	28.00 元

序 教育就是纠正坏习惯

　　我国伟大的教育家陶行知先生说过：什么是教育？简单一句话，就是要养成良好的习惯。

　　常言道：三岁定八十。哪怕是一个年龄很小的孩子，我们也可以从他身上看到未来的教师、推销员、医生、律师或是政府高官的影子来，即便这影子还很微弱。哪怕只是一句话，我们也能够从中分辨出细微的主观思维模式，以及特定的行为方式。而这些迹象都在表明，孩子的习惯在不断地被塑造着，而一旦形成就很难改变了。

　　问题往往在于，人的习惯的养成并非在短时间内就能完成的，冰冻三尺非一日之寒，这需要一个长期的过程。再者，每个人的习惯也不是一成不变的。孩子的心智尚未成熟，正处于成长阶段，所以，他们身上的习惯应该引起父母的重视。

　　有一篇颇具影响力的调研报告——《悲剧从少年开始》，是对 115 名死刑犯犯罪原因的追溯调查。

　　调查表明，这 115 名死刑犯从善到恶的转变绝不是偶然的。他们身上无一例外地存在着诸多坏习惯，这正是他们走上绝路的潜在因素，是罪恶的根源。这些人违法犯罪均起于少年时期，其中 30.5% 曾是少年犯，61.5% 少年时有违法行为，基本都有劣迹。他们从小就有不良习惯，而只要这种潜在因素得不到改变，他们迟早都有走上犯罪道路的危险。

　　通过调查分析，他们身上的这些坏习惯主要表现在以下几个方面：不爱学习、不懂礼貌、不守法、贪吃好睡、好奢侈、爱享受、自私自利、任性妄为、重"哥们儿义气"、自作聪明、我行我素、显摆逞能、亡命称霸、伦理错位、黑白不分、是非颠倒、荣辱不分等。

值得关注的是，一切悲剧都是从童年开始的。不同的童年造成了杰出青年与死刑犯青年的巨大差异，更造成了先进青年与平庸青年之分，而这"不同"的基本点之一就是行为习惯的不同。

坏习惯是一种藏不住的缺点。这种通过潜意识表现出来的自动化的行为，自己看不见，别人却能看见。即使发生的这种行为并不一定是他自己希望的行为，但是一旦成了习惯，便身不由己，经常会在不经意间铸成恶果。

对于孩子，习惯的形成主要与环境有关，这其中，父母起了重要的决定性的作用。所以，要让自己的孩子从小具备成功者的素质，父母一项不容忽视的任务就是：纠正孩子身上的坏习惯，帮助孩子培养一生的好习惯。如果因为父母疏忽，孩子已经养成了一些坏习惯，那么千万不要迟疑，马上帮助孩子改正这些坏习惯。

要知道，任何一种习惯都不是天生的，都是可以改变和重塑的。尤其在青少年时期，孩子的身心发展还未定型，具有较强的可塑性，这一时期是矫治不良习惯的最佳时期。在这一关键期，父母如果适当、及时、认真地培养孩子的好习惯，就会收到积极的效果，而一旦因错失了教育的好时机，那教育的效果只能是微乎其微甚至会背道而驰。

本书从教养方式入手，全面分析了孩子成长过程中66种普遍、典型的坏习惯，并为父母提出了切实可行的解决指南和方法。

本书特色鲜明：首先是内容务实，分析的都是孩子身上的重大问题、典型问题和普遍问题，可引发父母共鸣。其次着眼于细节，着眼于具体，结合日常家教普遍的问题来阐述，重点突出实用性和可操作性，能收到立竿见影的良好教育效果。再次，主体内容用"案例＋分析"的体例，生动活泼，具有较高的可读性和通俗性，父母们可轻松阅读和理解。

帮助孩子养成受益终身的好习惯是父母进行家教的目的，孩子沾染了难以自拔的坏习惯，父母也难辞其咎。积极主动帮孩子纠正坏习惯，就是父母为孩子成长提供的最好、最有效的帮助。

目 录
CONTENTS

坏习惯 1 爱吃零食

零食是每个孩子都爱吃的东西，但不是所有的零食都对孩子有益。有针对性地选择零食，控制孩子的零食量，有利于孩子的身体健康。

——俄国教育家 乌申斯基

家教个案

真真平时爱吃零食。只要是真真喜欢吃的，妈妈就会去超市买一大堆回来。这样，真真几乎天天零食不离口，所以到了吃饭的时间就不太饿了，正餐吃得很少。时间一长，真真的身体素质逐渐下降，与同龄孩子相比显得又瘦又小。

有一次真真生病了，妈妈带她去看医生，医生检查后说真真严重营养不良，生病就是由此造成的，比同龄的孩子弱小也主要是这个原因。当医生了解到真真不按时吃饭，以吃零食为主后，就建议真真的妈妈想办法帮孩子戒掉吃零食的坏习惯。

此时，真真的妈妈才知道自己为孩子买那么多零食吃，不是爱孩子的表现，而是害了孩子。

◉ 教育感悟

随着现代科技水平的提高，零食不仅生产量大，而且花样繁多，油炸、膨化、速食等类影响孩子身体健康的零食层出不穷。这些零食不仅营养不足，还严重影响着孩子的身体健康。有些饮料中含有色素、添加剂等物质，对人的身体会造成极大的伤害；有些零食味重或冷，孩子经常食用会给肠胃造成很大的负担，容易产生各种胃部疾病……

同时，孩子正是长身体的时候，一旦养成吃零食的习惯，到了吃饭时间就不好好吃正餐，或者挑三拣四地吃得很少，这样会打乱孩子正常的饮食规律，不利于孩子身体的健康成长。

如果父母像上例中真真的妈妈那样，孩子爱吃什么零食就给他买什么，认为那样就是疼爱孩子，结果却适得其反，不但造成孩子身体素质下降，还在不自觉中成了孩子身体健康状况不佳的帮凶。

孩子养成吃零食的习惯之后，零食的各种危害就会在孩子身上显现出来，比如上例中真真的营养不良，同时还可能造成其他各种疾病的产生。这样即使孩子想做的事情很多，也会因身体的不适而心有余而力不足，甚至孩子一生的美好前途也可能就此葬送掉。

俗话说身体是革命的本钱，没有一个好身体，不管父母给孩子树立的理想有多远大也是徒劳，所以父母一定要控制孩子吃零食。由于零食一般做得都比较合孩子的胃口，所以若想一下子就让孩子完全不吃零食，也有一定的难度。这就需要父母根据孩子自身的情况，循序渐进地矫正孩子爱吃零食的习惯，不可急于求成。

◎ 专家建议

父母若想让孩子改掉吃零食的坏习惯，使孩子按时就餐，就需要从以下几方面着手：

1. 给孩子讲清楚过度吃零食的危害

零食的种类繁多，不良的零食会对孩子的身体造成很大的危害，比如膨化食品、速成食物、加有添加剂的饮料等，这些对孩子的生长发育都会造成不良的影响，更甚者会打乱孩子的正常发育规律。

父母要给孩子说清楚，不良零食不但吃后会危害身体的健康，并且会形成恶习，影响到正常就餐，因此会出现各种有机物缺失，造成营养不良、身体素质下降的严重恶果。

父母给孩子讲明零食的各种危害，会引起孩子的高度注意，有助于孩子从心理上厌恶此类零食，从而主动拒绝吃一些不良零食。

2．有针对性地给孩子挑选零食

王楠是一个11岁的孩子，身体发育状况良好，现在已经像个小男子汉，为此王楠的父母感到很骄傲。每当王楠的父母领着孩子出去，很多人会对王楠的实际年龄感到惊讶。一些只见过一次面的父母，看到王楠比自己同龄的孩子身体素质强很多，就向王楠的父母取经，问孩子要如何饮食才能长得如此健壮。

王楠的父母便把自己控制孩子吃零食，让孩子按时吃正餐，必要时给孩子补充一些健康的零食等经验介绍给别人。王楠在一边听着，为自己有这样负责任又细心的父母感到自豪。

孩子正处于身体发育的关键时候，再加上活动量大，往往吃过饭一会儿就感觉到饿。此时父母要给孩子补充一些零食，但这种补充要像王楠的父母那样有针对性地选择。不能仅凭孩子的口味、爱好去买，应该选择那些既能为孩子提供身体所需的各种营养元素，同时又不至于减少孩子正餐进食量的零食，比如选择一些水果、乳制品等。

3．严格控制孩子平时吃零食的数量

孩子都爱吃零食这是一个不争的事实，同时孩子的活动量大、容易饿也是一种自然现象，所以在适当的时候给孩子在正餐之外补充一些好的零食，是有助于孩子身体发育的。但是，不管多好的零食，都不能代替各种营养搭配均衡的正餐饭菜。

因此，父母要严格控制孩子吃零食的数量，只让孩子吃一些既能充饥、又能补充营养，而且不影响孩子正餐饭量的零食。只有如此，吃零食才不会影响到孩子的身体健康，同时能避免孩子养成只吃零食不吃主食的恶习。

4．对执意不改的孩子适当惩罚、警戒

小雪的父母对她十分娇惯。小雪喜欢吃零食，父母就给她买回很多她爱吃的零食，这样小雪的嘴巴几乎没有闲着的时候，所以到了吃饭的时候小雪就不上桌。这样时间长了，小雪的身体素质也就逐渐下降了。

这令小雪的父母十分着急，于是限制了小雪的零食量。但是，吃零食成

了习惯的小雪到了吃饭的时候依然是不动筷子，小雪的父母最后只得狠下心来，不论饭前饭后。

几天后，小雪禁不住肚子饿，开始主动吃正餐。爱吃零食的毛病也由此慢慢戒除了。

有些孩子如小雪一样，吃零食已经成为习惯，这对身体健康非常有害。

因此，父母一定要下决心帮孩子改掉这个恶习。狠下心来，给孩子以适当的惩罚，戒除孩子对零食的依赖，这样才会达到良好的效果。

教 子 箴 言

　　孩子爱吃零食是个普遍现象。孩子可以吃零食，只是父母要让孩子有选择性地吃，要少吃，要不影响孩子正餐时的饭量，不危害孩子的身体健康。能够提高孩子的身体素质，这是孩子吃零食的前提。

坏习惯 2　挑食偏食

> 挑食偏食对成人的影响大，对孩子的危害更大。避免孩子挑食与偏食，使孩子均衡地摄取各种营养，是孩子身体健康的基础。
>
> ——俄罗斯教育家　伊安·凯洛夫

家教个案

　　小云家里比较富裕，父母对她特别溺爱，她要吃什么父母就会给她买什么。但是小云的身体状况却不佳，小云经常跟父母说自己头晕眼花，浑身都不舒服。

　　小云的父母带她到医院去检查，医生说小云患上了营养不良症。这令小云的父母很纳闷，因为孩子吃的都是好东西，怎么会营养不良？

　　原来，小云虽然吃了不少山珍海味，但是她与妈妈一样都十分挑食，不合自己胃口的饭菜从来不动，很多蔬菜都不爱吃，粗粮更是一点不沾。时间一长，小云因为偏食就造成了营养不良。

◎ 教育感悟

　　随着经济水平的提高，人们的收入也有了大幅度的提高，于是在饮食方面也变得挑剔起来。如上例中小云和她的妈妈一样，很多人都喜欢挑食、偏食。大人挑食对身体影响不明显，但会对正处于身体发育黄金期的孩子产生很大的危害。

　　孩子只有各方面的营养均衡了，才能身体健壮，发育良好，但若是偏食，就会导致营养不良，出现小云那样的状况。

　　孩子最初挑食与父母的行为方式有很大的关系。如果父母在吃饭时挑挑拣拣，说这个不好吃那个不愿吃，孩子就会在心理上受到父母的影响，在不知不觉中接受了父母无意中的暗示，甚至对自己没有尝过的东西，只要父母说不好吃自己就不动筷子。这样时间长了，孩子就容易养成偏食的坏习惯。

有的孩子会因为父母强迫自己去吃不喜欢的饭菜而与父母对着干，久而久之也就养成了偏食的习惯。还有的孩子因家里的经济条件不错，像案例中的小云那样，想吃什么都能吃到，于是只挑自己喜欢的东西吃，这也是形成孩子偏食的一个原因。

不管孩子挑食出于哪方面的原因，结果都会危及孩子的身体健康，因此父母要尽快想办法改掉孩子偏食的毛病，确保孩子均衡吸收各种营养，让各种有机物、维生素等全面供给，这样才会促进孩子的身体健康。

◎ 专家建议

父母要想使孩子改掉挑食偏食的坏习惯，就需要从各方面着手，多管齐下，才会收到良好的效果。

1. 父母首先要做到不挑食、不偏食

父母首先不能有吃饭时挑三拣四的毛病，做到各种主食都吃，各样蔬菜都尝。就算是面对自己实在不喜欢吃的东西，在孩子的面前也要表现出爱吃、喜欢吃的样子，并引导孩子对各种饭菜都品尝一下，使孩子养成良好的饮食习惯。

如果孩子实在不喜欢吃，父母切忌不能进行强迫与威吓，这样做的结果只能适得其反。

2. 让孩子知道营养缺乏的危害

陈强喜欢挑食，天天这不吃那不喝的，因此营养缺乏，身体日渐消瘦。陈强的父母看着孩子越来越差的身体，既心疼又难受。于是，他们买回了很多关于营养方面的书籍，不仅自己看，也引导着陈强去读。这样在吃饭的时候，父母对什么菜有什么营养，如果不吃身体就会出现哪些不良症状等都能脱口而出，俨然成了膳食营养专家。

陈强读了那些有关食物营养方面的书籍后，知道只有摄入各种食物才会

营养均衡，身体发育才能良好，再加上父母的叮嘱，陈强开始试着品尝各种饭菜。一段时间后，陈强挑食的毛病改掉了，身体也随之强壮了起来。

如果孩子有挑食的毛病，就要像陈强的父母那样，不但自己主动去了解挑食、偏食的不良后果，还要让孩子去读，使其亲身感受偏食的危害，这样能尽快帮助孩子戒除挑食的恶习。

3. 让孩子当自己做饭的助手

调查发现，不管是大人还是孩子，只要是自己亲手做出来的东西，都会在内心上对它有一种认可。根据这个心理特点，父母在做饭的时候，可以让孩子帮自己择菜、洗菜，炒菜时让孩子帮着拿佐料等。这样，因为有自己的劳动在其中，孩子也会主动去品尝一下，这有助于改掉孩子挑食的习惯。

4. 尽量把饭菜做得色、香、味俱佳

孩子有时候挑食是因为父母做得饭菜千篇一律，要么是中看不中吃，要么是看着都没有胃口。

因此，父母应该进修自己的厨艺，经常变换着做不同的饭菜，尽量把饭菜做得色、香、味俱佳，这样孩子无论是看着还是闻着都能引起食欲，而吃起来又香甜可口，那么孩子挑食、偏食的习惯自然就会改掉。

5. 为孩子营造良好的就餐氛围

小冰的父母平常很忙，一家人只有在吃饭的时候才能聚在一起。父母经常在饭桌上问小冰的学习情况，诸如考试成绩多少，在班里是多少名等类似的问题。

小冰学习不好，因此经常在饭桌上受到父母的数落，有时候还可能遭到父亲的责骂。这样，不好的就餐氛围导致小冰越来越没有食欲，一到吃饭的时候心情就不好，不觉中就形成了挑食、厌食的毛病。

良好的就餐氛围能够促进全家人的食欲，可以避免孩子形成厌食、挑食的习惯。父母在吃饭的时候对孩子进行批评、指责，这既影响大人的心情，同时也抑制了孩子的食欲，容易使孩子养成挑食的毛病。

6.及时表扬孩子的进步行为

　　除了上面的几种方法外，父母还要学会对孩子的正面行为进行强化。比如孩子在父母的教育下能够品尝以前从不吃的饭菜，不管吃得多少，父母都要看到孩子的进步，并且及时表扬，这样能够使孩子感觉到自己的行为受到了关注，可以增强孩子继续进步的积极性。

教 子 箴 言

　　身体是学习和工作的基础，而身体健康的基础就是全面的膳食。因此，避免孩子挑食、偏食是让孩子拥有一个健康身体的必要条件。

坏习惯3　用眼不卫生

用眼不卫生会导致眼近视，不但会给学习带来诸多的不便，而且也会影响人们生活的方方面面。

——俄国教育家　德米特里耶维奇

家教个案

小双是初一的学生，平常爱打游戏、看电视。只要有时间，她就坐在那里玩上几个小时的游戏，或者一动不动地看几个小时的电视，并且喜欢躺在床上看小说，有时候看着看着就睡着了。

有一天上课，小双忽然感觉到眼前一片模糊，老师黑板上写的是什么也看不清楚了。再后来，小双放学回家的路上看对面的来人也不清晰，很多次邻居到了面前她看清楚是谁，但刚想说话邻居就走过去了，使小双心里很难受，因为妈妈跟她讲过，邻居曾说自己见了熟人都不打招呼。

最后，小双的父母带着孩子去检查了一下视力，确诊为近视。小双戴上了一副二百度的大眼镜。她不想戴眼镜，但又不得不戴。此时小双为自己的眼近视而非常苦恼，为自己以前用眼不卫生的行为懊悔，而小双的妈妈也为自己以前没有过多地关注孩子的用眼卫生，从而导致孩子眼睛近视的结果而追悔不已。

◎ 教育感悟

眼睛是心灵的窗户，一双明亮的眼睛不但好看，而且是健康生活的基础，因为人类对信息的获取90%以上依靠眼睛。因此每个人都应该注意用眼卫生，学会爱护自己的眼睛。但很多人却忽视了对眼睛的保护，戴近视镜的人几乎遍地都是，这样不仅不美观，也给工作、生活带来不便。

有一些眼睛近视的人，因为爱美或者工作的需要而戴隐形眼镜，这样虽然外人看不出来，但每天要从眼睛中取出、放进镜片，还要清洗、消毒，稍不注意眼睛就会感染，给身体造成很大的痛苦。

青少年学生是近视眼发病率最高的群体，很多学生都像小双一样等近视后才懊恼自己以前没有注意用眼卫生。近视大都是因为长时间上网、玩游戏、看电视等不注意用眼卫生所造成的。还有的孩子喜欢躺着看书，在动荡的车厢中或在走路时看书读报，时间长了也容易形成近视。

有些孩子学习比较刻苦，眼睛距离书本太近，再加上光线太暗，不知道休息，最终也会导致眼睛近视。孩子的眼睛近视后，就很难再恢复正常了，因此父母一定要关注孩子的用眼卫生，以预防为主，不要等孩子眼睛近视后再像小双的妈妈那样后悔莫及。

◎ 专家建议

要使孩子一直拥有一双明亮健康的眼睛，父母需要做到以下几个方面：

1. 引导孩子正确地看书、学习、玩游戏

张梅是五年级的学生，写作业时喜欢趴在桌子上，眼睛与书本的距离过近。张梅的妈妈发现后，就引导孩子保持正确的坐姿，要求张梅身体端正，眼睛距离桌面一尺左右，并且四十分钟后就要停下来休息一会儿。开始时张梅还按着妈妈所说的去做，但是妈妈一走她就一下子又趴在了桌子上了，同时只想着尽快写完作业去玩，所以学习一段时间后也不主动休息。

张梅的妈妈看到孩子这种行为后，为预防孩子视力下降，无奈之下只要孩子学习时，妈妈就站在她的身边及时纠正。这样时间长了，张梅不良的用眼行为就改掉了，养成了正确的用眼习惯，从而避免了眼睛近视的恶果。

父母平时无论多忙，都应该对孩子的用眼行为给予关注，发现孩子的不良习惯时应及时引导。比如不让孩子躺在床上看书，学习一段时间要休息一会儿，玩游戏、看电视要有节制等。

只要父母像张梅的妈妈那样给予孩子应有的关注并且做到及时引导，做好预防，孩子眼睛近视的机会就会大大减少。

2. 教孩子学做眼保健操

小强喜欢上网打游戏，但爸爸只允许他周日玩，小强为了抓住这个宝贵的时间，上了线就全身心地投入到游戏中，一玩就是几个小时。小强的爸爸感觉孩子这样玩，眼睛很容易疲劳、近视。于是就开始教孩子做眼保健操，并且要求孩子无论是玩游戏还是学习，只要到了一个小时，就要休息一会儿并做眼保健操。

开始时小强不愿意，感觉那样占据了玩游戏的时间，爸爸告诉他如果不按他所说的去做，周日就不让他上网了，小强就只好听爸爸的，上网时定上闹钟，一个小时后自动去做眼保健操，并且逐渐养成了良好的习惯。

近距离地看东西，一段时间后眼睛都会疲劳，如果不及时休息，眼睛为了适应环境就会主动调解眼轴的长度，再加上睫状肌长时间收缩，就很容易形成近视。因此，父母要注意孩子的用眼行为，教孩子经常做眼保健操，防止孩子近视。

3. 改善孩子学习的照明环境

父母要注意调整孩子晚上学习时的光线，尽量使孩子有一个充足的灯源，并且调整合适的距离，使光线最好从孩子左前方投射，这样能够避免暗影，有利于孩子看书学习。白天孩子学习时，父母也要注意，不要让孩子在太阳光直射下学习，否则孩子会感觉头晕目眩，时间长了也容易造成近视。

4. 多带孩子去做户外运动

陈刚不喜欢到户外活动，除了上学，周末的时候一般都会窝在家里看电视、上网，或者读书学习。有一段时间，陈刚感觉到眼睛有些模糊，爸爸就带他去检查了一下，医生说他患上了假性近视，如果以后注意用眼卫生，视力有可能会恢复，否则就会变成真的近视，同时建议陈刚多做一些运动。

于是，陈刚的爸爸只要有空，就拉着陈刚出去跑步、游泳等，虽然陈刚不想动，但为自己的眼睛着想，也只好随同爸爸一起去运动。这样，陈刚的视力有了很大的改善。

孩子缺少运动，久居室内，不但影响身体健康，同时还对孩子的眼睛不利，因为长时间待在光线较暗的屋里，视觉功能就会下降。因此，父母要经常带着孩子去户外做一些运动，这样不但能够起到强身健体的作用，同时也能够预防孩子眼睛近视。

教 子 箴 言

眼睛是信息的接收站，百分之九十的信息都需要靠眼睛传递。父母要想让孩子拥有一双明亮的眼睛，就要培养孩子良好的用眼卫生习惯，这样才能避免孩子眼睛近视的产生。

坏习惯4 忽视劳逸结合

做任何事情，只有做到劳逸结合，才可能获得高效率的回报。孩子学会劳逸结合是获得好成绩的前提。

——英国经济学家 凯恩斯

家教个案

小磊是个初三复读生，因为去年中考成绩不太好，没有进入理想的重点高中，妈妈就安排他复读一年，期望他今年能考上重点高中，为日后上一个好的大学打下基础。小磊明白妈妈的苦心，知道妈妈是为了自己的将来着想，再加上父母随时的催促、叮嘱，因此他学习很用功。

小磊在学校里，上课注意听讲，下课除了上厕所外，从来不出去，有一点时间就挤出来看书。晚上也会学习到深夜才休息。父母看着孩子如此刻苦，想着今年儿子肯定会考上重点高中，心里暗自高兴。

又一年中考过后，小磊的父母盼望着儿子的好成绩早点下来。但是，令他们失望的是，小磊的中考成绩比去年还低了十分，又一次与重点高中擦肩而过。小磊的父母实在想不通，儿子几乎把所有的时间都用在了学习上，为什么成绩却如此差。他们不知道，这个结果正是因为儿子没有注意劳逸结合所导致的。

教育感悟

人们学习时用到的最主要器官就是大脑。大脑工作时会处于一种高度兴奋的状态，对氧的需求量就会大增，对氧的损耗也会很快。如果长时间这样工作，大脑将严重缺氧，脑神经细胞就会出现疲劳，大脑皮层产生保护性抑制后大脑功能就会开始下降，使孩子产生感觉迟钝、注意力难以集中、思维反应变慢、记忆力下降等一系列症状。不仅如此，长此以往还可能导致孩子患上神经衰弱症。

上例中的小磊把大量的时间都用在了学习上，不仅没有进步反而后退了，其主要原因就是忽视了科学用脑，没有注意劳逸结合。大脑是一个精密度很高的器官，它有自己的活动规律，即兴奋和抑制交替出现。只有顺应这一规律，注意劳逸结合，才能使孩子的学习取的良好的效果。

现今的社会，为了能够使孩子有一个美好的未来，很多父母不顾用脑的科学规律，总是督促孩子不断学习。在周末的时候又给孩子报补习班、兴趣班之类，使孩子失去玩耍和休息的时间。最终，导致孩子烦躁不安，学习效率低下。

因此，父母要教孩子学会劳逸结合、科学用脑，合理安排学习时间，有计划地进行学习。这样不但能够提高孩子的学习效率，增强孩子学习的积极性，还能增强孩子的记忆力，稳定孩子的不良情绪等，为孩子的学习进步打下牢固的基础。

◎ 专家建议

大多数孩子都不会科学安排自己的学习时间，玩耍时兴致盎然，不想停止，学习时想赶快做完或者学好，也顾不得休息。这样不懂得劳逸结合，学习效率就会下降。父母要想让孩子高效率地学习，需要从以下几方面做起：

1. 教孩子学会聚精会神地学习

杨明是三年级的学生，平时学习时总是三心二意，表面在学习，心里却想着出去找小伙伴们玩，旁边人有什么举动或者说了什么话，他都会受到影响。因为杨明心没放在学习上，他的作业也常常错误百出，一些很简单的题目也会做错。

杨明的爸爸看着孩子心不在焉的样子，再看看孩子的学习成绩，知道这样下去孩子不会有任何进步。于是，他要求孩子学习时要聚精会神地学，否则就不放他出去玩，并且有意识地训练孩子的注意力。这样一段时间后，杨明在学习时用心多，学习效率也提高了很多。

父母要让孩子学会专心地学习，使其学习时尽量不被外界的事情干扰。只有学会科学地用脑，孩子才会有显著的学习效果。

2. 叫孩子玩时踏踏实实地去玩

小亮爱玩，喜欢与小伙伴一起打闹，也喜欢独自打游戏、看动画片等。但是，小亮玩的时候不能踏实地玩。因为小亮的父母对他寄予的期望很大，希望他好好学习，将来能考上理想的大学。小亮是一个懂事的孩子，他知道父母对自己的期望，想好好学习，但又禁不住玩的诱惑，玩时又担心被父母看见，怕他们伤心。

这样，小亮虽然在玩，却没能玩好。后来，小亮的父母知道了孩子的这个心理，就告诉他玩时可以尽情去玩，但必须以学习为主，把成绩提高上去。小亮愉快地答应了。以后，小亮学习时特别用心，玩时也能放开了去玩，很快，他的成绩就有了明显的进步。

爱玩是孩子的天性，大多数孩子都和小亮一样禁不住玩的诱惑，因此，父母不能禁止孩子去玩，并且要像小亮的父母那样，在孩子应该玩的时候，让孩子踏踏实实地去玩，这样孩子学习时才会有比较高的效率。

3. 合理安排孩子学与玩的时间

每一个人集中注意力都有一个固定的时间，它与大脑的兴奋期是一致的。孩子在学习的时候应遵循这个规律，用休息或玩耍进行调节，以利于孩子再次集中注意力投入到学习中去。

一般来说，孩子集中注意力的时间在 30 ~ 40 分钟左右，这与学校上课的时间也基本吻合。因此，孩子在家里学习时，父母也要以这个时间为基准，在孩子学习了 40 分钟左右时，就让他玩 10 ~ 15 分钟，这样孩子的大脑就能得到充分的休息，也才会高效率地学习。

4. 尽量不给孩子报补习班

孩童时期，正是贪玩和长身体的时候。但现在的很多父母却忽视了孩子这方面的需要，只想着如何使孩子比别的孩子学习更强，会的东西更多，希望孩子赢在起跑线上。于是在周末或者假期的时候，就会给孩子报各类的兴趣班、补习班，让孩子没有一点空闲的时候。

这样，表面看自己的孩子比别的小朋友多会了一些东西，但却扼杀了孩子玩的天性，同时还在不知不觉中给孩子的身心健康带来了危害。孩子没有学会劳逸结合、科学用脑，势必会影响到孩子日后的学习效果。

5. 尽量避免孩子晚上熬夜

强强的学习成绩不好，他想尽快提高成绩，于是就开始晚上熬夜学习。强强晚上开夜车，虽然当时能够记住一些东西，但第二天上课的时候就开始瞌睡。这样一段时间后，强强的成绩反而下滑了两个名次。

父母看到强强的这种状况，知道孩子需要足够的休息，第二天才能精力充沛地去听课、学习，于是让强强放弃晚上学习的做法，同时教给孩子一些科学的学习方法，让孩子在上课时集中注意力听讲。这样，强强的成绩逐渐提高了。

俗话说："勤能补拙"。但是，勤奋学习也要做到劳逸结合，这样才能提高学习的效率，有更大的收获。如果勤奋得不当，像强强本末颠倒，主次不分，学习成绩不仅上不去，还会急剧下降。因此，父母要尽量避免孩子晚上熬夜学习。

教 子 箴 言

任何事情都要遵循着规律去做，用脑也是一样。教孩子学会劳逸结合，这样才能与大脑的工作规律相吻合，孩子才会获得良好的学习效果。

坏习惯5 不肯运动

> 运动能使人有一个健康的体魄。一个人只要拥有健康的体魄，那么就一切皆有可能。
>
> ——俄罗斯教育家 苏霍姆林斯基

家教个案

方方刚上初二，成绩不错，经常被抽选参加竞赛，并且多次获得竞赛名次，因此方方一直是老师与父母眼中的优秀孩子。但是方方不喜欢运动，身体素质一直不太好。方方的父母以为孩子成绩好就行了，所以也没有注重对孩子身体的锻炼。

可是，一个意外事件发生了。有一次，方方第二天要参加数学竞赛，为了能够考得好一些，方方吃过晚饭后又学习了一段时间，到了晚上11点才休息。第二天，方方很早就起床了，妈妈为她准备了丰盛的早餐，期望孩子上午竞赛时能超水平发挥，取得一个好成绩。

方方正要吃饭，忽然感觉到一阵目眩，晕倒在了地上。妈妈一看吓坏了，急忙把孩子送到了医院。经过医生检查，方方并没有生什么大病，只是身体素质比较差，再加上精神紧张，导致他晕倒了。这次事件虽然导致方方错失了一次竞赛机会，却使她的妈妈明白了，孩子不仅要学习好，更要身体健康，于是下决心要让孩子运动起来。

◎ 教育感悟

"生命在于运动"，健康的身体需要经常运动。因为运动能够促进骨骼发育成长，使骨干变粗，使关节活动范围增大，还能防止骨质疏松；运动还能够提高肌肉功能，增多肌肉的毛细血管；同时，运动会使心脏增大，肺功能增强；更重要的是，运动能改善人们的精神面貌，使人有一个良好的心态。总而言之，运动能够保证身体健康，促进孩子身体的发育成长。运动虽然有很多的好处，但很多人却忽视了运动。随着应试教育日趋严重，学习成绩几乎成了大学的唯一敲门砖，因此很多父母只注重孩子的学习，不关心孩子的身体状况，而大多数孩子也都像方方一样，把精力都用在学习上，不爱运动，不喜欢锻炼身体。

孩子没有一个好身体，成绩再好，能力再强，以后的生活和工作都会因身体的虚弱受而到严重的影响。因此，父母不但要关心孩子的成绩，更要注重孩子的运动。

父母应该在孩子小时候就引导孩子热爱运动。如果孩子像方方那样不喜欢运动，父母就要想方设法让孩子运动起来，尽量做到运动规范化与多样化，并且要引起孩子的兴趣，这样才能起到应有的作用。孩子一旦喜欢上了运动，身体就会强壮起来，也就不至于发生类似方方因身体虚弱而意外晕倒的事件了。

◎ 专家建议

父母应当尽早引导孩子进行运动，如果孩子不喜欢运动，父母要想办法使孩子爱上运动。因为只有有一个健康的身体，孩子将来才能承担更多的责任，做出更大的成绩。

1. 父母做热爱运动的榜样

李晨是一个特别喜欢运动的孩子，并且体育的各个项目都很强，经常在学校举行的运动会上拿到多项比赛的前三名，身体也因此很强壮。李晨之所以爱好体育运动，就是因为从小受到了父母的影响。

李晨的父母虽然都是生意人，但知道身体健康的重要性，也明白只有通过锻炼才能保持身体强壮。他们天天早起运动，晚上吃过饭后也会出去走走。李晨很小就随父母一起这样运动，四肢还不能平衡的时候就学着父母做各种动作，因此养成了良好的运动习惯。

父母是孩子的第一任老师，大多数孩子都喜欢模仿父母。因此，若想让孩子喜欢运动，父母首先要热爱运动。这样，孩子就会像李晨一样，在潜移默化中受到影响，形成良好的运动习惯，这样才能有助于孩子各方面的健康成长。

2. 给孩子提供锻炼的机会

有些父母，只把注意力集中在孩子的学习成绩上，忽略了孩子身体的锻炼，甚至对孩子去打篮球或者做别的运动的要求进行限制，怕孩子会因此耽误了学习，这些都是不可取的。孩子锻炼身体的要求父母不仅要满足，而且应该尽量给孩子提供锻炼身体的各种机会，鼓励孩子去参加各种形式的运动。这不但能增强孩子的体质，还能提高孩子的智力，改善孩子的不良情绪，使孩子更有效地学习。

3. 提高孩子对运动的兴趣

对于不喜欢运动的孩子，父母要想办法提高孩子的兴趣。比如一家人一起做一个有趣的运动，或者做一项运动彼此进行比赛，看谁坚持的时间长，看谁跑得快，或者看谁做得标准、规范等。孩子都爱争强好胜，这样就会调动孩子的积极性。父母再有意地偶尔输给孩子几次，就更能增加孩子继续锻炼的兴趣。

4. 让孩子参与多种运动

王昌是一个小胖子，他不喜欢运动，尤其是跑步，但经不住父母对他的引导与劝说，于是王昌开始参与各种运动项目，连最不喜欢的跑步也开始了尝试。

没有想到，王昌跑步却很有天赋。体育课上，王昌与同学比赛一百米短跑，发现自己的爆发力很强，起步的速度也十分快，甚至赢了班里速度最快的同学。这样，王昌开始喜欢上了短跑，在学校举行的运动会上，王昌还在一百米短跑中拿到了第二的好名次。

因为每一种运动都具有不同的作用，父母应该让孩子尝试着参加各种运动，这样不但能够尽可能地使孩子得到锻炼，同时还能从中发现哪些运动最适合孩子，有可能还会像王昌那样发现自己的运动特长呢。

5.使孩子动作规范正确

父母教孩子锻炼身体，无论哪一种运动，都应该规范孩子的动作，尤其是有技术性的运动，更要让孩子按部就班地进行。这样时间长了，孩子才会养成良好的运动习惯，才能保证运动的质量，达到运动的效果。否则，孩子锻炼的动作不合乎规范，不仅起不到锻炼的效果，还有可能会伤及孩子的身体，从而得不偿失。

6.合理安排锻炼的强度

孩子最初开始运动，既不能强度太大，也不要流于形式。超负荷运动会伤及孩子的身体，还可能会因此打消孩子锻炼的积极性。只是象征性地活动一下身体，也会失去锻炼的意义。

父母应该根据孩子的身体情况，从孩子实际的承受能力出发，合理安排适当的运动，保证一定的强度和运动量，才会达到锻炼的目的，同时又不会使孩子感觉到太累以至于厌烦。

教 子 箴 言

运动能够强身健体，可以缓解精神压力，有助于增强神经系统的功能等。父母应该告诉孩子运动的各种益处，让孩子认识到运动的重要性，帮助孩子喜欢上运动。

坏习惯6 随意浪费

无论多么富有,随意浪费都可能会花得一无所有;
无论多么贫穷,学会了节俭就能够富有。

——德国教育家 阿道尔夫·第斯多惠

家教个案

张燕家里的经济条件不是很好,但父母都很疼爱她,认为不能亏待了孩子,于是,他们有什么好吃的都给张燕留着,有好喝的也都尽量让给她,尽量满足张燕的花销。

因此,张燕养成了随意浪费的坏习惯。吃的东西,她若感觉不合自己的胃口,起身就倒掉,从没有看过父母碗中的东西与自己的不一样;穿的衣服不想要了,就让父母给买新的,把自己的旧衣服扔了;用的学习用品,感觉旧了,就跟父母要钱买新的……

张燕的父母眼看着孩子随意浪费的行为日益严重,家里的经济又很拮据,不得不告诉孩子家里的收入情况。于是在吃饭的时候,父母告诉张燕家里钱不多,要学着珍惜物品,节省着用,张燕听后不仅不为所动,站起身随手又把自己不想吃的饭菜倒掉了。

◎ 教育感悟

随着社会的日新月异,人们的生活水平也在快速地提高,一般人家都吃穿用不愁,孩子基本上都是衣来伸手,饭来张口,要什么给什么,哪怕经济比较拮据,父母对孩子的要求也大都是有求必应。

孩子生活在这样优越的环境中却并不知道珍惜,随意浪费的行为随处可见,这在很大程度上与父母的行为方式有关。经济状况的好转使得很多成人都忘记了节俭,他们自己不知道珍惜物品,不想要的东西随手就扔,不想吃的东西抬手就倒,孩子看到后也会学着父母的样子去做。

孩子不知道珍惜物品也与父母的娇宠有关。现在的孩子基本上都是家里的"小公主"、"小皇帝"，如案例中的张燕一样，想要什么说一声就行，即便是新买的东西也说换就换。这样，孩子在不自觉中就学会了浪费。另外，孩子浪费的行为，还与孩子不知道金钱的来之不易、不了解挣钱的辛苦、不明白"成由节俭败由奢"的道理有关。

"由俭入奢易，由奢入俭难"。一个人一旦开始铺张浪费，就会一发而不可收拾，多少金钱都能挥霍一空，这样的孩子很难成就大事。因此，父母不管经济方面有多么宽裕，也要限制孩子的不良消费，杜绝孩子随意浪费。否则，孩子一旦养成浪费的习惯，就会像张燕那样很难改变。

◎ 专家建议

父母若希望孩子将来不随意浪费，就要给孩子做出一个好榜样，并做到及时教育和积极引导。若想改变孩子已形成的浪费行为，就需要下狠心控制孩子的消费方式。

1. 给孩子树立起节俭的榜样

父母是孩子最好的榜样，父母的行为直接影响着孩子的举止。因此，父母要想让孩子不随意浪费，首先自己就必须带好这个头，在各个方面尽量做到节俭，能用的东西不扔掉，能吃的东西不倒掉，给孩子做出一个好的榜样。

父母一旦发现孩子有随意浪费的行为，首先需要反省自己，检查一下自己的方方面面是否有铺张浪费的地方。如果没有，教育孩子时才会有说服力。否则，孩子会不服气，教育也因此无法达到理想的效果，相反还可能引起孩子的厌烦，导致孩子随意浪费的行为愈演愈烈。

2. 给孩子灌输节俭的道理

凯凯让爸爸给自己买一双新的运动鞋，想把那一双五成新的运动鞋扔掉。爸爸没有立即去给他买，也没有马上拒绝他的要求，而是瞅准机会，和凯凯拉起了家常，以名人节俭创业的故事教给他节俭的道理，同时告诉他，世界上的任何资源都是有限的，应该养成勤俭节约的美德。

爸爸把自己脚上穿的皮鞋脱下来让凯凯看，那双皮鞋有好几处都开胶了，并且鞋底都快磨穿了。凯凯听了爸爸讲的故事和道理，又看了爸爸已旧得几乎不能再穿的鞋，仰起头告诉爸爸说："我不要新鞋了，什么时候那双旧的运动鞋不能穿了我再换新的。"

不管从大的方面来说还是从小的方面来讲，可供人们利用的资源都是有限的，如果每个人都学会节俭，就会给后人留下多一点的资源，因此节俭是一种美德。

同时，节俭还是一个人将来成功的前提。奢侈的行为只能导致一个人一无所有，随意浪费的习惯只能让财物迅速流失，只有勤俭才能兴旺发达。像凯凯的父母那样给孩子言传身教这些道理，有助于孩子远离浪费的行为，形成节俭的好习惯。

3. 给孩子有选择地定量购物

很多父母，不管孩子是否需要，都会给孩子买回大量的东西，或者孩子要什么，就会按孩子的要求去买什么，这样很容易导致孩子养成浪费的习惯。因此，父母给孩子买东西时，要有选择地定量购物。

比如圆珠笔，最好一支一支地买。如果批发便宜，可以成盒买回家放起来。孩子用时，再一支一支地拿出来给他用。否则，东西一多，孩子就会随意浪费。

孩子要什么，父母不能随便就给买什么，而应该要看孩子是否真的需要，所要的东西是否有用。只有那些孩子必须要用到又不是很奢侈的实用物品，父母才去给孩子买。这样才能更好地避免孩子随意浪费的行为。

4. 限制给孩子金钱的数目

韩琼是个随意浪费的孩子，特别是在吃饭方面，如果不合胃口，即使买了她也不吃，不论贵贱，因此她吃饭的开销很大。每个月爸爸会给她五百元钱的生活费，有好几次不到半月她就把钱花完了，然后就打电话让爸爸给她送去。前几个月，爸爸怕饿着女儿，一听说女儿没钱了，就到学校送钱给她。

后来，韩琼的这种浪费行为越来越严重，跟爸爸要生活费用的间隔时间也越来越短，她爸爸知道再这样下去不行了，于是在给女儿生活费的时候严肃地告诉她说："这个月就这五百元，花完没钱了就饿着！"韩琼看着爸爸铁青的面容，乖乖地拿着钱走了。

这一个月，韩琼不敢再浪费了，买什么就吃什么，不管是不是合自己的胃口。这样到月底的时候，韩琼手里居然还剩下一百元钱。

孩子有浪费的行为，花钱就没有数。如果孩子要多少父母给多少，就纵容了孩子的欲望。父母只有给孩子限制金钱的数目，像琼琼的父亲那样，告诉孩子如果不按要求用钱，花完了以后也不会再给，这样才能控制住孩子乱花钱的毛病，减少孩子随意浪费的行为。

教子箴言

孩子如果有了随意浪费的习惯，不但会一辈子受穷，一生也将一事无成。因此，父母一定要培养孩子珍惜物品、物尽其用的生活态度，减少和杜绝孩子随意浪费的不良习惯。

坏习惯 7　与别人攀比

攀比无所谓对错，要看攀比的内容是什么。如果互相攀比学习、能力等，就会促使人上进；如果比吃、穿、用的档次，就会导致人颓废。

——英国教育家　赫伯特·斯宾塞

家教个案

鲁鹏家庭条件比较好，父母对他也比较娇宠，在物质上总是千方百计满足他。比如刚给鲁鹏买回新文具，鲁鹏看到班里有人用的比自己的更好，要求也换个那样的，父母就会毫不犹豫地去给他买。

一次新学期开学，鲁鹏的父母给他买了个新书包，刚上一天学，鲁鹏回家就吵着要买一个李宁牌的包。鲁鹏的妈妈虽然觉得孩子的要求不合理，但又不想扫孩子的兴，于是就给他买了一个。

过了一个星期，鲁鹏回家又吵嚷着要一身乔丹牌的运动服，说班里有一个同学买了一身这样的衣服，自己的那身显得太寒酸。此时，鲁鹏的父母才感觉到孩子与人攀比的心很严重，怕孩子如此发展下去不可收拾，于是断然拒绝了孩子的要求。

令父母没有想到的是，几天后，鲁鹏穿上了一身乔丹牌的运动服。原来他是趁父母没在家的时候，偷拿家里的钱去买的。

◎ 教育感悟

当今社会，经济的快速发展在给人们带来宽裕生活条件的同时，也给人们带来了一些负面的东西。许多人开始比吃、穿、用，比谁家有钱等。这些攀比在成人之间虽然不明显，但暗自较量的火药味却很浓，攀比的行为随处可见。

孩子在这样的环境中，很小也就学会了与同学进行攀比。如上例中的鹏鹏,虽然父母刚给他买了新书包,但看见别的同学用李宁牌的,于是不甘落后,立即让父母也给自己买了一个。这种攀比带来的浪费行为形成习惯后,如果没有钱与别人去比,就可能会用偷、抢的方法来满足自己的虚荣心,因此走上犯罪的道路。

还有的孩子不仅比所用文具的好坏,所穿衣服是否名牌,还比自己的父母是否有钱,权力是否大。这样攀比就会使经济不强、或者权力不大的父母在孩子心目中失去地位,对孩子的心理健康极其不利。

其实,攀比本身没有对错之分,只有不良的攀比才会导致不好的结果。如果孩子们彼此之间比学习成绩、比对父母的孝顺、比谁对集体的贡献大等,就会让他们把精力与时间用在正确的地方,激励自己不断地进步,从而成为一个优秀之人。

因此,父母不要把孩子的攀比行为一律否决。对孩子不良的攀比行为,父母要做到合理引导,使孩子改变与人攀比的内容,这样才有利于孩子的成长,有助于孩子将来的成功。

◎ 专家建议

孩子盲目与人攀比,危害很大。帮孩子改正不良的攀比行为,形成正确的竞争观念,是父母的重要责任与义务。

1. 父母杜绝自己与别人的不良攀比

父母的言行举止经常会在潜移默化中影响孩子。为了使孩子不产生或者减少与别人进行不良攀比的行为,父母首先要杜绝自己有这方面的表现。

当然,社会中盲目攀比的风气十分盛行,有些成人虽然不愿意,但在一些特殊的场合也会被卷入其中。这时候父母要避免带孩子进入这样的场合,防止孩子受到不良风气的沾染。

2. 让孩子清楚盲目攀比的危害

明明家里的经济不宽裕,但不知道从什么时候起,他却喜欢上了与人攀比。班里有一个男生过生日,花了二百元钱请同学吃饭,明明也在其中。那次生日聚餐的排场很大，很多同学都向那个过生日的同学翘起了拇指。

明明那时候心里就暗想，自己生日时一定要花三百元钱请同学们。但是，明明知道家里不会出这笔钱，他就去抢了一个商贩。那天生日聚会很隆重，但饭还没吃完，明明就被派出所的民警抓走了。

孩子与同学比谁吃得丰盛，比谁穿得名贵，比谁用得奢侈等，这些行为说白了都是一种虚荣心在作怪，危害很大，如果不及时控制与制止，孩子很容易像明明一样走上偷抢的犯罪道路。父母应该尽早给孩子讲清楚盲目攀比的巨大危害，使孩子及时摆脱不良攀比的诱惑，避免孩子日后走上一条不归路。

3. 纠正孩子不良的攀比内容

攀比并不是都会使孩子变坏，攀比的内容决定孩子是上进还是颓废。很大一部分孩子与人攀比的都是吃、穿、用、玩等一些不良的内容，使精力与时间都浪费在了这些有损身心健康的方面，对孩子的成长十分不利。

因此，父母要细心关注孩子的举止，如果发现孩子有不良的攀比行为就应该及时纠正，引导孩子去与别人比成绩，比美体，比劳动等，使孩子向好的方面发展。

4. 帮孩子找一个上进心强的榜样

刘冰是个特爱美的女孩子，天天与同学们比谁穿的衣服漂亮，学习一点都不用功。而刘冰邻居家的孩子却特上进，与她同班，学习成绩很优秀，并且从来不与别人比吃穿。刘冰的父母为了使孩子也能把心思用在学习上，在刘冰的面前有意识地多次夸赞邻居家的孩子学习成绩棒，知道用功等。

此种情形下，刘冰虽然心有不甘，但自己确实比邻居家的孩子成绩差，所以对父母的夸奖也无可反驳。不过，她却暗自下了决心要好好学习，争取超过邻居家的孩子，也希望得到父母的表扬。这样，刘冰就把全部精力都用在了学习上。虽然刘冰的成绩一时还不能超过邻居家孩子，但刘冰也有了很大的进步，父母为此深感欣慰。

父母明里或者暗地里给孩子找一个上进心强的榜样，然后在孩子面前经常有意识地夸奖这个榜样，就会使孩子产生竞争之心，孩子有可能就会像冰冰一样好胜起来，开始把全部心思用在学习上，同时达到了改变孩子不良攀比内容的目的。

5. 让孩子体验一下简朴的生活

帅帅回到家，向父母要钱，说班里一个同学每天中午生活费是二十元，比自己的多一倍，要求父母以后也要按此标准给自己。帅帅的父母知道在孩子的同学中，有一个孩子家里很贫穷，每天中午只有两元钱的生活费。于是，他们让自己的孩子观察一下那个孩子每天中午吃的是什么，花去了多少钱。然后，也只给孩子两元钱，让其体验一下两元钱买到的午餐。这之后，帅帅再也没有给父母提增加中午用餐费的事情。

孩子与别人攀比，眼光总盯在比自己吃得好、花费高的同学上面，于是心里就会感觉到不平衡，也会像帅帅一样要求父母给自己同样的标准。此时，父母让孩子向下看一看，使孩子体验一下贫穷孩子的生活，孩子就会为自己的生活费用比较高而感到庆幸，会自动取消自己的不恰当要求。

教 子 箴 言

积极向上的竞争能使人进步，最终使人走向成功；不良的攀比会导致人颓废，结局只会是一事无成。让孩子拥有积极向上的竞争，抛弃不良的攀比，是每一位父母担负的重要责任。

坏习惯8　花钱大手大脚

孩子知道节俭,学会理财,才能杜绝大把花钱的恶习。

——德国教育家　福禄培尔

家教个案

　　陈浩的家境富裕,父母为了表示对孩子的宠爱,经常会给他大面额的零花钱,这就使孩子很容易地养成了大手大脚花钱的毛病。一次周末,陈浩与几个同学一起去上网,玩了几个小时后,陈浩感觉到肚子咕噜咕噜地响。

　　他便站起身对着几个同学喊:"我饿了,你们饿了没有?走,哥们儿请你们几个去吃麦当劳。"那几个同学正饿得饥肠辘辘,一听陈浩要请客,还是去麦当劳,不约而同地站了起来,齐声答道:"好。"陈浩就带着几个同学去了附近的麦当劳,六个孩子消费了三百元钱。

　　陈浩家里经济条件虽然不错,但也承受不住他如此地大手大脚。当父母得知孩子花费了三百元钱请同学吃麦当劳时,心里不由自主地一惊,后悔最初给孩子的零花钱太多,又没有教孩子学会合理理财、合理消费,从而导致了孩子挥金如土地大把花费的恶习。

◎ 教育感悟

　　父母都爱自己的孩子,但给孩子过多的零花钱是对孩子的爱,还是对孩子的害,从上例中便可见一斑。孩子的每一种行为,不管是好是坏,都与父母有一定的关系。孩子花钱大手大脚,其中有很大一部分原因是父母造成的。

　　以陈浩为例,他的家境殷实,但如果父母不给他过多的零花钱,就不会养成他大把花钱的坏习惯。或者父母给了孩子这么多钱,但同时告诉他每一分钱的来之不易,教孩子合理消费,节俭着花,孩子也不至于学会大手大脚的花费。再或者父母教孩子学着理财,把节省的钱储蓄起来以备需要时用等,这样都会减少孩子形成大手大脚花钱毛病的机会。

而孩子一旦习惯了大手大脚地花费，再多的钱在孩子手里都会如流水一样转眼就没，家境再富裕也会被这样的孩子挥霍一空。这对整个家庭来说是一件不幸的事情，对孩子本人来说更加不幸。因为孩子没有正确的金钱观念，不知道钱财的来之不易，不明白金钱的实际价值，就更不会拥有挣钱的能力，这就会毁了孩子的一生。

因此，父母爱孩子要用正确的方式，给孩子的零花钱要合理，同时要教育孩子树立起正确的金钱价值观，引导孩子合理消费，教孩子学会理财，尝试着让孩子去学着赚钱等，这样才有利于孩子将来的成功，有助于孩子拥有一个美好的未来。

◎ 专家建议

预防孩子花钱大手大脚，父母需要做到以下几点：

1. 给孩子零花钱的数量要合理

父母是不是应该给孩子零花钱，零花钱应该给多少，这是令很多父母头疼的问题。不给孩子零花钱，孩子就不知道如何消费，也学不会理财；给孩子零花钱，又怕孩子乱花，担心孩子养成大手大脚的毛病。

其实，零花钱应该给孩子，让孩子尽早接触钱没有错，但要给得合理。在了解了孩子同龄人的一般消费情况后，父母应定期给孩子一定数量的零花钱，并且引导孩子学着记账，有计划地花钱。这样能够避免孩子花钱无规律、无节制，有利于孩子学会独立正确地支配自己手里的钱财。

2. 让孩子学会正确花钱、消费

孟婷刚上初一，但已经是一个消费的小行家。原来，在孟婷还很小的时候，父母逛商场买东西时就会经常带着她，并且告诉她哪些东西需要用是必须买的，哪些东西不需要没必要浪费钱财，节省下的钱要学会储蓄起来等。

不仅如此，父母还会教她如何货比三家，怎样讨价还价。这样，在孟婷稍大一些的时候，她就能像一个小行家一样用父母给的零花钱去买需要的物品，从来没有多花冤枉钱。很多同学看到孟婷如此有经验，买东西时还会拉着孟婷一起去把关还价呢。

很多孩子手里拿着钱，却不会合理消费。有的买了自己不需要的东西，花了钱却放在了一边；有的受商人忽悠，不辨货物的好坏，因买了次品而后悔；还有的不会还价，被卖主狠狠地宰了一顿；还有的花钱不会计划，手里有多少钱都会花完等。

为避免孩子有以上的情况发生，父母给孩子零花钱以前，要像孟婷的妈妈那样，教孩子学会正确合理地花钱消费。

3. 使孩子知道钱财的来之不易

很多孩子没钱了就向父母要，一般要多少父母就会拿出多少。孩子只知道父母那里有钱，却不知道这些钱的来之不易。

因此，父母应该告诉孩子自己挣钱的辛苦，如果有机会就带孩子到自己工作的地方，让孩子看一下自己每天需要工作多少时间，承受多大的辛苦，才能挣到不多的钱，这样就能够减少孩子花费无度的行为。

4. 让孩子亲自体验挣钱的辛苦

张武跟爸爸要钱，说自己想买一身名牌的运动服，而在前两天，父亲已经给他买了一套普通的运动服。张武的爸爸没有说什么，只是告诉孩子过了周末再说。星期日，爸爸很早就起床把张武叫醒了，让他跟着自己去车间干活，说今天如果张武跟着自己去车间，回来后还坚持要买名牌运动服的话，就给他买。

张武一听，高兴地立即穿衣起床，吃过饭就随父亲去车间了。当天气温高达 38 度，车间里很热。不到半个小时，张武就开始头晕眼花，再也坚持不下去了。

张武的父亲又干了将近两个小时才停下来休息。但他没有闲着，而是向孩子讲了一年来自己的辛苦。张武听着，眼泪都要流下来了，他从此再也不提买名牌运动服的事情了。

像张武的父亲那样，带着孩子去体验一下挣钱的不易，孩子内心受到了触动，就不会再向父母提过分的要求，从而能够避免孩子大手大脚花钱毛病的产生。

5. 教孩子学会储蓄

父母给孩子零花钱，要教孩子学会节省，否则无论给多少，孩子都有可能一下就花完，容易养成大手大脚的习惯。同时，父母还要教孩子学会把节省下来的钱储蓄起来，以备不时之需，或者计划着去合理花费自己积攒下来的钱。待储蓄到一定的数量后，父母可以带着孩子把钱存入银行，让孩子知道钱会生钱，使孩子体验自己有银行存折的快乐。这样可以提高孩子的积极性，有助于孩子节省行为的继续。

教子箴言

孩子花钱大手大脚是因为不知道钱财的来之不易，是父母没有在一开始就控制给孩子零花钱的数量，是孩子不会合理消费等的表现。父母认识到以上几点并采取相应的措施后，孩子大手大脚的习惯自然而然地就会减少或杜绝。

坏习惯 9 依赖性强

精神上依赖父母会导致孩子被动没主见，做事情依赖别人会导致孩子的能力得不到锻炼，而一个人的主见与能力是将来能否成功的基础。因此父母要培养孩子学会独立，避免孩子依赖别人。

——俄罗斯教育学家 赞可夫

家教个案

父母对辉辉十分娇惯，从小到大他的事情父母都是事事包办，连早晚刷牙，都是父母给他打好水，挤上牙膏，铺床叠被、上学需要带哪些东西等就更不用说了，一切都是父母的事情，因此辉辉的自理能力非常差。

有一次，妈妈把辉辉送到学校后忘记了告诉他中午吃什么，下午放学后妈妈去接他时，一眼就看到了辉辉有气无力的样子。妈妈赶快迎上去问他怎么了，辉辉责怪妈妈说："你送我上学时没告诉我中午应该吃什么，我就没吃午餐，现在饿得四肢无力。"

辉辉的妈妈听完儿子的话，既心疼又难受，同时又恨自己。心疼孩子饿了一天，气恨自己对孩子的一切事情都包揽，连孩子中午吃什么都指定，导致孩子没有一点自理和独立能力。

◎ 教育感悟

现在的家庭基本上都只有一个孩子，父母对孩子很是溺爱，认为替孩子做事情是爱孩子的表达方式，因此孩子的大事小事，都由父母来办，这样孩子在不知不觉中就产生了对父母的依赖。

还有的父母只关注孩子的成绩，认为孩子只要学习好，将来就会有好的前途，与学习无关的一切事情就由自己去操劳，这样也就直接导致了孩子两耳不闻其他事，一心只读圣贤书，在生活上也就习惯了依赖父母，同时精神上也失去了独立。

在孩子小的时候，父母可以伴随身边，替孩子解决所有的事情，但孩子的一生还有很长的路要走，父母不可能一直陪着他走下去。如果孩子各方面的能力从小没有得到很好的锻炼，甚至习惯了依赖父母，那么父母一旦离开，孩子的生活就会陷入瘫痪。

父母爱孩子没有错，在孩子幼小时候替孩子做事也应当。但随着孩子年龄的增长，父母就应该让孩子开始学着做各种事情，以培养孩子的自理能力，同时教孩子学着独立思考问题，以使孩子在今后决定事情时有自己的主见。

如果父母都像辉辉的妈妈那样，不管孩子长多大，依然替孩子安排所有的事情，就会使孩子养成依赖别人的习惯，在不知不觉中害了孩子。

◎专家建议

天下的每一位父母都爱孩子，都希望孩子将来能够有大出息，拥有一个美好的未来，但爱孩子要运用下面的正确方式，才能够促进孩子获得成功，孩子以后也才会生活得比较幸福。

1. 教孩子做力所能及的事情

父母要尽量给孩子提供锻炼的机会，教孩子学着自己去做力所能及的事情。比如孩子手脚灵活后，父母就要教孩子学穿衣服，教孩子如何择菜、打扫卫生、铺床叠被等。父母一开始教孩子的时候不能急于求成，不要怕孩子慢，要多鼓励多表扬，少批评少数落。虽然一开始教的时候可能会耽误父母一些时间，但孩子学会后，父母就能省心很多。

最主要的是，孩子有了自理的能力后，父母再出门或者有事要把孩子一个人搁在家里时也会放心。不仅如此，孩子做这些事情的时候也能体验到其中的辛苦，也会明白自己作为家里的一分子应该为这个家出一份力，这有利于培养孩子的责任心。

2. 从小引导孩子多动脑

陈雪上三年级了，虽然年龄不大，但是很有主见。不管是在学校还是在家里，不管大事小事，她都能积极思考，常常想出独到的见解和出人意料的解决办法，这些都归功于父母从小引导她积极用脑思考头号题。

有一次，陈雪的叔叔正往铁管上套一个塑料管，陈雪在一边观看。因为塑料管太小，叔叔就根据热胀冷缩的原理，把塑料管烤了一下，撑大后再往铁管上套。但因为天冷，塑料管一会儿就凉了，有时候套不上，有时候套上了却不结实，这样反复了好多次都没有成功。陈雪看到这里，就开始动起了脑子。

她认为如果烤铁管的话可以使塑料管不会过早冷却，同时也可避免不能套牢的问题，于是建议叔叔试一下。她的叔叔开始不大相信，但又没有别的办法，无奈试了一下，结果一举成功，他不住地夸奖陈雪聪明。

父母从小引导孩子多用脑能够使孩子养成积极动脑的习惯，就会像陈雪一样有自己的主见。如果父母不去引导孩子思考，孩子很少动脑，对日常生活中的事情父母说什么孩子就认为是什么，学习中遇到了问题孩子也会等待着父母帮忙，这样的孩子将来很难有所作为。

3. 让孩子学会为自己的行为负责

每天林婷放学后，妈妈就会在一边督促着女儿把作业写完。有一次，林婷的妈妈有事不在家，林婷放学后就与小伙伴玩去了，没有写作业。第二天上课的时候，老师把林婷批评了一顿。

林婷回到家后责怪妈妈昨天没有督促自己学习，以至于自己受到了老师的批评。林婷的妈妈听女儿如此说，才知道以前天天陪伴女儿写作业，让孩子依赖上了自己是一个错误。

于是她对女儿说："从今天开始，每天放学后你自己做作业，我不再叮嘱你，作业没有做，或者出了什么问题，那都是你自己的事情，你应该担负起这个责任。"结果，林婷从那天开始，学会了主动写作业，得到妈妈的及时赞扬和鼓励后，逐渐养成了主动学习的习惯。

孩子依赖父母，很多时候是因为父母什么都替孩子做造成的。如林婷一样，学习是自己的事情，但却习惯了妈妈的天天的叮嘱与陪伴，妈妈不在家，孩子就忘记了写作业，还把责任推到妈妈的头上。父母如果不及时改正自己的做法，就很容易使孩子处处依赖父母，并且难以担负起自己的责任。

4. 激发孩子的好胜心

孩子做事情依赖父母，不爱动脑，喜欢什么事情都让别人给自己拿主意等行为一旦成为习惯，非一日能够改变。父母需要想办法增加孩子的自信心，激起孩子的竞争心，这样孩子才可能有所转变。

孩子都有自己擅长的方面，父母要引导孩子做他擅长的事情，这样容易成功，自信心也会随之建立。同时，父母还要根据孩子的性格特点，通过夸奖其他比较独立的孩子来激起孩子争强好胜的心理。孩子有了竞争心，就会调动身上一切的能量去学习或者做别的事，依赖行为也会停止。

教 子 箴 言

父母事事替孩子包办会导致孩子自理能力差、胆小、行为懦弱等，处处显得无能。长大走向社会后就很容易碰壁受挫，最终一事无成。

坏习惯 10 没有时间观念

> 时间是生命的代名词，一个生命从生到死的过程就
> 是一段特定时间的流逝。因此，珍惜时间就是爱惜生命。
>
> ——俄国文学家 列夫·托尔斯泰

家教个案

　　李凤是个 14 岁的女孩，成绩一直都不理想。每天的作业也要父母督促很多遍后才会去做，写作业时又会东张西望，心不在焉，有时候还会发呆，半小时过去了都还没完成一道题。

　　李凤做作业磨蹭拖拉，但一玩起来就没完没了，不到父母去找，绝不回家。李凤之所以不知道珍惜时间，主要是因为她小时候父母经常鼓励她去玩，导致李凤后来就贪玩成性。另外，李凤小时候做事情磨蹭，父母也没有及时纠正。

　　今天，李凤的父母看着孩子没有时间观念，不知道时间的珍贵而毫无顾虑地挥霍时，内心十分难受，责怪自己没有早一些给孩子树立起正确的时间观念，现在需要纠正她就需要花几倍的努力了。

◎ 教育感悟

　　有人把时间比作金钱，有人把时间比作生命。时间的确很珍贵，因为人的一生就那么多固定的时间，若想利用这些时间做更多的事来证实自己的人生价值，实现自己的理想抱负，就需要在有限的时间里做更多的事情。

　　一个人是否知道时间的宝贵，能否珍惜时间，这与父母最初的教育有很大的关系。如上例的李凤，小时候父母鼓励她去玩，对她的拖拉行为从不责怪，这样孩子没有养成正确的时间观念，以为自己什么时候都会拥有时间，最终导致孩子浪费时间的行为。

　　孩子不知道时间的宝贵，就会像上例中的李凤一样贪玩成性，学习不用

功，拖拉磨蹭，还会在一些无聊事件上尽情地挥霍时间，结果到了生命终结的时候，才后悔自己没有抓紧时间干正事，却为时已晚。

因此，为了避免孩子到老时为浪费时间而后悔，为了能让孩子在有限的生命里多做一些事情，父母就要从小给孩子建立起正确的时间观念，让孩子明白时间的有限，使孩子知道时间一去不复返，必须学会高效地利用时间，不在无意义的事情上浪费时间等。孩子一旦珍惜时间成了习惯，必将会收获丰盛，成绩斐然。

◉ 专家建议

父母不但要教育孩子树立起时间观念，还要教给孩子高效地利用时间的方法，这样孩子才能不虚度一生。

1. 帮孩子树立起时间观念

李庆在刚认识数字的时候，父亲就开始教他看钟表，告诉他哪一个是时针、分针、秒针，每天时针要转多少圈，是多少个小时。不仅如此，他还告诉孩子时间的宝贵，教育孩子一定要抓住时间，尽可能多地去做正当的事情。

虽然当时李庆还不是很明白时间的概念，但却知道了时间应该花费在正当的事情上。上学后，李庆也会禁不住玩的诱惑，但他与伙伴玩耍时却知道适可而止，每次玩一会儿就会主动回家学习，父亲对此很欣慰。

孩子是否有时间观念，有了时间观念后又能否把时间用到正确的地方，都需要父母正确地引导。如果父母方法得当，像李庆的父亲那样，让孩子从小就知道时间的珍贵，就能够有效地减少孩子浪费时间的行为。

2. 教孩子做事情学会计划

纯纯上三年级了，成绩在班里一直是前十名，她希望自己能在期末考试中考到前五名。但是一学期过去了，纯纯的名次还在十名转悠。新学期开始，纯纯的妈妈让孩子写了一个学习计划，目标就是期末考取前五名。

计划中写清楚了每天要做的事情，包括何时预习，什么时间复习，每天的学习达到什么样的效果等。有了这个计划后她照着执行，而且每天晚上还核对一下是否达到了计划的要求。因为纯纯严格按照计划所定的时间学习，所以在这一次的期末考试中，纯纯考了第四名。

计划能够指导孩子什么时间应该做什么事情，订下合适的计划后就严格按照计划执行，这样可以避免孩子的偷懒行为，不至于让时间白白逝去，结果就会像纯纯一样实现所定的目标。

3. 教孩子科学的统筹方法

统筹方法是从全局出发，全面考虑事情应该如何安排才能提高效率，才能更好地利用时间。比如两个人都打扫卫生，需要擦玻璃、洒水、扫地。一个人先擦玻璃，然后洒水，等到水稍干后扫地。而另外一个人先洒水，在等水干的时候去擦玻璃，玻璃擦完后也能扫地了。第二个人完成三项事情的时间只占第一个人洒水和扫地的工夫，这就节省出了不少的时间。教孩子按照科学的统筹方法做事情，可以节省很多时间。

4. 让孩子学会利用点滴时间

时间十分珍贵，许多人都知道珍惜大段的时间，但却会忽略很多点滴的时间，比如坐车等车的时间，打饭排队的时间，约会等人的时间等。这些零碎的时间积累起来也是一笔很大的财富，利用这些点滴的时间能够完成很多事情。

因此父母要让孩子学会利用好这些点滴时间，不要浪费每一分钟。

5. 教孩子学会高效地学习

每个人都有一个生物钟，每一个人的生物钟都不完全相同。有的人在早上记忆力好，看两遍单词就能够记住，而有些人是晚上睡觉前脑子清醒，看什么东西都过目不忘。同样的时间段，一个人心情愉快时就会记东西快，情绪低落时就会记不住东西。

让孩子注意观察自己这方面的特点，掌握自己最佳的学习时间，然后把最重要的知识放在最佳的时间里去记忆，往往会收到事半功倍的效果。

教 子 箴 言

时间犹如生命般珍贵。教孩子树立起正确的时间观念，抓住生命里有限的时间，并学会高效地利用这些时间，可以帮助孩子取得事业上的成功，获得生活上的幸福。

坏习惯 11 不懂文明礼貌

文明礼貌代表了一个人的修养，决定了一个人受欢迎的程度，还会影响一个人的大好前途。

——俄罗斯教育家 安东·谢苗诺维奇·马卡连柯

家教个案

亮亮今年十岁。有一次，随妈妈去逛商场，在下楼梯时一不小心，身体朝下扑了过去，幸好被一位正上楼梯的阿姨扶住了，这样亮亮才幸免一摔。

惊慌失措的亮亮抬头看了那位阿姨一眼，很快镇定了下来，就又蹦跳着下楼去了，连一句"谢谢"都没说。那位阿姨转头看了看亮亮的母亲，脸上显现出不高兴的神情。

显然，那位阿姨对亮亮不知言谢的行为很不满，而亮亮的妈妈也对儿子不懂礼貌的行为有些生气，但儿子在家里也一直都是如此，因为自己从没有教过孩子的缘故，不知要对帮助了自己的人说"谢谢。"

此时，她冲着那位好心的阿姨尴尬地说了一句："谢谢你，要不然孩子就摔下去了。"然后就匆匆地下楼了。她为自己没有教儿子学习文明礼貌而感到惭愧。

◎ 教育感悟

现代社会，一个人若想成功，必须与人沟通、交流、合作。如果不懂文明礼貌，给人的第一印象就会很差，别人也不会与此人第二次见面，更谈不上合作。相反，很多人都会喜欢与一个时时处处彬彬有礼的人打交道，愿意和这种人合作，从而能够增加许多成功的机会。

文明礼貌表现在一个人的言谈举止上，反映出的却是一个人的品德与修养。不管是大人还是孩子，只要懂得文明，会经常使用礼貌用语，那么不论走到哪里都会受人欢迎。而一个满嘴脏话、行为粗鲁、不会使用文明用语的人，或者像亮亮一样受人帮助却不知道感恩的人，就会遭到别人的反感。

亮亮之所以会受人帮助却不知道言谢，主要原因是父母对孩子过于娇宠，没有及时教孩子学习文明礼貌。亮亮的妈妈平时为孩子做这干那，从来没有教孩子对自己说声谢谢。孩子习惯了这种被妈妈照顾的方式，就认为别人帮助自己也是理所应当的，没有一丝感恩之心，所以就很难说出感谢的话语。

因此，父母教孩子懂得文明礼貌，要从自己开始做起，从身边的小事，从父母与子女之间的交往做起。孩子帮自己做了事情，要记得说谢谢，自己给孩子做了什么，也要提醒孩子表示感谢，这不是见外，而是培养孩子拥有一颗感恩的心。这样，孩子将来走向社会才会知道感恩，才会使用文明用语，才会成为受人欢迎的人。

◎ 专家建议

要想让孩子懂得文明礼貌，父母必须要从自身做起，对孩子进行言传身教，这样才能取得良好的效果。

1. 给孩子做出文明礼貌的榜样

父母是孩子的第一任老师，父母的行为与教育会对孩子产生最直接的影响。因此，要想让孩子懂得文明礼貌，就必须从自身做起，对孩子进行言传身教，这样才会收到良好的效果。

比如自己下班回家后，孩子送上一杯热茶，不要忘记了对孩子说声"谢谢"。这样，自己在帮助照顾孩子后，孩子也会向自己表达谢意，文明用语就是这样学会的。

另外，父母与别人交往谈话时，也要注意自己的言谈举止，提高自身的修养，无论孩子是否在场，都要尽量避免自己粗鲁的行为和不文明的用语。

2. 及时纠正孩子不文明的言语

姜梅是个十分漂亮的小姑娘，但却没有人喜欢她，因为姜梅爱说脏话。

除了跟父母说话以外，她跟任何人说话最后都带一声"他妈的"，这简直成了她的口头语。而姜梅之所以脏话不离口，是因为在一次吵架中，别人这样骂了她，当时她感觉到了此脏话的威力，后来与别人吵架时也用这句话来伤人，慢慢就发展成了口头语。姜梅的父母知道孩子这个毛病之后，告诉孩子这是最难听的脏话，是对父母的侮辱，包括自己在内。姜梅听了父母这番话后，以后就刻意地改正，这句不文明的语言不久就被戒除了。

孩子会随着接触面的增大，交往人的增多，沾染上一些不良的习气，学会一些骂人的话语，父母发现后要及时进行纠正，这样孩子就会像姜梅一样，有效地控制不良言行。

3. 教孩子学会说各种文明用语

小玲刚6岁，是一个十分懂得文明礼貌的孩子。只要接受了别人的东西，不管自己是否喜欢，她都会面带微笑地说声"谢谢"；若是自己不小心碰到了别人，或者弄得声响大了些，影响了他人，她就会急忙说声"对不起"；如果想让别人给自己行个方便，就带着一个"请"字，并且说声"麻烦你了"等。她对家里人也不例外，哪怕是在父母的面前也是如此。

小玲因此成了一个人见人爱的孩子，没有人不夸奖她的。而这些，都是小玲的妈妈从小教出来的。在小玲刚懂事的时候，妈妈就利用各种场合教她学说各种文明礼貌用语。开始时小玲有时会忘记，妈妈就随时提醒她。到现在，说文明用语已经成了小玲的习惯。

如果父母们都像小玲的父母那样尽早地教给孩子"请"、"谢谢"、"对不起"、"打扰你了"、"请原谅"等文明用语，，就会使孩子养成习惯，而这样的孩子走到哪里都会受人欢迎。

4. 强化孩子的自尊意识

王伟从小就调皮捣蛋，总是喜欢搞恶作剧捉弄人，有时候还说粗话骂人，并且在吃饭的时候，不管有多少人在场，只要他看见自己喜欢吃的菜就先下手为强。王伟这些不文明的行为遭到很多人的厌烦，但王伟仍然我行我素。

王伟的父母觉得孩子这样下去不行，于是开始有意识地强化孩子的自尊心，想办法让孩子在乎别人对自己的评价，教他学会尊重别人，从而达到自尊。

这样，王伟慢慢有了自尊意识，知道了自己不文明的行为会遭到别人的厌恶，捉弄人是对别人的不尊重，也会让自己失去自尊。

王伟开始刻意改变自己，说话时选择文明的用语，做出礼貌的行为，终于成了一个受人喜爱的孩子。

一个人如果没有自尊意识就会像王伟一样我行我素，无动于衷于别人对自己的评价。而父母只要使孩子建立了自尊心，并且不断地强化它，孩子就会在意自己的形象，从而改正自己的不良言语与行为。

教 子 箴 言

一个人的外在表现能够反映出一个人的道德品质，在交际中也起着非同寻常的作用。因此，父母要教孩子做到穿着大方得体，说话使用文明用语，行为上合乎礼仪，这样孩子到哪里都会受到别人的尊重和欢迎。

坏习惯 12 爱找借口

借口是不想担负责任的托词，是不信守承诺的反映，是畏惧困难不求上进的表现，它直接阻碍着一个人将来的成功。

——美国教育家 布卢姆

家教个案

吃完饭，妈妈让娟娟把收拾好的碗筷送到厨房，娟娟不情愿地过来捧住三个空碗就走，然而由于她心不在焉，碗从手里滑了下去，摔碎了。妈妈闻声赶来，娟娟却撅起小嘴，看着妈妈说："都怪这碗又滑又重，它自己从我手里掉下去摔破了。"

妈妈本以为女儿会为自己打碎碗的行为懊悔，还准备要安慰她一番呢，没想到女儿却为自己不小心打碎碗找了这样一个借口。妈妈生气地质问女儿说："做错了事情就要知道认错，要承担责任而不是去找借口。"

没有想到娟娟一听此话"哇"的一声大哭了起来，一边哭一边说："就是碗太滑了才打碎的，不是我的错误。"

◎ 教育感悟

借口在人们的生活中几乎随处可见。孩子撞到桌脚上，哭了起来，妈妈赶快上前拍打桌脚，埋怨它碰着了孩子，结果孩子转哭为笑；父母许诺孩子成绩达到了多少名之后带孩子出去旅游，孩子用心学习实现了父母所定的目标，父母却怕破费，找借口说现在没工夫，以后抽时间再带孩子去；还有的人担心自己完不成上级所交的任务，拿自己身体不适、没病装病找借口等。

这种找借口的行为屡见不鲜，孩子亲眼目睹着父母如何找借口，就会像上例中的娟娟一样在不知不觉中学会这种行为，明明是自己的错误导致的不良结果,却硬是把责任推脱掉。而一个人一旦习惯了找借口,那么做错了事后,首先想到的就是把责任推给别人,而不是去从自身找原因,因此吸取不了教训,难以取得进步。

找借口还会失掉很多交往或者成功的机会,比如许诺的东西无法兑现时就说没时间,约好的时间没遵守就找别的托词,或者因工作有一定难度就推说家里有事而放弃努力等。经常失信于人就会使别人避而远之。

不可否认,有些事情做错了或者完不成,肯定不是某一方面的原因,所以这就给人们找借口以可乘之机。找借口产生的不良结果不是一时半会儿能够显现的,因此找借口的人非常多。借口会在不知不觉中消磨人的意志,对人有着巨大的危害。父母一定要注意自己的言行举止,避免孩子像娟娟一样沾染上找借口的恶习。

◎ 专家建议

借口就是托词,它为懒惰、不守信、不思进取等不良行为戴上一顶冠冕堂皇的帽子,让它们乘机而入,贻害孩子一生。父母要从以下几方面杜绝孩子找借口的陋习:

1. 父母给孩子做出不找借口的榜样

小丹学习不错,成绩一直是班里前五名。妈妈为了进一步激励她好好学习,就许诺小丹年底考试如果进了前三名,就带她去北京玩。小丹很早就想去北京看一看天安门、故宫,爬一爬长城,于是暗自下决心一定要达到这个目标。

小丹的努力没有白费,年底考试的成绩是班里第二名。小丹的妈妈也打算带着孩子去,但年关去北京的人很多,就又打算等暑假再去。小丹的爸爸知道后坚决反对,他说道:"许诺孩子的事情一定要按时兑现,不能找任何借口,否则会影响到孩子的行为。"

这样,小丹的妈妈就带着孩子踏上了去北京的旅途。小丹十分高兴,想着如果下次父母再给自己定什么目标,自己一定要更加努力地去完成。

父母一定要用行动告诉孩子:说过的话一定要算数,不要为不想践诺找借口。父母为了让孩子达到某个目标而给出了一定的许诺,当孩子像小丹一样经过努力达到目标后，如果父母找各种借口不兑现诺言，那孩子下次就不会再相信父母了，同时还有可能会学着父母的样子去找借口。

2. 教孩子多从自己身上找原因

李晴今年5岁，上大班。有一天放学后妈妈去接她时，李晴看见妈妈就撒开腿朝妈妈跑过来，一不小心被脚下一块砖头绊住了，摔在了地上，哇哇大哭起来。

李晴的妈妈走上前对孩子柔声说："我们的李晴坚强，快站起来。"李晴听到妈妈的声音，哭得更凶了，没有起身的意思。妈妈没有伸手去扶她，而是再一次重复刚才说的话。此时，李晴才止住了哭声，慢慢地站了起来。

然后，妈妈表扬了她，李晴就变哭为笑了。妈妈接着告诉她，摔倒是因为她自己没有小心，告诉她走路时应该看着脚下，否则下次可能还会跌倒，李晴认真地点了点头。李晴吸取了此次教训，以后不管做什么事情都很小心。

一般的父母，在孩子跌倒后会用埋怨砖块的话来止住孩子的哭声。这种找借口的行为会使孩子在潜移默化中学会为自己的失误找借口。因此，父母应该学习李晴妈妈的做法，让孩子吸取教训，而不是随时去找各种借口。

3. 告诉孩子找借口的种种危害

如果父母发现，孩子做错了事情就找借口把责任往别人身上推，或者遇到困难就向后退，还找借口为自己开脱，那么父母就要及时揭穿孩子的借口，并给孩子讲明找借口的危害。父母要让孩子学着担负责任，遇到困难时要迎难而上，告诉孩子做错了事就要吸取教训，知错就改，这样才能成长为一个知道负责、懂得上进的人。

4. 及时表扬孩子减少找借口的行为

陈宁以前做什么都爱找借口。作业做不完，说是老师布置得太多；成绩考得差，说老师出的题目太难。因此，学习成绩一直上不去，其他方面也表现平平。后来在父母的教育引导下，陈宁认识到以前那些找借口的行为是不对的，所以在父母的督促下开始有意识地纠正自己爱找借口的行为。

他不再埋怨老师布置的作业多，会尽量完成老师布置的作业，。陈宁的父母看到孩子找借口的行为减少后，及时表扬了孩子的进步行为。这样陈宁的积极性更高了，逐渐地把喜欢找借口的毛病改掉了。

孩子不管有什么不良的习惯，都不可能一下子全部改掉。在孩子减少不好的行为时，父母应该像陈宁的父母那样及时关注并提出表扬，这样才能提高孩子继续改正的积极性，最终达到戒除孩子坏习惯的目的。

教 子 箴 言

找借口是不思进取的行为，是害怕担过失与责任的举止。所以，任何时候，任何事情，父母都要教孩子不要找任何借口，因为找借口是一种自欺欺人的行为，会让人永远难以取得进步、获得成功。

坏习惯 13　磨蹭

做事磨蹭、拖延是浪费时间，也是不珍惜生命的表现。

——美国教育家　罗杰斯

家教个案

早上六点钟，妈妈叫王勇起床，到了六点二十，王勇才只穿好一件上衣，而妈妈已经准备好了早餐。为了避免孩子上学迟到，妈妈赶快走到孩子的床前，帮孩子快速地穿好衣服，然后给孩子挤好牙膏，倒上洗脸水，让孩子刷牙洗脸。

六点四十分，开始吃饭了，王勇拿着一块面包，咬一口后看见了旁边的玩具，就离开饭桌拿着玩具玩了起来，妈妈急忙把他拉到桌边吃饭，但一块面包王勇整整吃了十五分钟。妈妈眼看着孩子要迟到了，就只好把早餐奶放进孩子的书包里，急忙去送孩子上学，而此时，刚好敲响了上课的铃声。

王勇的妈妈松了一口气，但孩子处处磨蹭的生活实在让她感到很累，担心孩子长大后做事情还快不起来，以后跟不上时代的步伐。

教育感悟

现在的社会，科技高速发展，计算机的普及使人们做事的效率成数倍的增长，人与人之间的竞争越来越多地倾向于如何用更短的时间做更多的事情，企业与企业的竞争也是比哪一个企业更早一分钟、甚至一秒钟获取重要的信息，或早一点生产出新的产品。

一个做事拖拉、喜欢磨蹭的人，到哪里都不会有出色的成绩，更不会受到老板的欢迎，有可能还会被企业扫地出门，被这个社会所淘汰。因此，父母对孩子的磨蹭行为，一定不能掉以轻心。虽然每个孩子身上多多少少都会有磨蹭的毛病，但父母也不要就此认为是正常的现象，而应找出原因，及时纠正，帮助孩子提高做事情的效率，使孩子将来在这个社会中有立足之地。

孩子磨蹭的原因有很多种，有的像上例中王勇的妈妈那样，看着孩子做事情速度慢，为了赶时间，就帮助孩子穿衣戴帽，这样就有可能导致孩子依赖上父母，用磨蹭来让父母上前帮忙；有的孩子手脚协调能力差，想快却快不起来；还有的孩子是因为注意力受到了其它东西的吸引，如王勇吃饭时看见了玩具，于是上前去玩，结果延长了吃饭的时间；大多数孩子慢是对所做的事情不感兴趣，如孩子不想学习想去玩，父母却硬逼着孩子去学习，孩子就会用磨蹭来反抗；还有的孩子是因为没有时间观念，不知道时间的重要性，认为慢与快没有什么区别。

孩子做事磨蹭的原因很多，父母要找出原因，才能有效地提高孩子的做事效率，让孩子在将来的竞争中成为一个胜利者。

◎ 专家建议

父母若想改变孩子的磨蹭，首先要找出孩子磨蹭的原因，然后针对原因运用合适的办法，才会收到良好的效果。

1. 锻炼孩子做事的技能

有些孩子做事情慢，不是有意识地慢，而是因为手眼的协调能力差。此时父母不要因为孩子的慢而上前帮忙或者直接代孩子去做事情，而应有意识地去锻炼孩子自己动手做各种事的技能，增强孩子的协调能力和动手能力，速度自然而然就会快起来了。

2. 让孩子明白时间的重要性

孩子有时候慢是因为不知道时间的重要性。这时候父母就要用有关珍惜时间的名言和一些高效利用时间的名人故事等来引导孩子，让孩子明白生命的有限，告诉孩子美好的时间就是不多的几十年，教孩子抓住宝贵的时间尽可能多地做一些事情。

只有如此，孩子将来走上社会才不会被淘汰，才能在竞争中抓住更多赢的机会。

3. 避免在孩子书桌上摆放使其分心的东西

婉婉的书桌上以前放有全家的照片，还有镜子、梳子、小花卡子等，那时候她趴在书桌上写作业时，经常被这些东西吸引，不是拿着照片端详一会儿，就是照着镜子梳头别发卡，这样就浪费了很多时间，而作业却只做了一点。

后来，婉婉的妈妈就把那些无关的东西都收了起来，书桌上只放与学习有关的一些用具。这样，婉婉写作业的速度一下子就提高了很多。

孩子因为年龄小，注意力不能集中太长时间，同时还会像婉婉一样容易受到外界事物的干扰。因此，在孩子学习的地方，尽量不要放与学习无关的东西，同时还要在孩子学习一段时间之后让其休息一会儿。只有如此，才能提高孩子的学习效率。

4. 提高孩子对所做事情的兴趣

孩子做事情的快慢还与兴趣有关。一般父母安排孩子做他不喜欢的事，孩子就会磨蹭。因此，如果是正当的事情，又是孩子必须要做的，父母就要想办法提高孩子这方面的兴趣。

比如学习一般都很枯燥，因此在被父母强迫着做作业时也会心不在焉，往往会以磨蹭来表达自己的不感兴趣。

此时，父母就要想办法提高孩子对学习的兴趣，以讲故事的形式传授给孩子知识，引发孩子对知识的向往，激发起孩子学习知识的兴趣。这样，孩子在学习上就不会磨蹭了。做别的事情也是一样的道理。

5. 教孩子开展速度的比赛

孩子做事情速度慢，比如走路磨蹭，父母就可以经常与孩子比赛谁走路快。孩子们一般都喜欢这样的游戏，就会提高速度与父母比赛。父母再使用一些策略，有意识地偶尔输给孩子几次，就能提高孩子的积极性，使孩子比赛的劲头更足，孩子走路速度也会随之提高。

同时，父母还可以让孩子自己跟自己比赛。比如在固定的时间内，给孩子规定同样量的事情，让孩子尽量一次比一次提高速度。如果孩子有了进步，父母就要对孩子进行表扬，受到表扬后，孩子会更加努力地提高速度和效率。

6. 让孩子尝到磨蹭的苦头

雷晶喜欢磨蹭，父母多次给她讲磨蹭的害处，但一点作用都没起。每天早上父母叫她很多遍之后，她慢腾腾地起床、穿衣，不管时间多紧张都是如此。有许多次，父母不得不上前帮忙，有时候早饭都没能吃上，但是雷晶的磨蹭却没有一点改变。

有一次，妈妈决定不去帮助她，让她尝尝迟到被老师批评的滋味。妈妈任其慢慢腾腾，等把雷晶送到学校时，第一节课的时间已经过去了一半，为此老师批评了雷晶。从此以后，妈妈叫雷晶起床，她再也不敢磨蹭了。

有些孩子习惯了磨蹭后，像雷晶一样，不管父母怎么说、如何引导都不起作用。此时父母就要让孩子品尝一下磨蹭的不良后果，孩子在亲身体验到磨蹭给自己带来的苦头后，就会改变自己磨蹭的行为。

教 子 箴 言

时间对每个人来说都很珍贵，孩子小时候不能自知，因此喜欢磨蹭。父母应该尽早让孩子知道时间的重要性，并想办法尽快改掉孩子磨蹭的毛病，帮助孩子提高速度，增加效率，高效地利用时间做事。

坏习惯 14　虚荣心强

孩子有了虚荣心，就会失去正确的荣辱观，容易把精力和眼光都放在与别人不合理的攀比上，因此会走上歧路。

——英国人文主义者　托马斯·莫尔

家教个案

雪娟的家庭条件不好，衣着打扮很寒酸。雪娟不希望别的同学知道自己的家庭情况，还一直为小学时父母到学校来看望过她而深感自卑。现在，她升入了初中，寄宿在学校，希望父母不要再在学校露面，害怕别人看不起自己。

新学期开始，雪娟需要带很多东西，母亲张罗着给她收拾，父亲准备帮她把东西送到学校去。雪娟虽然有些不愿意，但无奈东西太多，也只好勉强同意了。

父女俩刚到校门口，雪娟就看见很多穿着体面、开着车送孩子上学的父母，虚荣心导致她大声地喊住了父亲，然后夺过父亲手中的大包，自顾自地往前走。父亲对女儿的举动有些不解，但看到孩子有些怨恨又有些迷惘的眼神，他似乎明白了孩子的意图。

因此，父亲没有再坚持要送雪娟到宿舍。他目送着孩子拖着几个大包艰难地走进了校门，才带着一颗深受伤害的心噙着泪水离开了。

◎ 教育感悟

在正确的荣辱观形成之前受到不良攀比风气的影响，导致雪娟做出这种因虚荣心而去掩盖自己出身的行为，使父母无限伤心。还有的孩子喜欢用谎言抬高自己的身份，以后为了圆谎，不得不天天生活在谎言里；还有的孩子用夸张的办法伪饰自己的实际能力，以获得别人对自己的好评。

因为虚荣心作祟，这些孩子会因某些东西不能满足自己的期望而去做违法的事情。同时，虚荣心也很容易滋生强烈的嫉妒心，为达到心理平衡会对别人进行人身攻击，在伤害别人的同时也毁了自己。

孩子的虚荣心是由很多原因导致的。比如，有的父母比较爱慕虚荣，面子观念太强，经常用夸大事实的方法去满足自己的虚荣心，以博得别人对自己的崇拜与尊敬，孩子看到父母这样的行为也会跟着学；有的孩子是因为父母过于宠爱自己，不管家里的经济条件如何，只要别的孩子拥有的东西，也会想尽办法让自己的孩子拥有，这样孩子的虚荣心也会滋生，并且会一天比一天膨胀；还有的孩子是因为父母经常夸奖孩子，哪怕是缺点，也会把它说成优点，这样孩子就认为自己至高无上，虚荣心增强；还有的是由不良的社会风气所导致的。

孩子虚荣心强与父母有很大的关系，因此父母要想改变孩子，首先要审视自己，从自身开始改变，然后用正当的方式教育孩子。这样，孩子的虚荣心才会减少，才能把精力与时间用到正当的地方。

◎◎ 专家建议

孩子虚荣心强，原因多样，需要父母针对原因进行教育。

1. 父母杜绝自身的虚荣行为

孩子身上的优缺点很多都是向父母学来的，虚荣的行为也不例外。如果父母天天买名牌，并且到处炫耀，看不起穷人，喜欢到处吹嘘，这些虚荣的行为很容易被孩子学会。

因此，父母若想杜绝孩子虚荣的行为，首先自己要摆脱掉这一坏习惯，这样才有利于教育孩子。

2. 给孩子讲清楚虚荣的危害

虚荣会给孩子带来很多危害。如，有的孩子为了掩饰自己窘迫的家庭情况，用谎言给自己编造了一个高贵的出身，因害怕谎言被揭穿，就会耗费精力与时间去圆谎。有的孩子因虚荣心与人攀比吃、穿、用等，自己没有钱就想着去偷、去抢，为此走上了犯罪的道路。而这些危害，因孩子处于其中不能自知，父母有必要给孩子讲清楚，以帮助孩子在虚荣的迷途中尽早知返。

3. 帮孩子建立正确的荣辱观

每个人都希望得到更多的荣誉，都盼望着自己各方面都高人一头，这在一定程度上能够催人上进。如果一个人凭着自己的努力赢得了这一切，那就是一种荣耀，会令人敬仰，受人赞赏。而如果为了得到这些，用虚假的东西来粉饰自己，即便能够赢得别人一时的关注，但纸包不住火，最终会使自己露出原形，自取其辱。

4. 让孩子正确对待他人的评价

小雪的右手生来有残疾，但她却能用左手很好地完成所有事情。但即便如此，很多孩子还是嘲笑她的残疾，这让小雪一度想不开，想尽各种办法来掩饰那只有残疾的手。

小雪的妈妈告诉她手有残疾已是事实，因此不必因别人的评价刻意去掩饰，而应该为自己的左手能做到右手能做的一切而自豪，因为很多正常人都难以做到这一点。小雪听完妈妈的话后，心里顿时豁亮了，再也不让别人的评价左右自己。

存在于这个社会上的任何东西都不可避免地要受到评价，人更是如此。但别人的评价是对是错，标准是什么，每个人的看法都不一样。父母应该像小雪的妈妈那样，教孩子去正确地对待别人的评价，避免孩子被虚荣心所拖累，使孩子展现一个真实自强的自己。

5. 帮孩子树立起宏伟的目标

孙凯的父母是当地小有名气的官员，孙凯就处处宣扬、炫耀，也因此引来了很多同学羡慕的眼光。孙凯感觉到这一招很受用，虚荣心也越来越膨胀，于是开始编造说自己的姨妈在省里担什么职，舅舅在中央做什么事。孙凯的父母见他这样到处吹嘘，很是着急，但一时不知如何是好。后来，他们想到孙凯喜欢军人，从小就梦想当一个军官，于是帮助孙凯树立起长大后当团级以上军官的目标，以此激励孩子好好学习。自从这个目标树立后，孙凯就把所有的时间用在学习上，虚荣心导致的各种不良行为也减少了。

父母发现了孩子有虚荣的行为后，应该像孙凯的父母一样及时地帮孩子树立起宏伟的目标，这样孩子就会把时间花在学习上，朝着目标努力奋斗，从而避免了虚荣心带给孩子的不良后果，同时还能促使孩子好学上进。

教 子 箴 言

虚荣心强的人会把所有的时间花在自欺与欺人上，最终结果对谁都是一种伤害。因此虚荣心是腐蚀孩子心灵的毒素，父母一定要帮孩子尽早清除干净。

坏习惯 15 没有理想

> 理想是指路明灯，没有理想就没有坚定的方向，而没有方向，就没有正确的生活。
>
> ——俄国文学家 列夫·托尔斯泰

家教个案

1996 年，哈尔滨第三中学高三学生陈磊以 630 分的"托福"成绩，直接考入美国著名的米德尔伯里学院，并获得高额奖学金。熟悉陈磊的人都说这是"功夫不负有心人"，是多年努力水到渠成的结果。

陈磊出生后，父母凭着对女儿的爱和期望，帮助她一路成长。他们给孩子以科学的早期教育，重视孩子行为习惯的养成和潜在素质的开发，并从小启发她树立远大的人生理想。父母常问她长大以后做什么，她回答最多的是当一名企业家或外交家。

于是父母有意识地让她阅读那些中外名人少年时期刻苦学习的故事，让她懂得，只有从小就有志气，从小打下坚实的知识基础，才能实现自己对未来的美好设想。这样，她知道长大后要想干大事，就要从小发奋学习，于是学习的目的性越来越明确了。

◎ 教育感悟

理想是人生的奋斗目标，是对未来生活的追求，是对美好前程的向往，对一个人的成长意义重大。孩子有了理想就会朝着既定的方向迈进，就会在事业上创造出成绩。而且孩子追求的目标越高，他的才能发展得就越快，对社会就越有益。反之，孩子没有理想，就会失去前进的方向和动力。

童年、少年时期是志向形成的阶段，如果父母能在这一阶段抓好立志这一根本环节，就能使孩子以后的人生形成较大的规模，达到较高的层次。童年的梦，决定了孩子的未来定位在高档还是低档、伟大还是平庸，这个根深蒂固的自我定位将会贯穿和影响孩子的一生。

一个没有远大理想的人,不管他的智力有多好,都不可能有很大的成就。现实生活中经常可以看到很多才华横溢的人沦为平庸,因为他们做任何事情只要达到一定的高度就容易满足,不再有进取之心,因此难以再上新的台阶。

而一个从小志向远大的孩子对任何事都不会满足于现状,总有追求完美、追求最高境界的欲望,在取得一定成绩之后,也总有更上一层楼的决心和气概。这样的人不成功于此,必成功于彼,而且成功的规模也往往比较大。

因此,父母千万不能错过孩子童年、少年阶段的立志教育,它比其他所有的教育和培养都更重要。一个人错过了其他东西或许可以补救,一旦错过了立志的最佳时期,则永远无法弥补。

◉◎专家建议

父母应该引导孩子,根据自身的特长、爱好和社会的需要,树立自己的理想。

1. 及时向孩子提出理想要求

教育孩子的目的就是开发他们的智力,培养他们成才,然后让他们服务于社会,为社会创造财富。为此,必须适时对孩子提出理想方面的要求。

作为父母,在向孩子提出理想要求时,要由浅入深地分层次进行,不能期望太高。中学时期的孩子已积累了一定的文化知识,个性逐步得到发展,兴趣爱好也已产生,这时父母应该从他们的爱好和感受出发,多考虑孩子个性的发展,帮助他们树立带有职业性质的理想。

2. 从孩子的兴趣爱好找理想

伟大的理想,往往根植于个人的爱好。

7岁的陈佳从小就表现出对围棋的浓厚兴趣。爸爸很高兴,在教给他初步的入门知识后,看他进步神速,就专门为他请了围棋家教老师。现在他学习围棋已经一年了。从好奇到入门,现在的陈佳对围棋已经到了废寝忘食的痴迷程度。

除了每周上两次两个半小时的围棋课外，只要一有空闲时间，陈佳就捧着介绍围棋的书一动不动地看上几个小时。围棋老师也非常喜爱这个聪明的小弟子，认为很有潜质，甚至还主动提议免费为陈佳每周多上一次课。陈佳现在的志向是成为一名职业棋手。

父母要了解孩子的实际情况，对孩子的兴趣爱好，只要是正当的，都应该予以鼓励和支持，并且要善于因势利导，有意识的激发孩子的理想火花。当兴趣爱好和志向一致时，就会形成孩子的终身奋斗目标——理想。

3．正确处理理想的个体差异

孩子理想的发展水平也存在着个别差异。如果孩子有了崇高的理想并为之奋斗，那么父母应以鼓励为主，积极帮助孩子解决实现理想过程中遇到的困难。如果孩子的理想好高骛远，不切实际，那就应同孩子谈谈这种不能实现的理想对人生发展的害处，教育孩子既要树立远大的理想，又要把远大的理想建立在现实的基础上，培养孩子正确的理想观和人生观。如果孩子的理想只求实惠，父母就要明确提出健康的理想目标，引导孩子树立正确的理想。如果孩子没有理想，父母就要多讲一些伟人为理想而奋斗的事例，激励孩子迸发出理想的火花。

4．利用感情因素培养孩子的理想

孩童时期是情趣、情感最丰富多彩的时候，父母要紧紧抓住这一特点，运用情感因素来做好理想教育。有些父母将孩子情绪激动、情感亢奋，就视为不稳重、没有出息的表现，这是错误的。事实上，这种情感正是树立崇高理想的必要条件。

要使孩子形成远大理想，并推动理想发展，就必须发挥情感作用。把情感放在第一位是因为没有情感的触动就很难打开孩子的心扉，从而难以进行沟通。父母要在自己的孩子特别是缺乏理想的孩子那平静的心里增添一些"催化剂"，以激起理想的波澜，使其在情感的不断刺激下产生和增强对祖国前途、人类命运的关心。

5. 用名人榜样激励孩子的追求

小凡的学习成绩一直不太理想。他认为自己长大后不会有什么出息，在父母和同学面前时常流露出对前途的担忧。妈妈觉得必须激发儿子的自信心和上进心，于是，开始有意识地给他讲一些名人成长的小故事，如"陈平忍辱苦读"，"戏剧大师莎士比亚的成才故事"、"歌曲之王舒伯特勤奋创作成就美名"等。

同时妈妈经常带小凡去书店，挑选了许多名人传记，让他在家里抽时间阅读。经过一段时间的"名人激励教育"，小凡觉得心里豁然开朗，重新建立了自信心，学习也积极主动了。老师和妈妈都表扬和鼓励了他，他对自己的未来越来越有信心，逐步树立了远大的理想。

父母要时时以榜样的力量来激励孩子，让孩子站得更高，看得更远，从而心生自信和自豪感。父母要经常与孩子讨论他们的理想，同时引导他们向着自己的理想去努力。

教 子 箴 言

理想是信念，是希望，是向往，追求理想是催人奋进的精神力量。理想是人们对未来的向往和追求，是一个人的精神支柱。对孩子进行人生理想教育是家庭教育中的一项重要内容。

坏习惯 16 爱哭

孩子爱哭是性格懦弱的一种表现，需要父母及时纠正，否则不利于孩子的健康成长。

——俄罗斯教育家 巴班斯基

家教个案

赵阳随妈妈一起逛商场时看中了一个玩具机器人，就让妈妈给自己买。妈妈觉得太贵，而且家里已经有一个机器人了，于是拉着赵阳的手就要离开玩具柜台。赵阳不干了，手拽着柜台就是不走，还放声大哭，引来了不少顾客围观。

妈妈看着儿子哭得那么伤心，自己也很心疼，旁边又有那么多人观看，于是给孩子买了机器人。这时赵阳才破涕为笑。

妈妈知道如此娇惯孩子不好，再说家里的经济条件也有限，但她一看到孩子的眼泪就心软，而孩子哭的次数也越来越多，她为此很苦恼。

◎ 教育感悟

哭，不管是大人还是小孩，在特定的场合或者遇到特定的事情时，都是一种正常现象，如获取胜利时喜极而泣，碰到伤心事时痛哭流涕等。一般情况下，四岁以前的孩子在自己不如意时都比较爱哭，孩子的哭也被人认可。如果四岁以后甚至长大成人后还爱哭，特别是遇到一点困难或遭到一点挫折时就泪流满面，那就是软弱的表现，是没有能力的代言，不仅对解决问题无益，还会让人看不起。

孩子哭，原因多样，有的是因被忽视而发脾气；有的是因为自己的需要没能被满足；还有的是因为心灵脆弱，过于敏感。不管孩子是出于哪一种原因哭，都对自信与坚强个性的形成不利，进而会影响到一个人的前途。

因此，父母要尽量避免孩子养成爱哭的习惯。若想做到这一点，父母需要在孩子小的时候就用合适的方法加以控制，以预防为主。比如，孩子有什么问题还没说泪水先流了出来，父母此时不要急着上前安慰，而应冷静地让孩子停止哭泣，说出事情的经过。

对于那些像赵阳那样以哭为手段来满足自己欲求的孩子，父母一定要狠下心来，坚决不能让步，否则孩子会得寸进尺，动不动就用哭来要挟父母。而对过于敏感与脆弱的孩子来说，父母要对孩子多进行安慰，多做心理疏导，并多带孩子参加运动或者集体活动。

◎ 专家建议

为避免孩子养成爱哭的毛病，父母需要做到以下几点：

1. 让孩子知道哭解决不了问题

很多时候孩子哭，是因为被人欺负了，或者是因为老师错批了自己而感到委屈，或者是因为害怕打针吃药等。不管孩子是因为何种原因哭，父母都不要急着上前安慰，而应该让孩子冷静下来，说清楚事情的原委，然后与孩子一起把事情解决了，最后还要告诉孩子哭的方式解决不了任何问题。

而对于那些跟父母玩心计，用哭来要挟父母满足自己欲求的孩子，父母绝对要坚持住自己的立场，一定不要让孩子得逞，否则孩子就会愈演愈烈，最后有可能就会形成爱哭的习惯。

2. 告诉孩子哭会让自己变丑

玉玉三岁半了，是一个漂亮的小姑娘，特别爱美，但同时也好哭，一有什么不如意的事，就大哭了起来。妈妈看见她哭的样子很难看，忽然灵机一动，找来了一面镜子，照着玉玉的脸，对她说道："你看看镜子里，你哭的时候多么难看啊。"

玉玉偷偷扫了一眼镜子，发现自己真的很难看，于是马上止住了哭泣。妈妈又对她说："玉玉笑起来很好看，不信你笑个试试。"玉玉看了妈妈一眼，对着镜子做了一个笑的模样，脸上还挂着泪珠，样子十分滑稽。妈妈忍不住大笑了起来，玉玉也跟着笑了。

从此以后，玉玉哭的次数越来越少了。

如果孩子喜欢哭泣，那么父母还要根据孩子的性格爱好对孩子进行纠正。如果孩子像玉玉一样爱美，父母可以告诉他哭会让自己变丑，孩子就会为了自己的美丽而减少哭泣，也会因此改掉爱哭的习惯。

3. 教孩子学会转移注意力

董莉刚上初二，由于性格软弱，遇到点不顺心的事情就很容易伤心落泪，并且沉浸在消极的情绪里难以自拔。父母担心孩子这样下去会影响到心理健康，就想方设法地改变孩子爱哭的毛病。

董莉喜欢游泳和画画，父母就经常带着孩子去游泳，并且给孩子报了绘画课，以培养孩子这两方面的技能。这样，在孩子情绪不好时，董莉的父母就带着她去游泳，或者铺开纸张让孩子画画，孩子的不良情绪也会因此缓和许多。

后来，董莉遇到不如意的事情时，就做自己喜欢的事情来转移注意力。最后，董莉爱哭的习惯慢慢地改掉了。

如果孩子喜欢哭泣，父母就可以像董莉的父母学习，用转移注意力的方式来使孩子止住眼泪。开始时父母可以引导孩子转移注意力，进而让孩子试着主动去做自己感兴趣的事情，这样能够避免孩子一直沉浸在消极的情绪里，减少孩子哭泣的次数。

4. 培养孩子坚强的个性和意志

唐山已经上五年级了，有一次竞赛没有考好，在被父母问及时，心里难受，就大哭了起来。唐山的父母觉得孩子过于软弱，为了使孩子日后能经得起大风大浪，就开始有意识地培养孩子坚强的个性和意志。

他们告诉孩子每个人都不可能避免生活中的挫折，所以不应该因一点小事就伤心落泪，而应该想办法解决问题。同时给唐山讲了一些英雄人物的故事，让孩子向这些人学习，并带着孩子去做一些有利于锻炼孩子意志的运动。

这样一段时间之后，唐山比以前坚强了许多，遇到伤心事也不再轻易流泪。

　　人生不如意之事十之八九，每个人的一生都难以避免不愉快的事情发生，也都会有困难阻碍的存在。而遇到诸如以上事件时，哭是不能解决任何问题的，同时还可能会使事情陷入一团乱麻之中。

　　如果家里有爱哭的孩子，父母可以学习唐山父母的做法，有意识地培养孩子坚强的个性和顽强的意志。这样，孩子以后再遇到什么事情，就会用冷静思考和积极想办法解决难题来代替哭泣，这样才能提高孩子的生存能力。

教 子 箴 言

　　哭在一定的场合和特定的气氛之下是人们一种正常的情绪反应。但如果孩子敏感脆弱、爱哭成性，遇到点困难挫折就流泪不止，这就不是一种正常的现象了，需要父母及时想办法改变孩子的这种不良习惯。

坏习惯 17　畏惧困难

*困难时时处处存在，畏惧困难就会停步不前，结果
就是一事无成、碌碌无为一生。*

——法国哲学家　爱尔维修

家教个案

　　洁洁是六年级的学生，活泼爱动，看到什么都想学，但她不管
学什么，只要遇到点小困难就会停下来，父母因心疼孩子也不会再
坚持。再加上父母特别娇惯她，家务活也从不让孩子插手，因此洁
洁几乎什么都不会。

　　洁洁曾经要求妈妈教自己学游泳，但因为在学习时呛了几口水，
就畏惧困难，放弃了学习；洁洁看到别的孩子在学校举行的绘画比
赛中得了奖，就让父母给自己报了一个绘画班，结果学了没几天就
因为太难而不去上课了……

　　不仅如此，洁洁在学习上也是这样。不管哪一个科目，遇到问
题后自己从不去动脑思考，要么等着父母帮助，要么就去抄袭同学
的作业。这样，洁洁不仅其他业余东西没有学会，连学习成绩也比
较差，这让她的父母头疼不已，为自己以前娇惯孩子的行为后悔不已。

◎ 教育感悟

　　困难与挫折在人们的生活中普遍存在，每个人都不可避免。知难而上、
坚持不懈不但能够锻炼一个人的能力，还能培养人的顽强意志，使人进步，
催人走向成功。而如果像洁洁一样，任何事情只要遇到困难就立即停下来，
各方面能力不但得不到锻炼，还可能会因此对自己丧失信心，结果只能平庸
一生。

　　畏惧困难对孩子的危害很大，如果父母不想办法及时帮助孩子改变，就

会因此毁了孩子的前程。要想改变孩子畏惧困难的不良习惯就需要先找到原因。研究表明，孩子畏惧困难主要是由父母的宠爱与教育不当引起的。

以洁洁为例，如果父母对孩子的事情不进行包办，尽早让她做一些力所能及的事情，并且教她遇到困难时不要轻言放弃，尽力坚持到底，洁洁就不会在参加了培训班不到几天时就放弃，也不会在学习上一遇到问题就去问父母或者等着抄袭别人的答案。

当然，孩子畏惧困难还可能是对所做的事情没有兴趣，或者是信心不足，性格不够坚强，把困难想得太大等原因造成的。父母找到了孩子畏惧困难的原因，就要针对原因积极地想办法去克服这一坏习惯，而不能像洁洁的父母那样，放任孩子畏惧困难的不良习惯发展下去，结果可想而知，孩子将会一事无成。

◎ 专家建议

任何东西都不会举手而得，任何事情也不会一学就会，任何任务都存在一定的困难。做任何事情都需要付出一定的努力，知难而上，才能成功。因此，父母要及时改变孩子畏惧困难的不良心态，帮助孩子走向成功。

1. 让孩子尽早去做力所能及的事

父母如果替孩子事事包办，孩子就会养成依赖父母的习惯，不管事情有无困难都会等着父母给自己去办。因此，父母不管对孩子多么娇宠，都应该尽早让孩子学做一些力所能及的事情，从教孩子自己穿衣叠被做起，让孩子学会自立自强。

但必须记住，父母不能着急，也不能看着孩子有困难就上前帮助，否则不但不能让孩子勇敢地面对困难，还会导致孩子依赖上父母。

2. 教孩子学会发挥身上的优势

牛刚的学习成绩一直都很糟糕，这使他对自己逐渐失去了信心，就算做别的事情，他也认为自己没有能力做好，慢慢地开始畏惧困难。

牛刚的妈妈看到孩子这个状态很是焦急。她知道孩子喜欢运动，并且在跑步方面很有天赋，于是就开始从这方面培养孩子的信心。学校举行运动会的时候，妈妈鼓励牛刚报名参加，并在比赛那天去为孩子呐喊助威。结果，牛刚在学校的短跑项目中拿到了第一名。

这使牛刚恢复了一些信心。妈妈趁机告诉孩子说："每一个人都有擅长的地方，在这方面就会比较容易取得成功，而在自己不擅长的方面，只要努力，迎难而上，一样也会有好成绩。"妈妈的话对牛刚的触动很大，从此以后，他不再畏惧困难，结果各方面都做得不错。

孩子如果在某一方面一直处于很糟糕的状态，信心就会降低，遇到困难就会畏惧，做事情往往会半途而废。此时父母就要向牛刚的妈妈学习，让孩子发挥自身优势的一面，体验胜利的感觉，以帮助孩子恢复信心，这样孩子才会知难而上，不断进步。

3. 培养孩子对所做事情的兴趣

兴趣是最好的老师，它能够使人集中注意力去做事情，遇到困难也不会停歇，而且坚持不懈，直到成功。孩子也是如此，只要孩子对某件事真正地感兴趣，就不会畏惧困难，而会一往直前。

因此，父母要想办法培养孩子的兴趣与爱好，这样孩子才会知难而上，获得成功。

4. 锻炼孩子形成坚强的性格

薛明性格软弱，遇到困难就哭鼻子，想着退缩。父母看着儿子懦弱的行为举止，知道如果一直这样下去，孩子将来就不会有出息，于是就开始有意识地锻炼孩子的意志。

他们每周都带着薛明去爬山，开始时薛明看着很高的山、很远的路就不愿意继续走。薛明的父母就带头向上爬，薛明看着父母的身影离自己越来越远，也只好硬着头皮开始往上爬，中途很多次薛明都想停下来，但看着父母坚定的身影，他还是蹒跚着跟了上去。

经过半年的锻炼，薛明的性格坚强了很多，遇到困难也不再想着退缩，而是勇敢地坚持。

孩子如果生来性格软弱，就会在做事情时畏惧困难。父母要有目的地经常带着孩子一起锻炼，逐渐改变孩子软弱的性格，从而改变孩子畏惧困难的不良心理与习惯。

5. 教孩子学会给自己积极的暗示

人的心理在人们做事情的过程中会起到很大的作用，如果心理上产生"我能行"的暗示，就会有无限的力量推动着自己去超越困难，从而走向成功。而心理一旦有了"我不行"的想法，就会畏惧困难，导致失败。父母应该教孩子在遇到困难时学会给自己积极的心理暗示，勇于克服困难，走向胜利。

教 子 箴 言

困难时时存在，挫折哪里都有，父母只有教孩子学会迎难而上，告诉孩子遇到挫折要依然顽强，这样孩子的能力才会增强，孩子的收获才能更大、更多。

坏习惯 18 爱占小便宜

> 从人格上来说，爱占小便宜对孩子来说无疑是不健康的因素。孩子正处于思想品德的形成时期，对于孩子爱占小便宜的行为，父母不能视而不见，而要采取积极的措施予以纠正。
>
> ——法国教育家 保尔·朗格朗

家教个案

赵卫 5 岁的时候，有一次他在外面捡到了十元钱，就回家把钱交给了妈妈。妈妈摸着孩子的头夸奖了他，还拿着这十元钱去给他买了好吃的。赵卫尝到甜头后，就经常往家里带东西，他妈妈也从来没有批评过他。

上小学后，孩子还是爱占小便宜，捡到东西从来不上交给老师，总是据为己有。有时还偷拿别人的东西，妈妈也一直没有制止孩子的行为。上初中后，孩子爱占小便宜的习惯还是没有改变。

慢慢地，赵卫的这个坏习惯越演越烈，以至后来他因为偷了同学的钱被全校通报。回家后，他对他妈妈说："妈妈，我恨你，要是我第一次捡到东西时你没有夸奖我，我今天就不会这样了。"妈妈哑口无言。

教育感悟

赵卫妈妈爱占小便宜的心理助长了孩子爱占小便宜的行为，最终酿成了恶果。

爱占小便宜就是私自把别人的东西据为己有或偷拿别人的东西，明知这样做不对却也没有归还给别人。爱占小便宜对孩子来说是一种不良的习惯，是孩子犯大错的开始，所以必须引起父母的重视。要正确引导，帮助孩子改掉爱占小便宜的坏习惯。

孩子的可塑性强，父母要给孩子讲清楚什么是占小便宜和占小便宜的害处，告诉孩子占小便宜是可耻的行为，在孩子心目中树立正确的价值观，帮助孩子克服爱占小便宜的毛病。

占小便宜表面上看是自己多占有了一些东西，但实际上却是失去了诚信这个优良品质，得不偿失。爱占小便宜的孩子有时为了得到一些小便宜要挖空会心思地弄虚作假，这是缺乏诚信的表现。孩子如果养成了爱占小便宜的坏习惯，就会在小便宜面前禁不住诱惑，也就更容易从占小便宜发展为占大便宜，甚至走上犯罪的道路。

孩子正处于思想品格和人格形成的关键时期，对于孩子爱占小便宜的行为，父母不能视而不见，任其发展，而应该采取积极措施改变孩子的这种坏习惯。

◎◎ 专家建议

爱占小便宜对孩子的成长有很大的阻碍作用，父母要让孩子意识到，爱占小便宜是犯大错误的开始，要尽早督促孩子改掉爱占小便宜的坏习惯。建议父母从以下几个方面入手：

1. 在生活中做好孩子的表率

子不教，父之过。不少孩子沾染上爱占小便宜的坏习惯与父母在生活中的言行有很大关系。孩子的辨别能力差，不能正确区分好习惯和坏习惯，因此父母应时时刻刻注意自己在孩子面前的言谈举止，处处做好孩子的表率。

秀秀今年5岁了，妈妈是个爱占小便宜的人。不是在市场上顺手拿棵菜，就是从单位里拿回家几个本子，还喜欢跟孩子宣扬。不知不觉中，孩子也受到了影响。这天，秀秀跟妈妈去市场买水果，付完钱后，秀秀突然从水果摊上拿起一个苹果就跑了。妈妈追上她让她把苹果还给摊主，孩子却振振有词地说这样做是跟妈妈学的。这让秀秀妈妈很是惭愧。

孩子出现问题，根源往往在父母身上。爱占小便宜的父母常常把占小便宜看做很光荣的事情，他们的这种行为和情绪会潜移默化地传达给孩子错误的信息，让孩子误以为占小便宜是很快乐的事情。

观察和模仿是孩子获得行为习惯和完善人格的重要途径，作为父母，在生活中要以身作则，给孩子树立一个好的榜样。

2. 帮助孩子认识到占小便宜的危害

发现孩子爱占小便宜后，父母要对孩子进行说服教育，而不能态度粗暴，那样容易激起孩子的逆反心理。父母要循循善诱，因势利导，让孩子明白爱占小便宜的危害，进而自觉地抛弃爱占小便宜的行为。

爱占小便宜的行为会由量变积累到质变，如果得不到有效控制，孩子就会演变成占大便宜，从而走上违法犯罪的道路。父母要让孩子知道：爱财也要取之有道，不能随便占小便宜。并且帮助孩子克服爱占小便宜的毛病。

3. 对孩子实行必要的"惩罚教育"

孩子的自制能力较差，难以抵制物质的诱惑，父母要多关心孩子，发现问题要及时纠正，千万不能姑息迁就或者变相支持。当孩子有爱占小便宜的行为，并且认识不到自己的错误时，父母要对孩子实行"惩罚教育"。

孩子初次犯错时，父母要尽量保护孩子的自尊心，理解和相信孩子。但是如果发现孩子爱占小便宜的习惯，父母就要严肃批评孩子，并施加适当的压力，以引起孩子思想上的重视和觉悟。例如可以用减少孩子零花钱的方法，惩罚孩子的不当行为。

4. 正面教育，及时处理

父母发现孩子爱占小便宜的行为后要及时对孩子进行批评，当孩子有良好的表现时，也不要吝啬表扬的话语。

邓峰今年上三年级了，一直想让妈妈帮他买支钢笔，可是妈妈最近很忙，没有时间去给他买。这天妈妈发现邓峰书包里多了支钢笔，于是就问他这支钢笔是从哪儿来的，邓峰支支吾吾地说是在学校门口捡到的，因为没有别人看见，他就想自己拿来用。妈妈看出了孩子的难堪，于是教育孩子不是自己的东西不能拿，小便宜不能占。在妈妈的教育下，邓峰第二天就把钢笔上交给了老师。

父母要善于发现孩子的优点，给予孩子正面教育。当孩子主动把捡到的东西交公的时候，父母要用表扬来强化孩子的诚实意识。如果发现孩子有占小便宜的毛病，要严格要求，及时处理，但不要发火或粗暴地打骂，应该积极地与老师取得联系，共同对孩子进行教育。

教 子 箴 言

一旦发现孩子有占小便宜的行为，父母不要采取打骂的方式，而应首先弄清事情的来龙去脉，了解孩子的思想根源，然后再有针对性地对其进行教育，这样才能取得良好的效果。

坏习惯 19 贪玩

> 每个孩子都存在贪玩的心理，父母要让孩子在贪玩中学到知识，不能让它成为孩子生活、学习道路上的绊脚石。
>
> ——德国教育学家 赫尔巴特

家教个案

辛涛今年上四年级了，是个特别爱玩的孩子。这个周六，妈妈起床后就发现辛涛已经出去玩了，中午也没有回来吃饭，晚上回到家的时候都已经天黑了，并且倒头就睡，一直睡到周日上午十点。

妈妈以为孩子起床后就会好好做作业，但是他又拿着滑板出门了。妈妈看着辛涛的表现很是失望，也为他着急，却不知道该怎么教育如此贪玩的孩子。

教育感悟

贪玩是孩子的天性，所以父母看到孩子贪玩也不要过于恐慌，但是孩子过于贪玩就势必会影响到正常的生活和学习，因此，父母要引导孩子正确地对待玩耍。

孩子缺乏自制力，没有良好的控制能力，不能很好地把握玩的度。这就导致他们无法把注意力放在学习上面，而是让玩耍占据了绝大部分时间，影响了他们的正常学习。

孩子出现贪玩的心理是有原因的。父母过于溺爱孩子，让孩子随心所欲的玩耍，促长了孩子的贪玩心理；孩子缺少学习的兴趣，于是把注意力转移到玩上；孩子意志力薄弱，注意力难以集中；孩子学习情况不好，对自己失去信心，自暴自弃；周围的同学贪玩，给了孩子反面影响；外界各种新鲜事物对孩子学习的干扰等。另外，孩子贪玩与平时经常吃高脂肪、高蛋白的食物，经常喝含兴奋性成分的饮料也有关系，挑食、偏食引起的缺铁性贫血也会导致孩子贪玩。

父母要正确对待孩子的玩。在玩的过程中，孩子常常能有意外的收获。玩能培养孩子对某方面的求知兴趣，还能学到很多书本上学不到的知识。因此，父母要辩证地看待孩子的贪玩，不能采取压制的方法；要认真分析孩子贪玩的原因，正确地引导孩子，帮助孩子把握玩的度。

只要父母的教育方法得当，给予孩子充分的关心和帮助，就一定能够帮助孩子摆脱贪玩的心理，做到该学习的时候好好学，该玩的时候好好玩。

◎ 专家建议

孩子贪玩不是病，父母要辩证地来看待孩子的贪玩，既不能放任不管也不能高压控制。有智慧的父母应该做到以下几点：

1. 教孩子在玩中学到知识

孩子对世界的认识都是从玩和探索中实现的。父母要教育孩子不仅在玩中享受轻松和快乐，更要从玩中学到知识。

1609年的一天，在荷兰一家眼镜店里，老板汉斯的儿子手中拿着几块镜片，有近视镜也有老花镜，和隔壁的小伙伴玩。他把镜片贴在眼睛前，就什么也看不清，放在离眼睛远的地方，就能看见镜片后的东西。

其中有个特别淘气的孩子，他一手拿着近视镜片，一手拿着老花镜片，把它们一前一后放在眼前往远处一望，惊喜地喊了出来："真奇怪，礼拜堂的尖塔怎么变得这么近了。"后来老板汉斯按照孩子们发现的原理发明了世界上第一架望远镜。

望远镜的发明故事就很好地说明，孩子只要会玩，也能从玩中学到知识。父母在生活中要鼓励孩子尽情地玩耍，进行各种探索，培养孩子的兴趣爱好，激发孩子的智力潜能。

2. 重视培养孩子的学习兴趣

很多孩子贪玩是因为对学习不感兴趣，把学习看成是痛苦的事情，而玩却能给孩子带来学习中没有的快乐。如果孩子对学习感兴趣了，这种快乐体验就可以从学习中获得，也就不会把过多的精力放在玩上了。

张凡是个贪玩的小女孩。她常常玩到吃晚饭的时间都还没有回家，回到家做作业也不积极，老想着看电视，还老是向妈妈抱怨学习没意思。

妈妈知道了孩子贪玩的原因，决定帮她改掉这个坏习惯。妈妈发现孩子对英语很有兴趣，就给她报了个英语口语培训班，孩子参加培训班以后学英语的兴趣也提高了，并且还带动了其他学科成绩的提高。

父母要关注孩子的成长，还要关注孩子对哪方面的知识有兴趣，并且要加以引导和培养，改变孩子爱玩的习性，帮助孩子健康成长。

3. 注重培养孩子的注意力

孩子意志力薄弱、注意力不集中也是贪玩的原因。孩子的自我意识不足，对自己缺乏足够的控制能力，因此外界新鲜的事物总会诱惑他们，分散他们的注意力，干扰他们正在进行的活动。

不少孩子因为注意力差，听课效率低，从而逐渐对学习失去信心和兴趣，出现贪玩的习性。父母要重视培养孩子的注意力，比如可以让孩子一天看半个小时书等，从点滴做起，培养孩子的注意力。

4. 父母重视自己带给孩子的影响

父母的言行会潜移默化地影响孩子，因此父母必须重视自己给孩子造成的影响，做好孩子的榜样，要勤于读书、乐于学习。整日沉溺于打麻将、打牌、看电视的父母很难教育出爱学习的好孩子。

朱安万今年9岁了，上三年级。以前他是个品学兼优的好学生，可是最近学习成绩下降了，上课时还经常有小动作。朱安万现在的状况和父母的影响有很大的关系。他的爸爸妈妈近来经常邀请一些朋友到家里玩打牌，噪声扰乱了朱安万的学习，妈妈还经常指使孩子去给大人买吃的喝的。在这样的环境中，朱安万看着爸爸妈妈都在玩，自己也就不自觉地爱上了玩。

朱安万的贪玩是在父母的影响下形成的。父母要意识到自己的言行会给孩子带来的影响，积极地为孩子营造良好的学习氛围。同时，父母要摒弃一些不良的生活习惯，为孩子创造良好的家庭氛围，引导孩子走出贪玩的心理。

5. 让孩子自己管自己

对孩子最好的教育是自主的教育。父母不可能时时刻刻盯着孩子，这就需要教育孩子自己管理自己，以增强孩子的自制力。

由于孩子自身认识和经验的局限，自制力较差，父母要帮助孩子从小事做起，增强孩子的自制力，让孩子逐渐地学会管理自己，根除孩子贪玩的坏习惯。

教子箴言

只要父母的教育方法得当，给予孩子充分的关心和帮助，就一定能够帮助孩子走出贪玩的心理，增强自制力，做自己人生的主人。

坏习惯 20　小偷小摸

偷窃行为在儿童中并不少见，但情节轻重不同，轻者严格地说可以不算偷，重者却已形成偷窃恶习。父母要采取正确而有效的方法帮助孩子改掉小偷小摸的恶习。

——美国教育学家　杜威

家教个案

杨扬今年上四年级，平时在家是个很听话的孩子，学习成绩也不错，但是妈妈最近发现他有了小偷小摸的坏习惯。

他的书包里经常会装些别的同学的玩具回来，妈妈刚开始还以为是孩子借来玩的，根本就没多想，可是最近发生的事情让父母意识到了问题的严重性。

过年的时候孩子收到了很多压岁钱，面值大的妈妈都帮他存了起来，但是邻居却说孩子去他家玩的时候拿了两张 50 元的钱，后来妈妈问他，杨扬还死不承认。这让杨扬妈妈很是苦恼。

◉▶教育感悟

曾有心理专家做过一个调查，他们随机在一个学校里选了五十名学生，结果发现其中四十四个孩子有过小偷小摸的行为，其中 10% 的孩子在四五岁时就从家里拿过钱，70% 的孩子小偷小摸的行为是发生在小学阶段，但是令人吃惊的是这些孩子的家庭条件普遍都很优越。

由此可见，小偷小摸行为在儿童早期颇为普遍，并于 5 ~ 8 岁时达到高峰。这个时期的孩子以自我为中心，喜欢站在自己的角度来思考问题，他们只知道自己喜欢的东西可以给自己带来快乐，但是意识里却缺少东西的归属概念，并不认为拿别人的东西是不好的行为，所以父母对待孩子的小偷小摸行为不能单纯以成人的是非标准去衡量。

很多孩子都是独生子女，生活条件很好，父母会满足孩子的绝大部分要求。在这样的环境中长大的孩子，他们的欲望心理会因为父母的宠爱而变得膨胀。如果孩子的某种欲望在父母那里没有得到满足，那么就会出现小偷小摸的行为。

有的父母给孩子的零花钱少，孩子看着身边的小伙伴零花钱那么多，"支配钱"的欲望就会膨胀，这在一定程度上促使孩子小偷小摸行为的发生。

一旦发现孩子有小偷小摸的行为，父母不要过于愤怒和随便夸大事实，更不能不问缘由地给孩子贴上小偷的标签，当然也不能对这种行为放任不管。父母要分析孩子出现这种行为的原因，对症下药，把孩子的小偷小摸行为遏制在萌芽阶段。

◎◉ 专家建议

勿以恶小而为之。孩子小时候的小偷小摸行为如果得不到有效控制，就很有可能发展成偷窃行为。但是只要父母的教育方式得当，孩子小偷小摸的坏习惯就会得到很好的纠正。那么，父母应该如何纠正孩子的小偷小摸行为呢？

1. 培养孩子的是非观念

孩子存在小偷小摸的行为是因为孩子缺乏正确的道德观念，无法分辨自己行为的对与错。因此，父母要想纠正孩子小偷小摸的行为，必须帮助孩子树立正确的是非观念。

勤勤今年 4 岁了，一直是个乖巧的女孩。有一次，妈妈带她去买糖果，等妈妈付完钱走出商店，勤勤伸开手，给妈妈看自己手里的糖果。妈妈意识到这是她刚才在商店里偷拿的，就很严肃地批评了她，告诉她不付钱就拿东西是不正确的行为。从那之后，孩子就知道了乱拿别人的东西是不对的。

父母必须从孩子现有的实际情况出发，考虑到孩子的身心发展特点和认知水平，逐步提高孩子的是非观念。父母要让孩子懂得，小偷小摸是一种不良的行为，今日小偷小摸，将来就有可能大偷大摸，甚至误入犯罪的歧途。通过反复教育来培养孩子的是非观，帮孩子树立正确的价值观。

2. 帮助孩子建立物权观念

许多孩子缺乏对物品所有权的认识。孩子对物品所有权没有正确的理解，也就不能分清别人的和自己的物品有什么区别，从而无法意识到自己的行为属于小偷小摸行为。父母要给孩子必要的指导，帮助孩子尽早建立所有权的概念。

要让孩子搞清楚物品所有权，不是光靠讲道理就能让孩子明白的，还要从实际生活中对孩子进行教育。比如，妈妈想看看孩子的书，就要向孩子"借"；孩子对爸爸的乒乓球拍感兴趣时，也不要忘了告诉孩子这是爸爸的东西，用完之后要物归原主。在点滴的教育之中，孩子就会明白要尊重别人物品的所有权。

3. 给孩子适当的零花钱

有的父母不给孩子零花钱或是给孩子的零花钱较少，孩子看见别的小朋友能够灵活地支配手里的零花钱，就会产生羡慕之情，打起"小偷小摸"的主意来。

璐璐是个很听话的女孩，今年上幼儿园中班了，妈妈通常都不给她零花钱。这天放学回到家，妈妈发现她书包里有支漂亮的铅笔，仔细询问才知道这是她同桌的，她看着漂亮但又没有钱买，就私自拿来放进书包里了。

妈妈意识到该给孩子零花钱了。妈妈给了她适当的零花钱，并且告诉她可以拿着零花钱买自己想要的小东西，但决不能偷拿别人的东西。第二天璐璐就向同桌道了歉并归还了铅笔，以后再也没犯这样的错误。

给孩子适当的零花钱，孩子会感到温暖。父母给孩子零花钱的数目要和其他的孩子差不多，让孩子心里感到平衡。孩子手里有了零花钱，就可以买自己想要的东西，就不会对别人的东西眼红，从而远离小偷小摸的坏念头。

4. 增强孩子抵制诱惑的能力

孩子身心发展的特点决定了他们自制力差，抵制诱惑的能力也较低。看到别人有好东西时，如果控制不了自己的占有欲，就会出现小偷小摸的行为。

父母要教育孩子拴住欲望的缰绳，做有自控能力的孩子，要帮助孩子树立不是自己的东西即使再好也不能拿的思想。

有小偷小摸习惯的孩子在接受父母的教育之后，坏习惯会得到有效的控制，但是在孩子新的习惯还没巩固之前，当发现有小偷小摸的机会时，又会不由自主地将父母的教育抛到一边。因此，父母要帮助孩子增强他们的自制力。

5. 注意保护孩子的自尊心

如果孩子拿了别人的东西后被说成小偷，就会严重伤害孩子的自尊心，让孩子产生自暴自弃的念头，孩子在别人面前抬不起头来。

所以，父母在教育孩子的时候一定要顾及到孩子的自尊，不要随便给孩子贴上小偷的标签，也不要在外人面前提起孩子的过失行为。如果孩子因为曾经的小偷小摸行为在同学和老师面前抬不起头，父母就要想办法保护孩子的自尊心。

教子箴言

小时偷针，大时偷金。子不教父之过，父母跟孩子朝夕相处，是孩子的第一任老师。孩子有小偷小摸的行为时，做父母的就要多加管教，阐明这种行为的坏处，避免孩子误入歧途。

坏习惯 21 逆反

> 孩子出现逆反心理是一种很常见的现象。父母对待逆反的孩子不要一味地压制，而要尊重和理解孩子，通过交谈消除孩子的逆反心理。

——美国教育家　伍德

家教个案

黎明今年刚上一年级，可是他和妈妈的关系特别不好，妈妈说什么他都不听，还和妈妈唱反调，什么事情都要和妈妈对着干。这次，他和妈妈逛商场时看上了一个新书包，妈妈考虑到他现在用的书包刚买不久，就没有答应他的要求，可是他当众就和妈妈翻脸了，用言语来顶撞妈妈，然后自己离开了商场。

在家里，黎明也是经常和妈妈对着干。妈妈刚打扫完卫生，他就把瓜子皮随地乱扔，并且还不让妈妈去帮他整理卧室。

现在黎明和妈妈的语言沟通很少，妈妈看着孩子的表现很着急。

◎ 教育感悟

随着孩子的成长，父母发现孩子没有以前那么听话了，和父母的关系也没有以前融洽了。父母帮孩子做事，孩子不但不感谢，还表现出一种怨恨的情绪，这就是孩子的逆反心理在作怪。

每个孩子在成长过程中都会出现逆反心理，这是孩子成长的重要标志。孩子有了自主意识，逆反心理也就随之出现了。

逆反心理往往是孩子不成熟的表现，是孩子的一种偏激思想，如果得不到及时纠正，就会让孩子形成狭隘的心理，听不进父母的忠告，严重的还会导致心理疾病。

从儿童心理发展的规律看，2～3岁的孩子都会出现逆反情绪。两三岁的孩子可能会在动作上表现出对父母的反抗，到六七岁时就会在语言上表现出反抗。但是，如果孩子长时间表现出逆反情绪，父母就要考虑一下导致孩子出现逆反心理的因素了。

孩子的独立意识越来越强烈，但是父母常把他们当小孩看待，他们想用逆反的行为来证明自己已经长大；父母对孩子经常采取打骂的教育方式，伤害了孩子的自尊心；家庭气氛不和谐，孩子产生厌烦情绪；受身边朋友的影响，觉得逆反是勇敢的表现。这种种逆反心理，如果得不到父母的正确引导，就会对孩子的健康成长产生极为不利的影响。

面对孩子成长过程中的逆反心理，父母要认真对待，既不能放任不管，也不可盲目压制。父母必须正确了解孩子出现逆反心理的原因，然后采用科学的方法来化解和矫正这种心理，帮助孩子顺利成长。

◉专家建议

逆反心理是每个孩子成长道路上必然要经历的情绪反应，但是程度较深的逆反心理会给孩子的身心发展带来极大的危害，因此，父母要用正确的方式来化解孩子的逆反心理。

1. 纠正自己的教育方式

过分苛求和缺乏爱的家庭教育方式容易引发孩子的逆反心理，因此，父母要注意自己教育孩子的方式，要明白让孩子改变是需要一个过程的。孩子年龄小，肯定会犯这样那样的错误，父母千万不能火冒三丈，必须克制住自己的脾气，给孩子改错的机会，如果采取打骂的粗暴方式就会让孩子的逆反情绪更强烈。

2. 尊重和理解孩子

孩子出现逆反心理说明他的独立意识开始增强，他们希望父母以平等的态度来对待他们，而不是把他们当成小孩子，他们想拥有自己思考、决策的权利。这就要求父母学会尊重和理解孩子，和孩子建立一种平等关系。

于丽今年 8 岁了，平时是个很听话的孩子，可是最近老是和妈妈对着干。妈妈每天都会把她第二天要穿的衣服放在她床前，可是于丽非但没有感谢妈妈，反而很是厌烦。妈妈不明白孩子为什么会出现这样的情绪。

于丽妈妈在和别讨论如何教育孩子的问题时，才知道是因为自己给孩子安排的所有事情都没有征求过女儿的意见，这才导致孩子出现了逆反情绪。回到家，妈妈就主动和于丽聊天，说以后做事会尊重孩子的意愿，孩子的逆反情绪明显减轻了。

父母要尊重和理解孩子，不要按照自己的理想来塑造的孩子，这样不但不会起到教育孩子的目的，还会激起孩子的逆反心理。同时，父母还要注意和孩子说话时的语气和动作，应该以平等的态度来征求孩子的意见。

3. 满足孩子的好奇心和求知欲

人生发展的两个逆反期，都是自我意识迅速发展的时期。在这两个时期，孩子对世界充满了好奇心，并想自己去探索和发现。

甜甜今年上三年级了，她特别喜欢打乒乓球，觉得乒乓球能给她带来快乐，于是就想探究乒乓球的奥妙。可是妈妈老觉得那样会影响她的学习，就不允许她打乒乓球，并且没收了她的乒乓球拍。

这让甜甜觉得很不理解，对妈妈心存怨恨，所以她不好好吃饭，不好好做作业，也不听妈妈的话，以此表示对妈妈的抗议。

父母出于对孩子的保护往往会不支持孩子的自发行为，有的会对孩子的行为视而不见，有的还会加以阻止，这些都会压抑孩子的好奇心和求知欲。孩子感到压抑后就会以逆反的行为表现自己对父母的不满。所以，父母要适度放手，允许孩子有自主的行为。

4. 不要对孩子的合理要求说"不"

孩子有很强的好奇心，他们总想通过自己的努力去尝试一些新的东西。孩子的合理要求被父母制止或拒绝时，就会产生和父母的对立情绪，不听父母的话或是处处和父母对着干。

所以，父母对于孩子不要一味地说"不"，而应该相信孩子的能力，尽量满足孩子的合理要求。父母可以在孩子旁边给予适当的指导，帮助孩子更好地完成事情。

5. 放大孩子的闪光点

一般来讲，存在逆反心理的孩子个性较强，他们对自己有着很高的期望，并且希望得到别人的肯定。父母要善于抓住孩子的这个心理，放大孩子的闪光点，用适时的表扬来化解孩子的逆反心理。

文倩今年4岁了，是个很固执的孩子，特爱听表扬的话。她不听话的时候，妈妈都会用表扬她的招数来让她乖乖听话。这天妈妈带她去商场，她一定要妈妈给她买个好看的娃娃，可是妈妈当时太累了，没有心思再逛了，但是她拉着妈妈不让走。于是，妈妈指着那边一个冲妈妈哭的孩子说："我家文倩比那个小女孩强多了，知道听妈妈的话。"孩子听了妈妈的夸奖，真的就不要玩具了。

严厉的训斥会让孩子意识到自己的错误，但是那样也会激起孩子对父母的怨恨情绪，进而更加逆反，而表扬和鼓励则会满足孩子小小的虚荣心，从而摆脱逆反心理。

教 子 箴 言

孩子大都要经过一段特殊的心理变化时期，即逆反心理期。此时的孩子不听话、不好教育，但是如果能正确对待孩子的逆反心理，就会对教育孩子起到事半功倍的作用。

坏习惯 22 乱发脾气

疼爱自己的孩子是父母的本能。但是如果我们一味地纵容孩子，就会使孩子养成乱发脾气的坏习惯，从而影响孩子的成长。

——德国教育学家 第斯多惠

家教个案

梦容今年 7 岁了，是个活泼可爱的小姑娘，但是她的脾气却很暴躁，只要事情一不顺她的意，她就会乱发脾气，大有不达目的不罢休的气势。

她跟妈妈一起逛商场的时候，如果看到自己喜欢的衣服，就会吵着闹着让妈妈买，如果不买，她就大发脾气，妈妈没办法也就只好给她买了。但是梦容在下个柜台看见自己喜欢的玩具后又会央求妈妈买下来，倘若妈妈不同意便会再发脾气，再哭再闹。梦容的表现让妈妈很是无奈。

◎ 教育感悟

现在的孩子多数是独生子女，都在父母的宠爱中长大。有的父母觉得疼爱孩子就要满足孩子的所有要求，不能让孩子受到一点委屈。但是，正是父母对孩子的放纵使孩子养成了乱发脾气的坏习惯。

乱发脾气是当今孩子身上普遍存在的现象，通常是孩子意志力薄弱和缺乏自制力的表现。孩子由于缺乏自身社会经验，不能做到很好地控制自己的情绪，随着社会阅历的增多，孩子乱发脾气的坏习惯会得到一定的改善。

乱发脾气的孩子往往任性、以自我为中心，一旦别人触犯了他们的利益或是父母没有顺从他们的意愿，他们就开始乱发脾气，使小性子，非达到目的不可。如果父母对其进行批评教育，他们也会乱发脾气，甚至会持续更长时间。

乱发脾气的孩子在家里不懂得尊重父母，在学校里也不会和同学、老师友好相处，缺乏良好的人际交往能力，对以后的人生会造成很大的负面影响。

孩子乱发脾气的主要原因有：父母对孩子的过度溺爱，让孩子产生了自我优越感；父母的虚荣心让孩子觉得自己很优秀，自以为自己有资格乱发脾气；孩子心理素质较差，不能合理地控制自己的脾气等。

孩子乱发脾气会影响孩子的知识获得、人际交往等，不利于孩子的发展。父母要意识到乱发脾气会给孩子造成的影响，要采取积极的措施纠正孩子乱发脾气的坏习惯。

◎◉ 专家建议

每位父母都不希望自己的孩子没有自制的乱发脾气，因为这会给孩子的成才之路造成很大的障碍。父母可以采取以下几点措施来帮助孩子改掉乱发脾气的坏习惯：

1. 让父母的溺爱缩水

父母爱孩子，但是要把握好度。很多父母怕耽误孩子的学习时间，总要帮助孩子做所有的事情，满足孩子的所有要求，这种教育方式使孩子产生了自己想做什么就做什么的心态。

同时，父母为孩子包办生活中的很多事也会让孩子误以为所有的事情都很简单，所以，他们才会肆无忌惮地乱发脾气，从不考虑父母的感受。父母要适当地减少对孩子的溺爱，让孩子知道尊重他人，以完善自己的人格。

2. 不要跟着孩子一起发脾气

很多脾气暴躁的父母看到孩子发脾气就会控制不住自己的脾气，这样往往会引起孩子的逆反心理。因此，父母要冷静下来，不要跟着孩子一起发脾气。

高静是四年级学生，虽然学习成绩不太好，但是脾气却不小。这天回家后，她让妈妈给她买台笔记本电脑，说是很多同学都有。妈妈想到自己已经下岗了，爸爸的工资还要支付生活费、房贷等，根本就没有多余的钱给她买电脑，于是拒绝了。

没想到高静却不干了，她冲妈妈发脾气，说妈妈小气。妈妈一听也来气了，骂高静不懂事，结果高静一气之下离家出走了，找了一晚上也没有找到。妈妈很后悔当时冲高静发火了。

孩子乱发脾气一定是因为他的内心需要没有得到一定的满足。面对乱发脾气的孩子，父母首先不要急躁，要试着和孩子沟通交流，了解孩子内心的真实想法。

父母还要告诉孩子，只要要求合理，不用发脾气父母也会答应孩子的要求，以此减少孩子发脾气的诱因。

3. 适当转移孩子的注意力

当孩子乱发脾气时，父母可以充分利用周围的环境，适当转移孩子的注意力，用更吸引他的方法来缓解一下紧张的气氛。孩子的注意力转移了，乱发脾气的坏习惯就会得到抑制。

父母可以让孩子干点自己喜欢做的事，比如可以让孩子听自己喜欢听的音乐，让孩子看爱看的动画片，或是让孩子出去玩。这样，这些有趣的事就会分散孩子的注意力，孩子乱发脾气的坏习惯也就会得到有效的控制了。

4. 对乱发脾气的孩子的不合理要求说"不"

有些孩子会对父母提出一些自己的要求，一旦要求达不到，就会对父母发脾气，他们觉得这样做父母就会满足自己的要求了。

在这个时候，父母要分析孩子的要求是否合理，对于孩子的不合理要求一定要坚决地说"不"，否则孩子在乱发脾气上尝到甜头后，就会用这个方法来满足自己的不合理要求。

5. 父母要达成教育孩子的一致性

父母在教育乱发脾气的孩子上要达成一致。父母之间要事先商量，统一意见，做到态度一致、立场一致。

姜涛今年4岁了，一直在爷爷奶奶的身边长大，现在回到了父母身边上幼儿园。姜涛是个爱发脾气的孩子，他的爸爸妈妈在教育孩子的问题上持相同的意见，并且约定当一方教育孩子的时候另一方不得插手。这天，他要妈妈给他买套奥特曼的玩具，可是家里已经有很多了，妈妈就没理睬他。看到自己的要求没有得到响应，他便又哭又闹。可是妈妈就是不答应，他只好去求助于爸爸，爸爸却忙着看报纸，也不理他。他觉得发脾气没用，很没意思，就乖乖地跑到自己屋里去了。爸爸妈妈相视一笑。

父母要做到态度一致、立场一致。当父母中的一方教育孩子时，另一方不可当着孩子的面表示不同意见，不可让孩子觉得自己有靠山。孩子还喜欢在外人面前冲父母发脾气，觉得父母会在外人面前给自己面子，此时，父母一定要坚定立场，"识破"孩子的伎俩。

6. 帮助孩子控制自己的情绪

研究发现，孩子乱发脾气和孩子的情绪发育不完全有很大的关系。这样的孩子感觉系统比较敏感，对外界很小的刺激都会有很大的反应。

父母要通过心理训练的方式来完善孩子的情绪系统，使孩子具备控制自己乱发脾气的情绪能力，学会控制自己的情绪。这样孩子的脾气才会变得温和。

教 子 箴 言

父母要让孩子知道乱发脾气的孩子不会受到大家的欢迎，乱发脾气更不会有所收获。这样，孩子在乱发脾气达不到目的时，就会学会自我控制，从而逐渐改掉乱发脾气的坏习惯。

坏习惯 23　顶嘴

顶嘴不是解决问题的好方式，一旦习惯成自然，也不利于孩子的学习和成长，甚至会影响他长大成人后的人际关系。

——美国教育学家　马斯洛

家教个案

丽君六岁了，可是妈妈发现她越来越让人感到头疼。不知道从何时起，孩子不再像以前那么听话了，很有自己的一套。

这天家里来客人了，做饭时妈妈发现家里的醋没有了，就让丽君出去帮妈妈买。当时丽君正在屋里看漫画书，她对妈妈说："自己的事自己做，没看到我在忙吗？"这让妈妈觉得很没面子。

为了在客人面前显示出大人的尊严，妈妈再次让丽君出去买，这次，丽君还是和妈妈顶嘴，并且还大哭大闹。妈妈实在拿她没有办法了。

◎ 教育感悟

很多孩子都存在和父母顶嘴的现象，这让父母感到很头疼。孩子们说些和父母意愿相悖的话，让父母觉得孩子越来越不懂事，导致家庭气氛特别紧张，这对孩子的成长极为不利。同时，顶嘴会让孩子失去对父母的尊敬，扼杀孩子的创造性思维，还会影响孩子的人际交往。

随着孩子的成长，他们的语言能力得到了增强，并且尝试着用语言来表达自己对外界事物、事件的看法，其中也包含着情绪化的和非理性的语言。孩子最初说话的时候，父母都很兴奋，但也就在孩子开始学会说话的时候，父母发现孩子不再像以前那么听话了，他们不再把父母的话当圣经，而是开始用自己的意识来反抗他们自认为父母做得不好的地方。

不少父母都适应不了孩子的这种变化，于是会和孩子针锋相对，最终父母生气，孩子挨打，一家人都不开心。如果父母不善于发现孩子顶嘴的原因，而是一味地责备孩子，就会导致孩子和父母的关系越来越对立。其实，孩子出现顶嘴的情绪是有原因的，只要父母用心观察和积极引导，就不会因为孩子顶嘴而感到焦虑了。

孩子出现顶嘴现象的原因主要有：其一，孩子有自己的意见，但因为语言能力有限，不能清晰具体地表达自己的想法，当和父母意见不同时，就会产生顶嘴；其二，孩子的自我意识逐渐强烈，他们想自己掌控事物；其三，父母对孩子过于溺爱，孩子心里缺失了对父母的尊重等。

父母要善于引导孩子，让孩子逐渐认识到和大人顶嘴是不对的行为。此外，还要从孩子顶嘴的原因入手，有针对性地采取措施来制止孩子的顶嘴现象。

◎ 专家建议

顶嘴是很多孩子都会出现的情绪反应。父母要从心入手，帮助孩子摆脱顶嘴的坏习惯。父母该这么做：

1. 以平等的态度来对待孩子

面对因和父母有不同意见而顶嘴的孩子，父母往往都会采取高压管制政策，非打即骂。但是这样会加重孩子的逆反心理，使孩子对顶嘴乐此不疲。

父母在心态上要和孩子保持平等的地位。当孩子和父母顶嘴的时候，父母要把孩子想成是自己的朋友。当朋友和自己有分歧时，自己肯定不会剥夺他们说话的权利。所以，父母只要以这样的心态来对待孩子，用宽容的心来善待孩子的顶嘴行为，孩子也会受到感化，自觉停止顶嘴的。

2. 和顶嘴的孩子保持积极的沟通

和孩子保持良好的沟通是应对和预防孩子顶嘴的重要方式。父母要用心倾听孩子的想法，从而分析孩子顶嘴的原因，不要随意给孩子贴上顶嘴的标签。

王米以前一直是父母的乖乖女，很讨大人的喜欢。可是最近她常常和妈妈唱反调，妈妈批评她，她还会和妈妈顶嘴。

这个周末母女俩打算去王米奶奶家玩。一大早妈妈就把王米的衣服准备好了，王米却死活不穿那件连衣裙，非要穿别的，嘴里一直喊着："我就不穿，就不穿。"妈妈很无奈，她试着换了个语气问她为什么不穿那件连衣裙，这才知道原来那个连衣裙太长，孩子不喜欢。

妈妈就教育孩子，让孩子有什么就跟她说，不要养成顶嘴的坏习惯，王米听后不好意思地笑了。

父母要从正面来看待孩子的顶嘴。顶嘴是孩子独立意识的表现，表明他们对事物具备了独到的见解，开始有自己的主见。父母不要轻易制止孩子，要在沟通中和孩子对话，引导孩子学会讲理，而不是顶嘴。

3. 避免过度溺爱孩子

父母过度溺爱的孩子往往缺乏约束，不懂得基本的礼貌常识，以自我为中心，习惯于我行我素，所以他们不觉得和大人顶嘴是错误的。如果父母对孩子的顶嘴行为不予以重视，让孩子养成了顶嘴的习惯，再纠正起来就比较困难了。

李友是家里的独生子，在父母的溺爱中长大，今年上一年级。这天在学校里，老师批评他做作业不认真，他立即就和老师顶嘴说："那老师你认真一下，让我学习学习。"这让老师很生气。

其实李友现在的表现和他所受的家庭教育方式有关。李友是家里的独生子，父母把他当小皇帝一样对待。从小只要父母做得不顺他的心意了，他就会和父母顶嘴。父母对他也不加引导教育，造成了他现在不懂得尊重别人的坏习惯。

因此，父母对孩子不能一味迁就，该讲原则的时候就要讲原则，不该让步的就不能让步。孩子出现了顶嘴的行为，就要及时纠正，教育孩子做个有修养、懂礼貌的好孩子。

4. 以身作则，做孩子的榜样

父母是孩子的镜子，孩子是父母的影子。父母要想让孩子不顶嘴就必须做孩子的好榜样。

有的父母平时在家中不注意自己的行为，对老人不尊重，还常常和老人顶嘴，这会对孩子产生潜移默化的不良影响。父母要重视自己在孩子面前的影响，处世为人以和为贵，尊重长辈，这样，孩子也会乐于听父母的教诲，不再顶嘴。

5. 告诉孩子，父母很不喜欢他的表达方式

很多父母认为孩子顶嘴只是在耍小孩脾气，这样的意识会纵容孩子顶嘴。父母对顶嘴的孩子，采用哄的方式或是屈服于孩子的顶嘴，会让孩子觉得，顶嘴是一种很好的表达方式。孩子在这样的方式中尝到了甜头后，就会乐此不疲，并将顶嘴的习惯发展到学校的人际交往中。

所以，在孩子刚开始顶嘴的时候，父母就要及时地告诉孩子，顶嘴是种错误的表达方式，引导孩子改变顶嘴的坏习惯。

教 子 箴 言

父母要辩证地看待孩子的顶嘴问题：一方面要看到这是孩子自主性的表现，要给以适当的引导，善于利用孩子的顶嘴来培养孩子活跃的思维；另一方面，要教育孩子学会尊重他人，用更好的方法来表达自己的意见。

坏习惯 24 缺乏责任心

培养有责任心的孩子是所有父母的共同愿望。孩子的责任心不是一朝一夕就能培养起来的，需要父母持之以恒地努力。

——美国教育家 赫塞林顿

家教个案

一位外国妈妈带着八岁的女儿到中国一户人家里来做客。女主人为了好好招待外国客人专门做了简单的西餐，她希望这对外国母女尝尝中国式的西餐。八岁的女孩觉得中国人做的西餐肯定不好吃，于是，小女孩坚决地说她不吃。

可是女主人端上来的时候，小女孩一眼就看到了漂亮的冰淇淋，她迫不及待地伸手去拿，女主人也很高兴地把冰淇淋端到孩子面前，但是小女孩的妈妈却很严肃地制止了孩子的行为，她让孩子对自己所说的话负责。

女主人觉得这位妈妈太过认真了，就劝她让孩子吃冰淇淋吧。但是，女孩的妈妈说要培养孩子的责任心，所以无论女孩怎么哭闹，也没能吃到冰淇淋。中国妈妈很受启发。

◉ 教育感悟

责任心是孩子作为社会成员所必须具备的基本品质。孩子的责任心包括遵守学校、社会的各项纪律；尊敬父母；做好自己应该做的事；答应别人的事情要努力做到；努力做对家庭、对社会负责任的人。

随着孩子年龄的增长和社会经验的丰富，孩子的责任心会扩大到社会的层面，但是从家庭中培养出来的责任心是增强孩子社会责任心的基础。如果在家庭中孩子的责任心得不到有效地培养，就很难保证孩子到了社会上会成为有责任心的人。

责任心强的孩子遇到问题能够灵活地运用智慧和判断力去考虑可能产生的后果，在不损害他人利益的前提下，努力满足自己的需要。他明白自己的责任，并认真履行自己的义务，勇敢地承担自己行动的后果。责任感是孩子为人处世的基础，父母要在孩子的日常生活中不断地培养孩子勇于承担责任的习惯。

缺乏责任心的孩子往往意识不到自己的人生价值和对他人的责任，他们对自己不负责，对他人也不关心，随心所欲地做自己想做的事，从不顾及别人的感受。缺乏责任心的人，往往没有良好的人际交往关系，也就少了很多成功的机会。

父母都希望自己的孩子有责任感，却往往忽视了对孩子责任感的培养。当孩子遇到棘手的问题时，父母不应一手包办，而应放手让孩子去做，并让孩子对自己的行为负责，逐渐让孩子成为富有责任感的人。

◉ 专家建议

缺乏责任心的孩子不被社会欢迎。培养孩子的责任心是父母的责任，但培养责任心需要父母持之以恒和始终如一地努力。建议父母做到以下几点：

1. 为孩子创建民主的家庭氛围

孩子的责任心的培养和家庭教育的方式有关。民主型的家庭更容易培养出具有责任心的孩子。在民主的家庭里，父母会让孩子做自己能够负责的事情，这是培养孩子责任心的关键所在。

李强是一个特别懂事的孩子。老师夸奖他是个有责任感的孩子，同学们也乐于和他交往，这与他从小受到的教育有关。家里有个很重要的原则就是：每个人都要自己对自己负责，包括李强。在这样的家庭环境中，李强不仅学会了对自己负责，还懂得了为家庭做自己力所能及的事。

他把这种责任心带到了学校。作为班长的他对班里的事情极为负责，是老师的得力助手。

只有负责任的父母才能教育出负责任的孩子。每位父母都要努力为孩子创建民主的家庭氛围，做好孩子的榜样，把自己的责任感传递给孩子，让孩子懂得责任感的重要性，认真履行自己的责任，做别人所需要的人。

2. 给孩子负责任的机会

很多父母都在抱怨自己的孩子缺乏责任心，却很少去探究孩子为什么会不负责任。其实孩子不是不负责任，而是缺少负责任的机会。因为父母习惯事事都为孩子做好，让孩子没有机会去强化自己的责任心。

父母对孩子的溺爱使孩子会做的就是去执行父母的命令，这样会造就缺乏责任感的孩子。教育缺乏责任心的孩子，父母必须在孩子的能力范围之内，有针对性地赋予孩子一定的责任，让孩子能够获得负责任之后的良好体验，或者是让孩子尝到不负责任的恶果，只有这样，才能逐步培养孩子的责任心。

3. 让孩子担任一定的社会角色

社会责任感是孩子责任心的重要组成部分。"天下兴亡，匹夫有责"的名言被很多责任感强烈的人作为座右铭。缺乏责任心的孩子，对自己和他人都不关心，遇到事情还会推卸责任。父母要通过帮助孩子担任一定的社会角色来培养孩子的责任心。

周末的时候，妈妈经常带周琼去游乐园玩。那天天气很热，大家都买雪糕降温。可是很多人都把袋子扔到地上，害得环卫人员还得再辛苦地捡起来。琼琼想把雪糕袋扔到垃圾桶里，但不小心没有放进去。妈妈看见了，觉得这是教育孩子的好机会。

妈妈让她把袋子放到垃圾桶里，借机教育她说："每个人都是社会的一分子，都有保持环境卫生的责任。"她让周琼把自己当成是环卫工人。孩子听了妈妈的话，开心地捡起了袋子。

4. 让孩子学会为自己的行为负责

父母要教育孩子学会对自己的行为负责。即使孩子的行为造成严重的后果，父母也不要替孩子承担，以此来强化孩子的责任感。在孩子的成长过程中，必须让孩子懂得为自己的错误负责，只有养成良好的责任心，孩子以后才能勇敢地承担生活、学习、工作上的各种责任。

　　曹华今年上三年级了，这天不小心把同桌的文具盒碰到地上摔坏了。虽然同桌说没关系，可是曹华心里还是很不舒服，她回家后把自己的心情告诉了妈妈。妈妈告诉她要为自己的行为负责，建议她用自己的零花钱买个新的还给同桌。

　　第二天曹华买了个新的文具盒给同桌，并坚持让同桌收下了。

教 子 箴 言

　　孩子的自我责任感是在自己承担自己的行为后果的活动中潜移默化形成的。如果孩子从小就习惯于由父母替其负责，长大后不仅会缺乏自我责任感，更不会对他人和社会负责。

坏习惯 25　爱打架

父母平常要教给孩子适当的社交技巧，鼓励他们运用这些技巧解决自己的争端，而不要动用打架的粗暴方式。

——法国思想家　蒙田

家教个案

父母为了让赵旭接受更好的教育，就把他送到了贵族学校去上学。贵族学校里的孩子都很霸气，于是爸爸告诉他，不能受别人的欺负。赵旭把这句话牢牢记住了。

这天，赵旭把自己新买的玩具拿到学校去玩，可是有个孩子拿过去之后就不还给赵旭了。赵旭觉得自己受了欺负，就抢过玩具朝那个同学的头上砸过去，结果把同学的头砸破了，父母还付了医疗费。但是事后，赵旭的爸爸妈妈并没有责怪赵旭，反而夸奖儿子勇敢。

父母的态度让赵旭更加肆无忌惮，以后不管谁招惹他了，他都要大打出手。

教育感悟

孩子的打架行为属于攻击性行为。弗洛伊德认为，攻击性行为是人性的一个基本成分，是与生俱来的。调查发现，90% 以上的孩子存在打架的倾向，开始的时候是小打小闹，如果没有引起父母的关注，后来就会发展到打架的程度。一般来说，孩子多是在 4 ~ 5 岁时会出现打架行为。这个时候，孩子的行为往往是无意识的，但是如果不能很好地教育和引导，当孩子 6 ~ 7 岁时，爱打架的人数就会有所增加。

虽然爱打架的孩子比一般的孩子更具有勇敢精神，但是打架毕竟会给自身和周围的人带来身体上和精神上的创伤，所以父母要认真分析孩子出现打架行为的原因，然后采取相应的措施帮助孩子改掉爱打架的坏习惯。

孩子出现打架行为的主要原因有：孩子的自控能力差，遇到不顺心的事情就会有过激行为；孩子看到成人的攻击性行为，不自觉地进行模仿；孩子看暴力片受到影响；父母对孩子的教育方式不恰当；父母对孩子的溺爱；父母常常用打架来解决问题等。

如果父母不对从小就爱打架的孩子进行教育和制止，那他们长大后就很难适应社会，出现人际关系紧张、社交能力差等问题，甚至会走上违法犯罪的道路。所以，父母要重视孩子的打架行为，做到防微杜渐，努力让孩子摆脱掉爱打架的坏习惯。

◎◎ 专家建议

打架对孩子有不良的影响。父母要根据孩子的身心发展特点和孩子的接受能力来纠正孩子的行为，以期取得较好的教育效果。建议父母从以下几方面入手：

1. 杜绝粗暴的教育方式

很多父母会在孩子打架之后用体罚的方式对孩子进行管教，而不是采取循循善诱的引导方式。父母粗暴的教育方式向孩子说明了一个道理：攻击性行为可以让对方做你想让他做的事。

这样做即使会让孩子在表面上屈服于父母的教育方式，表现出顺从，却会增加孩子的逆反情绪，并且会把自己的这种不满情绪发泄到别的孩子身上。因此，父母要禁止使用体罚等粗暴的教育方式，而应采取给孩子讲道理的温和方式。

2. 教孩子学会合理地宣泄自己的情绪

父母要教育孩子，在遇到不开心的事情时，要懂得合理地宣泄自己的情绪，如鼓励孩子把自己的烦恼说出来。因为烦恼、挫折、愤怒等不良情绪是点燃孩子打架行为的导火索。

王跃是个脾气不太好的男孩。在幼儿园他经常和别的小朋友大打出手，这让老师很是头疼。这个周末，妈妈在厨房做饭时无意间听到王跃在楼下和小美吵架。她看到孩子的拳头已经攥起来了，就赶紧跑下楼去，把王跃拉回家。

可是王跃很生气，非要去打那个孩子。妈妈为了帮助孩子宣泄自己的情绪，就拿出了一个玩具熊让他解气，然后又拿出孩子最喜欢的画板，让王跃画画。于是王跃高兴地画起了画，完全忘了要打架这件事。

因此父母要教孩子如何把自己的烦恼、愤怒等通过适当的途径宣泄出来，尽可能使孩子的打架行为减少到最低的限度。父母还可以在孩子情绪不佳的时候，让孩子做自己感兴趣的事，帮助孩子转移自己的情绪。

3. 父母要学会"冷处理"

当孩子打架之后，父母可以采取冷处理的方式：不理睬孩子。通过这种方式来惩罚孩子，让孩子自己意识到自己行为的错误性，然后进行自我反思。

素素是家里的老大，下面还有个妹妹。最近素素常常为了玩具和妹妹打架，有几次还把妹妹的脸都给抓破了。妈妈最初都会严厉地批评她，可是根本就不起作用，素素还是不依不饶地非把玩具抢到手不可。

这次，她又为了一个娃娃大打出手。妈妈这次没有理她，转身带着妹妹出去玩了，把素素独自留在家里。两个小时之后，妈妈和妹妹回家后发现素素正在屋里小声地哭泣。看见妈妈回来了，素素马上向妈妈道了歉，说以后再也不和妹妹打架了。

素素的妈妈正是用冷处理的方法帮助孩子意识到打架是错误的行为。很多时候孩子打架的原因，就是为了和别人争抢玩具等物品，这时大人应该对孩子进行冷处理，从而让孩子更深刻地体会到打架中被伤害的一方的感受和心情，这样才能从本质上让孩子停止打架的行为。

4. 教给孩子恰当的社交方式

不少孩子因为欠缺正确表达自己的能力，所以才会用打架的方式来进行自卫。父母要让孩子知道与人为善的道理，让孩子学会讲理。

此外，有的孩子过于敏感，父母就要帮助孩子正确识别他人的行为，不要将别人的友善行为误以为是攻击。

5. 积极营造和平的家庭气氛

要想改变孩子爱打架的坏习惯，就要为孩子创造一个和平的家庭气氛。父母必须注意自身修养，不在孩子面前讲有攻击色彩的语言，禁止让孩子看有暴力镜头的电影、电视，不让孩子玩有攻击性倾向的玩具。同时，还要重视父母之间的关系。父母的和谐关系会给孩子带来很大的安全感，有利于孩子良好情绪的形成和调节，也会减少孩子爱打架的思想倾向。

教 子 箴 言

父母对爱打架的孩子，要给予必要的惩戒，这样有利于他们加深印象，牢记教训，避免重犯，使他们懂得要为自己的错误行为承担相应的责任。

坏习惯 26　任性

任性对孩子的健康成长是有害的。孩子如果干什么都由着自己的性子，没有任何的约束，性格就会朝着不良的方向发展，失去控制自己的能力，变得不冷静、爱发脾气。

——英国教育家　赫胥

家教个案

栋栋5岁了，平时是个很听话的孩子，但他今天的行为却让妈妈很头疼。妈妈带他去同事家玩，同事家有个和栋栋差不多大的孩子乐乐，两个孩子玩得很好。栋栋看到乐乐有个新玩具就缠着妈妈非要买一个一样的玩具，妈妈没有同意。

回到家，栋栋还是哭闹着要买那样的玩具，但是商店都已经关门了。妈妈耐心地问他，为什么那么想要那件玩具，栋栋说他想看看那个玩具上的灯为什么会亮。妈妈知道了孩子任性的理由，答应孩子明天去给他买那件玩具。

◎ 教育感悟

栋栋妈妈面对孩子的任性，及时了解了孩子的真实想法，满足了孩子小小的任性。所谓任性，就是孩子随意放任自己的性情，想什么就做什么，不分是非，固执己见，有时候明知道事情是错误的，还要做下去。在父母眼里，孩子任性就是不听大人的话，意见与父母不一致。

任性是孩子的一种常见的心理状态。当孩子的某种心理需求得不到满足的时候，孩子就会表现出任性，主要表现为固执、抗拒、不服从父母管教、不按照父母的要求去做等，或者表面上答应但内心不服，父母不在旁边时，就由着自己的性子来。

任性不利于孩子的健康成长，也是很多父母面临的棘手问题。任性容易形成暴躁、霸道的心理疾病。任性的孩子往往达不到目的时就以自私专横的心理来要挟他人，容易导致违法犯罪行为。

孩子任性，不按父母的要求和期望来做事，父母就会对孩子的行为表示不满。脾气暴躁的父母，还容易出现不理智的行为，如采用非打即骂的方式，对孩子严加管教或对孩子放任不管，对孩子的要求妥协等。这些举动在一定程度上助长了孩子的任性行为。

一般来说，孩子的任性与遗传因素有一定关系，但关键还是后天所受到的教育和影响。有的父母对孩子溺爱、娇惯，造成孩子的自私任性；有的对孩子采取简单粗暴的教育方式，造成了孩子的逆反心理；有的违背孩子的成长规律，对孩子提出了超出能力的要求；有的父母喜欢在外人面前批评孩子，伤害了孩子的自尊心，导致孩子故意用任性的行为来抗议。

父母要冷静地分析孩子出现任性的原因，针对不同的原因采取不同的措施。同时，父母要注意自身的教育方法，要循循善诱、因势利导。父母可以在平时的日常生活中，对孩子讲清任性的危害，让孩子自觉地摆脱任性的坏习惯。

◎ 专家建议

任性是孩子的通病，怎样纠正孩子任性的坏习惯成为让很多父母头疼的事情。对此，专家提出几条建议，让父母能够正确对待孩子的任性行为：

1. 辩证地看待孩子的任性

任何事情都是辩证的，孩子的任性也是如此。任性是孩子的正常心态，孩子任性也有其积极的一面。心理学家研究发现，在3～4岁期间表现出任性、有逆反心理的孩子，将来更容易成为心理健康、独立坚强的人；而没有表现出任性逆反心理的孩子，则往往会在性格上趋于软弱和寡断。

优雅文今年上四年级了，学习成绩一直在班里排前几名。最近，她因为生病耽误了一些课，可是马上就要考试了，于是她每天晚上都复习功课到很晚才睡觉。妈妈劝她，她还和妈妈发火，任性得不得了。但是这样的学习效率并不高，孩子第二天起床晚，白天上课就没有精神。

妈妈决定和她好好谈一谈。妈妈首先肯定了孩子的行为，表扬她有强烈的进取心，但是不注重学习方法就是任性的行为了。孩子听了妈妈的话，意识到了自己的错误，向妈妈道了歉。

父母要先分析孩子的任性是否存在着合理的一面。孩子无理的任性，父母不可以妥协；但当孩子的任性存在着合理的成分时，父母就应该平等地对待孩子，注意理性地看待问题，满足孩子的合理要求。

2. 对孩子进行"冷热结合"的教育

父母不要在孩子面前表露出心疼、怜悯或迁就的态度，更不能和他讨价还价。对于认识到错误的孩子，父母要毫不吝啬地进行表扬。对于任性的孩子，这种"冷热结合"的方法往往比较有效。

当孩子由于要求没有得到满足而发脾气时，父母可以不去理睬他，即使他停止了哭闹，也要继续"冷落"他一段时间。当无人理睬时，孩子会感到无趣。当认识到自己的错误并做出让步时，父母要给予孩子适当的肯定和鼓励。父母还要告诉孩子任性的无理之处，也可让孩子讲述一下任性的原因，这就是"热加工"。"冷热结合"的教育方式，能取得比较好的效果。

3. 给孩子的任性打预防针

孩子的自制力较差，自己容易忘记与父母的约定。父母在掌握了孩子任性的规律后，可以用"约法三章"的办法来预防孩子任性，给孩子定个规矩，一旦孩子破坏了规矩，就要按规矩来处理。

如孩子有赖床的坏习惯，父母就要提醒他赖床就没有早饭吃了；孩子出门喜欢让妈妈抱着，父母就可以和孩子说好，如果让妈妈抱，就不带他出门了。当孩子任性的时候，就要用这些规矩来约束孩子。

4. 培养孩子自我管理的意识

孩子的任性心理与缺乏自我管理意识有关。由于孩子身心发展和自身认识的局限性，他们往往缺乏自制力，因此父母要在平时注意培养孩子的自我管理能力。

李雪是个特别懂事的小女孩，虽然是家里的独生女，可是她在家里却没有任何"特权"。她自己洗衣服，自己吃饭、睡觉，从不任性地和父母提过分的要求。当自己的要求被拒绝后也不会用哭闹的方式来博得父母的同情，因为她知道，合理的要求父母肯定不会拒绝。

在李雪三岁多的时候，父母就开始有意识地培养她的自制力，让她学会正确地提出自己的要求，而不是用任性来要挟父母，所以她也比一般的孩子懂事。

父母要注意自身的教育方式，不能对孩子过分溺爱、百依百顺，更不能对孩子的无理要求不加选择地迁就。父母可以在生活中改掉孩子任性的坏习惯，如：让孩子自觉整理玩具；饭前记得洗手；自己的衣服自己洗。时间一长，孩子也会渐渐地学会约束和控制自己，任性的坏习性也会得到改善。

教 子 箴 言

父母要冷静地分析孩子任性的原因，针对不同的原因采取不同的措施。同时，父母要注意自身的教育方法，要循循善诱，因势利导。

坏习惯 27　说谎

孩子说谎的习惯是父母不能姑息迁就的，它会使孩子滑向欺骗、虚伪等不良习性的深渊，会毁掉一个孩子的前程。父母要引导孩子说真话，办实事，做一个品行端正的人。

——俄罗斯教育家　凯洛夫

家教个案

天天今年上三年级了，学习成绩一直不怎么好，可是父母对她寄予了很大的希望，她不忍心让父母失望，就刻意隐瞒自己在学校的学习情况。她会夸大自己在学校的表现，撒谎说自己的成绩很优秀。当父母要看试卷的时候，她也总是以还没发下来为由拒绝。

这天，班主任给天天妈妈打电话，说孩子两天没来学校上课了。妈妈觉得不可能，因为孩子每天晚上回家后，都会和父母说在学校发生的事情。晚上妈妈问孩子为什么逃课，才知道她不喜欢学习，所以上课期间，她就跑到了学校附近的公园去玩，等到放学时间再按时回家。父母这才明白天天上学的真相。

教育感悟

一位心理学家的调查显示，在六岁的孩子中，90% 的孩子出现过撒谎的行为。说谎是孩子常见的行为，是让父母感到头疼的不良习惯。

其实孩子并非生来就会说谎。他们天性率直、纯真，很多时候说谎是无奈之举，而非孩子的道德品行问题。所以，父母不要轻易给孩子贴上撒谎的标签，要深入分析孩子说谎的本质，然后根据分析的结果采取相应的措施，帮助孩子走出说谎的误区。

一般来说，孩子说谎的原因主要有：孩子并没有说谎的意图，只是缺乏对现实和理想的正确认识和区别，经常会把自己的想象当成现实，给父母造成说谎的印象；自己犯了错后会害怕遭到父母的批评和惩罚，孩子的心里充满内疚和紧张，还要担心父母的责备，此时就会说谎；孩子遭到失败后担心受到别人的嘲笑，就会故意用说谎来获得虚伪的"自尊"等。

对于年龄较小的孩子的说谎行为，父母可以不用过于紧张，因为孩子的认知能力还很有限；但是对于年龄稍大的孩子的说谎行为，则要加以重视了。

孩子年龄愈大，谎话越多越高明，包括恶意的谎话、善意的谎话、隐藏事实逃避处罚的隐瞒性谎话等。

说谎的孩子缺乏诚信，会给自己和周围的人带来不良的影响，阻碍未来的成功。所以，父母要根据孩子身心发展的特点及接受事物的水平来帮助和引导孩子走出说谎的阴霾。

◎ 专家建议

任何一位父母都不希望自己的孩子养成说谎的坏习惯。对于孩子因年纪小而分不清现实和想象的说谎行为，父母可以优雅地欣赏，但是对于说谎成为习惯的孩子，父母就有必要采取一定措施了。建议父母从以下几个方面入手：

1. 让孩子知道说谎的害处

说谎的孩子不是好孩子，父母都希望培养出诚实的好孩子，但是很多孩子往往会让父母失望。父母有必要让孩子知道说谎的害处。父母可以用举例子、讲故事的方法，来让孩子知道说谎的害处。比如父母可以给孩子讲《狼来了》的故事：第一次孩子说狼来了大家都去救他，第二次大家出于爱心和信任也去救他，但是大家发现孩子两次都是在说谎，所以第三次当狼真的来了的时候，没有一个人去救他。

2. 父母要以身作则

父母是孩子最好的老师，父母的言行会在潜移默化中传达给孩子，孩子会将父母的言行作为自己为人处世的标准。因此，父母要重视自己在孩子面前的表现，只有做诚实的父母才能保证孩子也做诚实的人。

一天，王峰的小伙伴鹏鹏打电话让王峰去他家玩。王峰不想去，可是他拒绝鹏鹏的理由竟然是下午要和妈妈去游乐园玩。妈妈意识到孩子在说谎，因为她没有说过要带孩子出去玩。

妈妈问王峰为什么那样说，王峰说是跟妈妈学的。上次邻居让妈妈一起逛街，妈妈说下午有事，可是也没见妈妈有什么事啊。他今天不想出去玩，就按照妈妈的方式拒绝了。妈妈听后无语了，感到很惭愧。

王峰妈妈的行为无意中被孩子看到了眼里，并且把它运用到了实际生活中，这是父母应该避免的问题。孩子的模仿能力很强，他们会把父母的行为记在心里，并把它作为自己的行为准则。说谎会影响孩子在他人眼中的形象，也不利于孩子完善自己的人格和性格。父母要以身作则，不在孩子面前说谎，不做有悖于诚实的事情，给孩子树立良好的榜样。

3. 父母可以巧妙地利用孩子的谎言

有的孩子说谎是为了满足自己的虚荣心，以便得到父母的肯定和奖励。父母可以巧妙地利用孩子的谎言帮助孩子切身体会到说谎要付出的代价，从而让孩子改掉说谎的坏习惯。

刘思杰在平时的生活中是个很爱面子的男孩。现在他上三年级了，为了得到父母的夸奖，他经常会美化自己在学校里的表现。这次考试后，妈妈刚好碰到了孩子的班主任，于是就询问了一下孩子的学习成绩。

没想到，孩子回家后竟然说谎说自己考了班里前三名。妈妈向他要试卷，他却说还没有发下来呢。妈妈趁机说："你是个优秀的孩子，妈妈相信你会取得更大的进步。我希望看到你的好成绩。"刘思杰听后觉得很有面子，但是一想到自己说的是谎话又很心虚，便决定用好成绩来回报妈妈。

有智慧的父母会用宽容的心来看待孩子的说谎行为并巧妙地对孩子的说谎行为进行引导，帮助孩子用自己的行动来兑现自己的诺言。父母将计就计会让孩子产生自我监督的意识，激发孩子的积极性，而粗暴的教育方式则会扼杀孩子的进取心。

4. 让孩子敢于承认自己的错误

孩子说谎的一个原因是怕自己犯了错误后受到父母的责备。因此父母要让孩子知道犯错误在所难免，虽然不能任其发展，但是也要以一种温和的语气来对待孩子的错误，让孩子有勇气来面对并改正自己的错误。只有这样才能帮助孩子摈弃说谎的因素，从根本上防止孩子养成说谎的习惯。

教 子 箴 言

说谎是不良的行为，因为谎言意味着欺骗。所以当孩子说谎时，父母要利用这个机会，变不利为有利，促进孩子的成长。

坏习惯 28 说脏话

一些父母认为孩子说脏话没什么，另外一部分父母却把孩子说脏话视为罪恶滔天的行为，这两种心态都有过犹不及的嫌疑。

——日本教育家 小原国芳

家教个案

馨馨上幼儿园后各方面进步都很大，家里人感到很欣慰。但是最近发现，孩子多了些让大人又好笑又好气的坏习惯：外表漂亮可爱的孩子，竟然从幼儿园学来了满口脏话。

她看动画片看了很长时间，并且以孩子的能力还不能完全看懂，就不让她再看了。馨馨却张口就说："我要看，我能看懂，你是蠢猪看不懂。"奶奶让她快去睡觉，免得第二天迟到，馨馨却说："你去睡觉，我不去，只有猪才会天天睡觉。"

这让父母很是头疼，妈妈为此也打过她几次。当时她哭着保证以后不说了，可是第二天，脏话又出来了。

◎ 教育感悟

在孩子的成长过程中，几乎都会出现说脏话的现象。幼儿园阶段的孩子基本都还不具备分辨是非的能力，他们会模仿周围小伙伴的行为。馨馨正处于说话的兴奋期，她说脏话可能只是成长过程中的小插曲，随着年龄的增长，这样的现象可能会消失。

但是对于年龄大点的孩子来说，说脏话就是不文明的行为了。在孩子不断成长的过程中，随着接触的人和场合的增多，难免会跟他人学到一些脏话，尤其是同伴之间交往时，就更容易用这些粗鲁的语言来增进彼此的融洽关系。

父母要注意孩子平时的交友问题，鼓励孩子多和有礼貌的孩子交往。

孩子说脏话会被人们看成是缺乏教养的表现，往往得不到大家的欢迎，自然会对孩子的发展和成功造成很大的影响。孩子说脏话的原因主要有：孩子缺少是非观念；为了发泄心中对某事某人的不满；孩子出于好奇心，觉得说脏话很新鲜；孩子自制力差，明知道说脏话是不对的行为还是忍不住要说；孩子用脏话来吸引大人对他的关注等。

习惯一旦形成了，克服它就需要一定的过程，不是一朝一夕就能完成的。所以父母要从孩子说脏话的源头抓起，分析孩子说脏话的原因，引导孩子纠正说脏话的坏习惯。

◎ 专家建议

孩子说脏话是不文明的行为，说脏话的孩子缺乏礼貌。父母一定要掌握孩子的心理特点，教育孩子不讲脏话，培养孩子从小养成文明的好习惯。对此父母可以采取以下措施：

1. 净化孩子的语言环境

孩子的模仿能力很强，不少父母平时不太检点自己的言行，在孩子面前经常说脏话，孩子受到了影响也学会说脏话。因此，父母首先要提高自身的修养，严于律己，为孩子营造文明、礼貌的语言环境。

俗话说，近朱者赤，近墨者黑。孩子也会从电视、电影、周围的人中学到脏话。所以父母要为孩子选择文明的小伙伴，尽量避免孩子接触不良的语言环境。在一个文明礼貌的环境中，孩子就会减少学习脏话的机会。净化孩子的语言环境，才能切断孩子说脏话的途径和来源。

2. 教给孩子正确的是非观念

孩子的是非观念不强也是造成孩子说脏话的主要原因。父母在日常生活中要抓住每一个能增强孩子是非判断能力的机会，为孩子传达正确的是非观念，让孩子从思想上远离脏话的侵蚀。

刘珍是个很招人喜欢的孩子。今天全家人在一起看电视，妈妈无意间听到孩子讲了一句脏话，妈妈让她再说一遍，她竟然很大方地重复了一遍。这是电视上一个剧中角色刚说过的一句脏话，妈妈意识到孩子是在跟电视上的人学。于是她教育孩子说："这句话不文明不好听。爸爸、妈妈和所有的人都不喜欢听。以后不要再说了。"然后又给孩子做了正确的语言示范。孩子听了妈妈的话后再没有说过那样的脏话。

孩子做得对的，父母要给予表扬；错误的要及时给以善意的批评和指导。通过正反两面的教育让孩子分清是非，这样孩子在平时的生活中就能够自觉地排斥周围的不良影响，为形成良好的语言习惯打下基础。

3. 教给孩子表达情绪的正确方式

孩子在很气愤的情况下会说脏话，因此父母要教给孩子正确表达情绪的方式。当别人触犯到孩子的利益使孩子生气时，父母要在孩子心平气和后指导孩子如何表达内心的不满，比如让孩子说出别人的错误，不理对方等。

说脏话是一种很不理智的情绪表达方式，会招致别人的厌恶。父母可以在孩子想说脏话时用积极的心理暗示来教育孩子，告诉也说脏话是不对的，可以用大声喊出来的方式来宣泄自己的情绪。孩子掌握了正确表达情绪的方式后，就不会再说脏话了。

4. 对说脏话的孩子适当惩罚

父母要让孩子对自己说脏话的行为负责，用适当的惩罚来增强孩子对说脏话的免疫力。在孩子说脏话时，父母要严肃地予以制止，并且告诉他，这是可耻的不文明行为。如果孩子听不进父母的道理，父母可以用适当的惩罚来强化孩子的文明意识。

石建平时爱和小伙伴玩。这个周末妈妈看他和别的孩子在楼下玩，一个孩子不小心把石建的脚给踩了，石建随口就骂了那个孩子一句。当着其他孩子的面，石建的妈妈没有批评他，回到家，妈妈就开始教育他，可是他还振振有词，甚至把自己刚才说的话又重复了一遍。

妈妈看到他的表现，决定用不让他看动画片来惩罚他。让他反思自己的错误，什么时候认清并承认自己的错误了，才再让他看。

如果孩子屡教不改，父母可采取适当的惩罚措施，明确告诉孩子，如果不改掉说脏话的坏习惯，就会从父母这里失去很多权利，如减少孩子的零花钱，减少孩子看电视的时间，孩子取得成绩时也不会获得奖励等。相信孩子在父母的严格管教下会主动地养成说话文明的好习惯。

5. 不要采用粗暴的态度

父母教育孩子的时候要采用循循善诱、因势利导的方法，不要采用简单粗暴的方式，那样会激发孩子的逆反心理，使教育效果适得其反。

父母要耐心地给孩子讲道理，平静地告诉孩子说脏话是不文明的行为，既让孩子明白父母的认真态度，也要给孩子传达正确的语言方式。如果父母脾气暴躁地对孩子采取粗暴行为，孩子会继续用说脏话来表达对父母的抗议。

教 子 箴 言

孩子在说脏话时，父母必须要引起重视，并在适当的时间加以制止，必要时可以采取惩罚措施帮助孩子改变说脏话的坏习惯。

坏习惯 29 人来疯

> 人来疯的孩子想要得到成人关注的想法是可以得到父母的理解的，但父母要把孩子的表现欲望引导到正确的道路上来。

——德国教育家　赫尔巴特

家教个案

梁佳上幼儿园中班了。平时家里只有爸爸妈妈的时候，她很听话。但是她有个特别不好的习惯，即家里越有人来，她就越兴奋，被妈妈称为"人来疯"。这天，爸爸的朋友来家里玩，五岁的佳佳看到有客人就开始变得不安分，又喊又叫，穿着鞋子在沙发上跳上跳下的。爸爸前去制止，佳佳反而更"疯"。

情急之下，妈妈让佳佳给客人跳支舞。佳佳一看大家开始关注她了，马上跳下沙发给大家跳起舞来，并且还很认真。跳完之后大人又各忙各的，她又变得很调皮，在客人面前耍宝，任凭爸爸妈妈怎么劝也不奏效，让爸爸妈妈觉得很尴尬。

◉ 教育感悟

现在很多孩子都和梁佳一样，家里没有外人的时候是听话的好孩子，但是一有外人来他们就变得异常兴奋。这时候，如果父母放任不管，孩子就会更加调皮。如果父母对孩子的行为加以制止，孩子就会又哭又闹，让大人很没有面子。有这种坏习惯的孩子，就是"人来疯"。

一般出现这样情绪的都是 3 ~ 6 岁的孩子。他们已经不能满足于在父母面前表现，而是更多地转向了外人，更喜欢在外人面前表现自己。

孩子出现这样的状况是有原因的：孩子的心智还不健全，通常接触到外界的刺激就会变得很敏感；孩子缺乏良好的自控能力，没有能力控制自己的兴奋行为；来客人后，父母的注意力就会投向客人，孩子感觉受了冷落，就用一些较为反常的行为来引起父母的注意；孩子本身就是外向的孩子，喜欢表现等。另外，孩子的礼貌意识较差，不懂得如何招呼和尊重客人，而且觉得有外人在，父母不会批评自己，所以就更加肆无忌惮地"疯"。

"人来疯"的孩子渴望得到父母的关注，这点是可以理解的。但是父母要让孩子意识到"人来疯"是缺乏礼貌和教养的表现，会给外人留下极坏的印象，让父母处于尴尬的境地。父母也要抓住孩子的心理，为孩子创造表现自己的机会，并给予及时的肯定和表扬，把孩子"人来疯"的习惯矫正过来。

◎ 专家建议

"人来疯"的孩子想要得到成人关注的心理是可取的，但父母要教育孩子把握好"度"，把孩子的表现欲望引导到正确的道路上来。建议父母做到以下几点：

1. 不要在客人面前管教孩子

孩子的"人来疯"行为虽然造成了一些坏的影响，可是孩子毕竟是孩子，而且他们有着强烈的自尊心，不容父母侵犯。如果父母在客人面前管教孩子，就会让孩子觉得难堪，伤害到他们的自尊心。

郭文洁是个爱表现的小孩子，尤其喜欢在人多的时候表现自己。这天，妈妈的几个同事来家里玩，文洁一会儿唱歌，一会儿跳舞，搞得妈妈心里很烦躁。文洁又要给叔叔阿姨们表演翻跟斗时，妈妈看不下去了，就过去拉起文洁狠狠地批评了她。文洁觉得自己很没面子，委屈地跑到自己屋里不肯出来。以后，文洁再看到妈妈的同事就会感到害羞，活泼开朗的她变得沉默寡言了。

文洁的妈妈在客人面前批评她，让她觉得自尊心受挫，性格也受到了影响。明智的父母要等客人走后，再耐心地来教育孩子，告诉孩子这样做的不良影响。在客人走后教育孩子，也会让孩子意识到父母是在给自己留面子，内心的愧疚感会激励他们不再犯同样的错误。

2.给孩子展示表现欲的机会

很多大人都不喜欢孩子"人来疯"的行为，但是"人来疯"也有它积极的一面，能调动起孩子的积极性，发挥孩子的潜能。所以，父母要根据孩子的这一心理需要适当地在外人面前给孩子展示表现欲的机会，可以让孩子给大家背一首诗、跳支舞、唱支歌等，然后对孩子的表现进行表扬。孩子的心理得到了满足后，人来疯的习惯也会得到改善。

3.不要轻易答应"人来疯"孩子的要求

孩子以为在外人面前父母会满足自己提出的所有要求。父母一定不要掉进孩子的"圈套"，一旦答应了孩子的不合理要求，孩子尝到了甜头后，就会继续用这种方式满足自己的要求。

房建成今年上三年级了，一直都想要一台最新款的游戏机，可是父母怕影响他的学习，就没有给他买。

这次家里有客人来，妈妈让他去自己屋里玩，他却趁机和妈妈要游戏机。妈妈了解孩子的心理，就没有答应他，孩子觉得自己在客人面前闹腾的行为很没意思，就知趣地回自己屋了。

因此，父母要坚决拒绝孩子在外人面前"人来疯"时提出的一些不合理的要求，即使孩子再哭再闹腾，也不要轻易地满足他。孩子发现父母的坚决态度后觉得"人来疯"没有意义了，自然会偃旗息鼓，教育的目的也就达到了。

4.转移孩子的注意力

对于有"人来疯"习惯的孩子，父母可以在客人来之前就给孩子找些他喜欢的事情做，比如看书、画画等。孩子会专注于自己感兴趣的事情，注意力也就得以有效地转移了。

这样不仅能够改变孩子"人来疯"的习惯，还可以锻炼孩子的自制力。

5.给孩子一些积极地暗示

"人来疯"孩子的心理就是希望能够得到人们的肯定和认可，只要心理需求得到了满足，就会停止"人来疯"的行为。父母要好好把握孩子的这一心理，用积极的暗示来帮助孩子克服"人来疯"的坏习惯。

安秋特别喜欢家里来客人，因为她觉得那样家里会比较热闹。这天，邻居家的王阿姨来家里找妈妈商量事情，安秋也跟着兴奋地在边上又说又跳的。

妈妈知道批评已经不起作用了，于是换了个语气，夸奖孩子很懂事，大人不在身边也能好好玩，然后又亲切地瞅了安秋一眼。安秋听了妈妈的话，知道自己打扰了妈妈和阿姨，就乖乖地自己去一边玩了。

家里来客人，孩子有"人来疯"行为时，父母可以稍微夸奖一下孩子，也可以用严厉的目光来暗示孩子父母对他的行为很不满意，以此让孩子摆脱"人来疯"的坏习惯。

6.对人来疯的孩子冷处理

如果孩子经常用"人来疯"来吸引父母和外人的注意，父母就要对"人来疯"的孩子进行冷处理，对他们的行为视而不见，不予理睬，多去关注与孩子无关的事情。这样，孩子看见大人对他的行为不感兴趣，就会自然而然地知难而退了，"人来疯"的习惯也会慢慢改变。

教 子 箴 言

父母要抓住孩子的心理，为孩子创造表现自己的机会，并且积极给予及时的肯定评价，把孩子"人来疯"的习惯矫正过来。

坏习惯 30　粗心大意

多看孩子的长处和优点，给孩子更多的关爱和鼓励，充分调动他的学习积极性，使孩子养成认真学习的良好习惯，粗心大意也就自然而然地纠正了。

——英国教育家　托马斯·阿诺德

家教个案

淑君现在上四年级了，但是她粗心的毛病却越来越明显。做数学题时也多是马虎出错，通常会把"3"看成"8"，把"+"当成"—"。做语文作业时，错别字也是特别多，不是少了一笔就是多了一笔。写作文时，还会因为粗心跑了题。英语单词也会出现简单的拼写错误。妈妈给她指出来时，她还若无其事地说："有什么了不起的，我自己本来就会。"

在生活中，她也经常粗心大意，不是忘记带钥匙，就是出门时忘了锁好门。自己的东西总是丢三落四，用的时候满世界也找不到。妈妈很是为她头疼，可用了很多办法还是没有什么效果。

◎ 教育感悟

粗心是孩子身上常见的一种毛病，它会给孩子的生活和学习带来很大的困扰。很多孩子事后会因为粗心犯下的错误而垂首顿足，但是已经于事无补了。

粗心的孩子往往缺乏良好的生活习惯和学习习惯。缺乏良好的习惯会导致孩子的学习成绩不理想，作业完成得不认真，孩子走上社会后还会遭致更大的挫折和失败。因此，父母要尽力对症下药，帮助孩子改掉粗心大意的坏习惯。

父母翻开孩子的作业本或者试卷，会发现孩子出错的地方大都不是有难度的题目，而都是一些很简单很基本的题目。尽管做父母的大发雷霆或是苦口婆心的训斥和教导，孩子却是我行我素，屡教不改，这令父母们很是无奈。孩子粗心大意的毛病如果已经形成了习惯，纠正起来就会非常困难。

孩子粗心大意并不是偶然发生的，父母要认真剖析孩子粗心大意的原因。一般来说，孩子粗心大意的原因主要有：父母本身就是粗心大意的人；父母不当的教育方式，如对孩子过分溺爱；孩子学习态度不严谨；孩子学业负担太重、作业太多，导致忙中出错；孩子的视觉记忆和辨识能力较弱；父母发现孩子的马虎后没有及时给予纠正；孩子缺乏责任心等。

孩子年幼，不能长时间把精力放在一件事上，所以经常表现得粗心大意。父母遇到这样的情况，不能简单地批评孩子，要做适当的引导和纠正。习惯的改变需要一个过程，父母要耐心帮助孩子改掉粗心大意的坏习惯。

◎ 专家建议

粗心大意会对孩子的生活和学习带来很大的不良影响，父母怎样才能纠正孩子粗心大意的坏习惯呢？专家给父母的建议是：

1. 父母不要干扰孩子的注意力

孩子的注意力很容易受到外界的影响，注意力受到影响后就不能集中精力学习，自然会变得粗心。孩子如果有粗心的坏习惯，父母要尽量避免在孩子学习的时候干扰孩子的注意力。

强强的爸爸妈妈经常邀请一些朋友来家里打麻将，丝毫不顾及孩子的感受。强强本来就有粗心的坏习惯，在父母的干扰下，粗心的毛病更是明显了。在父母玩闹的嘈杂声中，强强发现很难将注意力集中起来，不自觉地会把题目看错，把单词拼写错。

最近，父母几乎每晚都要打麻将，强强的注意力已经严重地被他们的声音分散了。他根本无心学习了，只好在自己屋里打游戏，学习成绩也明显地下降了。

父母要为孩子创造安静的学习环境，不在孩子学习的时候开电视机，也不要打牌或打麻将。父母最好也能坐下来，和孩子一样学习或看书。这样，父母的榜样作用就会发挥效应，有利于孩子安心学习，减少粗心引起的错误。

同时，父母也要教育孩子在同一时间内只做一件事，不要一边学习一边干其他的事情。注意力集中了，孩子粗心的坏毛病也就自然改掉了。

2. 用自检作业来培养孩子细心的好习惯

粗心的孩子在做作业时不专心，做完作业后也不检查，因为他们习惯了父母帮助自己检查。父母要让孩子学会自检作业，而不是在父母的强迫下来检查作业。

父母要教给孩子如何正确地检查作业。检查作业不只是让孩子把题目重新算一下或是检查有没有错别字，还要让孩子检查题目的审题是否正确，然后在审题正确的基础上检查计算错误和错别字等。这样才能有助于孩子改掉粗心的毛病，养成细心的好习惯。

3. 培养孩子的责任心

责任心是做好一件事情的前提。孩子如果缺乏责任心，对任何事情都会敷衍了事，形成粗心大意的坏习惯。一个有责任心的孩子肯定是个做事仔细的人。

叶会是个很粗心的孩子，常常丢三落四。这天上学时她又把作业本忘在家里了，幸亏她自己带着钥匙，她回家拿了作业本着急地赶回学校，竟然忘了把钥匙拔下来，幸亏家里没有遭到小偷的"光顾"。

回到家，妈妈严肃地批评了叶会，让她意识到了自己对家的责任和义务。叶会向妈妈保证以后不会犯同样的错误，要做个细心的孩子。

父母要在日常生活中有计划地培养孩子的责任心，让孩子做力所能及的家务，如洗碗、洗自己的衣服、扫地等。如果孩子做得很认真，父母可以给予孩子一定的鼓励；如果孩子粗心大意做得不好，父母可以对孩子提出批评。用这样的方式来帮助孩子树立自己的责任感，逐步让孩子形成做任何事都要认真不能马虎的态度。

4. 培养有序的学习、生活习惯

良好的生活、学习习惯属于孩子的非智力因素。非智力因素会对孩子的认知活动产生广泛的影响，使孩子的认知活动带上个人的特点和风格，粗心也是如此。

一个孩子如果他的房间里一团糟，鞋子也乱放，作业本上也字迹潦草、页面不规整，这种无序的生活很难让孩子有序地学习，粗心的毛病也就出现了。这就会导致孩子常常丢三落四，做事只凭着自己的兴致，观察没有顺序，思考缺乏条理等。

父母要从生活中培养孩子良好的习惯和个性，这样才能减少孩子在学习中出现粗心的现象。父母可以让孩子整理自己的房间，这能让孩子变得仔细有条理；让孩子自己安排自己的课余时间和复习进度，能让孩子变得有计划、有顺序。通过改变孩子的行为来改变孩子的习惯，最终会改变孩子的个性。

教 子 箴 言

孩子年幼，不能长时间把精力放在一件事上，所以经常出现粗心大意的情况。父母遇到这样的情况不能简单地批评孩子，而要做适当的引导和纠正。

坏习惯31 意志薄弱

对于意志坚定者，不管决定多么严峻，他都不会考虑自己的命运，只会要求自己坚定地、不折不扣地执行决定。

——法国作家 司汤达

家教个案

陈平今年九岁了，是一个性格懦弱的女孩，即使是已经计划好的事情，她也会缩手缩脚。所以父母看在眼里，急在心里。

学校举行运动会，她从来不主动报名参加，体育课上老师让她跑200米，她也坚持不下来。每次考试考得不理想的时候，她都会一蹶不振，情绪要很长时间才能恢复；制订的学习计划也总是半途而废，她从来没有完整地坚持下来。这些情况影响了陈平的学习，她的成绩一直都不理想。

在生活中，她也不是个能吃苦的孩子，事事都要父母照顾。父母虽然害怕孩子将来无法适应社会，却也无能为力，不知道该怎么做，才能够让她变得坚强。

教育感悟

意志是指人们自觉的确定目标，并且不断地调整自己的行为，克服各种困难和挫折，直至最后达到目标的心理过程。意志坚强的孩子往往能够做到持之以恒，最终取得成功；而意志薄弱的孩子，在追求理想的过程中会半途而废，导致失败。

坚强的意志是决定一个人能否成功的重要因素。美国心理学家特尔曼用50年的时间对1528名智力超常的孩子进行了追踪调查，结果发现，他们取得成就的大小和他们的人格品质，尤其是意志品质有极为密切的关系。取得大成就的人在谨慎、进取心、自信心、不屈不挠等意志品质上都明显高于其他人。

意志薄弱的孩子在困难面前会不知所措而选择放弃，从而错过很多成功的机会。但凡有所成就的人，无不具有坚强的意志，能坦然地面对各种磨难，用坚强的意志为自己的成功奠定基础。由此可见，意志薄弱的孩子难以成功，所以父母要引导孩子成为意志坚强的人。

导致孩子意志薄弱的原因很多，与社会环境、家庭教育有着密切的关系。父母过分溺爱孩子，事事为孩子包办，孩子得不到锻炼的机会；父母经常打骂孩子，挫伤孩子的自尊心和自信心；父母本身就胆小怕事，教育孩子学会中庸等。

帮助孩子改变薄弱的意志不是一朝一夕就能完成的事情。要找到孩子意志薄弱的原因，然后对症下药，改变孩子意志薄弱的坏习惯。

◎ 专家建议

无论是孩子的生活还是学习，都需要坚强的意志做伴，这样才能更接近成功。父母要积极引导，帮助孩子建立坚定的意志品质。

1. 适当的挫折可以增强孩子的意志力

坚强的意志力不是与生俱来的，而要靠后天的培养。挫折可以锻炼孩子的意志，父母应该有意识地为孩子的生活、学习设置一些坡度，然后帮助孩子去克服这些小小的坡度，孩子坚强的意志也便锻炼出来了。

德国天文学家开普勒一出生就被灾难缠身。他是早产儿，七个月就来到世界上；得过天花，猩红热又伤害了他的眼睛；父亲因为欠债而无力供他上学，他却不放弃，仍然在自学之余研究着天文学。

在他的人生中，经历了多病、良师去世、妻子去世等一系列的打击，但他始终没有停止对天文学的研究，终于在 59 岁时发现了天体运行的三大定律。他用坚强的意志来面对生活中所有的不幸和挫折，以惊人的意志爬上了科学的高峰。

日常生活中的小挫折都能锻炼孩子的意志。孩子成功地解决生活中的难题会给他带来一种荣誉感和成就感，促使孩子有勇气再次面对和克服挫折。

挫折是孩子的精神食粮，每一次的挫折都会强化孩子的意志力。父母要教孩子正视挫折，在挫折中磨炼自己的意志。

2. 引导孩子坚持自己的目标

只有坚定地坚持自己目标的人才会获得成功。但是，很多孩子因为意志力不够坚定而无法取得成功，这就需要父母在孩子执行目标的过程中不断地监督和鼓励孩子，让他们坚定自己的信念，坚持不懈地为成功而努力。孩子在坚持自己目标的过程中就会逐步提高自己的意志力。

当孩子的目标有一定的难度时，父母更应该鼓励孩子朝着自己既定的目标去奋斗，不要让孩子在困难面前失去信心。

坚定的信念会促使孩子形成坚强的意志，进一步去实现自己的目标。无论会遭遇顺境还是逆境，坚强的意志都会帮助他们取得成功。

3. 用自信来培养孩子坚强的意志

自信对孩子坚强的意志力有很大的促进作用。孩子充满自信才能积极主动地去争取成功和进步，敢于挑战各种困难。缺乏自信的人会在困难面前表现出一种恐惧心理，也就谈不上用坚强的意志去克服这些困难了，最终形成自己意志薄弱的性格。

培养孩子自信的最好武器是及时表扬。父母要关注孩子，及时表扬孩子的点滴进步。有了父母的鼓励和表扬，孩子会更坚强、更乐观地面对挫折和困难。坚强的意志也就在这样的情况下培养出来了。

4. 善于利用名人做榜样

运用名人的榜样效应来培养孩子的意志力有很好的效果。榜样的力量是无穷的，尤其是孩子心中的偶像。孩子会在生活、学习中不自觉地模仿名人的言行及他们身上所体现出来的坚强意志。父母要帮助孩子选择合适的偶像，用名人榜样来启发孩子树立坚强的意志。

刘超的学习成绩一直都不是很理想，最近他生病了，学习成绩更是下降了。为此他整日愁眉苦脸，觉得自己无可救药了。

妈妈就用我国伟大的文学家、历史学家郭沫若的故事来鼓励他。十七岁时，郭沫若因病耳聋，这使他无法在日本学医。他非常苦闷，但是为了弥补听觉不足，他就拼命的使用眼睛，把精力全部转移到钻研文学和古文化之中，终于取得了很高的造诣，成为我国著名的集文学、历史两方面之大成的学者。

刘超在郭沫若的故事中受到鼓舞，意志变得坚强起来，自觉学习功课，成绩逐渐有了好转。

聪明的父母善于运用名人的榜样力量来激励孩子，榜样所表现出来的坚强意志会让孩子觉得更有把握达到目标，他们的意志力也会得到明显的增强。所以，父母要扩大孩子的视野，让孩子多了解各个领域的名人，学习他们身上所体现出来的坚强意志。

教 子 箴 言

帮助孩子改变薄弱的意志不是一朝一夕就能完成的事情，父母应找到孩子意志薄弱的原因，然后对症下药，用关爱来改变孩子意志薄弱的坏习惯。

坏习惯 32 缺乏主见

> 过于依赖别人的人，凡事都不能做出自己的决定，在面临困境的时候也会选择逃避和退缩，缺乏主见的孩子永远做不好自己的主人。
>
> ——德国教育学家 第斯多惠

家教个案

陈冰是一个比较懂事的孩子，父母也觉得他很听话。他不论做什么事都会先跟父母通报一下，让爸爸妈妈知道他去干什么了，怎么干的。每天带了多少零花钱，都买了些什么，也会在回来的时候跟父母说清楚。他对父母的指令也是绝对的服从，这让妈妈觉得很舒心。

陈冰一天天长大，遇到的事情也越来越多，每次碰到事情，他的第一反应就是，我要回去问我妈。大家有时候都会笑话他，这时他就只会跟随别人的主意，大多数人怎么做他就怎么来。

生活中总还有要他自己做决定的时候，这个时候的陈冰就是最痛苦的，他总是犹犹豫豫，不知道该怎么办才好，就是下了决定，也总迟疑自己做得对不对，要不要回去再征求一下父母的意见。

教育感悟

缺乏主见也就缺乏独立处理问题的能力，这样的孩子自己不知道该如何判断和处理事情，在遇事的时候往往会去寻求外界的帮助，觉得只要不是自己来独自地承担事情就行了。这就是孩子缺乏主见的表现。

孩子要学会独立地思考，如果凡事都是按照别人的意思办就会在最后独自来承担苦果。有主见，不是一意孤行，而是在自己做出抉择的时候能够根据客观的实际情况来作出自己的思考和判断，毫无主见的人只能接受被人欺骗的命运，轻信他人的人只能招致更多的失败。

父母要教孩子忠于自己的想法，而不必总是去顾虑别人的想法，或者出于取悦别人的目的而去顺从别人的意见。独立思考、有自己的主见才能在行事中获得真正的快乐。一个有正常思维的人都不会漠视别人的评价，但是也不会被错误的评价所左右，不会总是在别人的目光中调校自己的人生目标。父母应该教导孩子做一个坚持自己的人，尤其在自己有了新奇的主意之后更要顶着压力坚持走自己的路。大凡成功的人，也都是做事有主见，处事能决断的人。

一个缺乏主见的孩子在生活中会显得过于腼腆和胆小，对自己的评价也一般会低于实际水平，做事优柔寡断，又怕一个人独自承担风险，喜欢因循守旧。这样的孩子在与别人相处的过程中还会常常吃亏。

如果孩子是一个没有主见的人，做事都愿意按照别人的意志来办，精神上也比较敏感，容易受到伤害。孩子没有主见还易倾向于内疚，自我克制能力强，在受到别人伤害后能忍下所有的委屈，不发泄出自己的不满。

主见是一种相信自己的能力和选择的自信的心理特征。培养孩子的主见，也就是让孩子能够很清楚地知道哪条是自己该走的路，做任何事情，心中都会先有一份自信，当别人的看法和意见与自己相左时，也能够勇敢而清楚地表达自己的意思，会将对方好的观点融入到自己的行动中。主见也是一种心智成熟的表现，是孩子成长的一种必需的品质。

◎ 专家建议

父母要培养孩子成为有主见的人，可以参考以下几个方面的意见：

1. 不要抢孩子的话头

父母在听孩子讲话时，很容易抢孩子的话头，并迅速地点评孩子有哪些认识不对，应该怎么来做等。因为父母觉得，孩子的一些语句和观点让他们觉得太幼稚、不成熟。

王品的妈妈是个急脾气，每次一听到孩子说一些她认为是很幼稚、不成熟的话时，就会很不耐烦地打断孩子的话，把自己的意思表达出来。很多时候就是自己下命令，很明确的让孩子明白他的办法行不通，要按妈妈的来。结果王品的胆量变得特别小，做什么事都要先来向妈妈请示，变得很没有主见。

父母急于向孩子灌输自己的正确观点就会剥夺孩子的说话机会，让他们失去了表达和实现自己主见的机会。

2. 仔细听孩子的辩解

父母要在孩子做错事情之后，或者一项自己的行动计划被父母否决之后，仔细地听一听孩子的辩解，看孩子是怎么想的。对于孩子的想法，要看有没有好的观点在里面，要善于发掘孩子办法的可行性，尽量的满足孩子的想法和要求。哪怕有一些想法过于新奇，也可以鼓励孩子去尝试，千万不要打消了孩子的自主性和积极性。

3. 吃穿玩允许孩子自主

孩子想吃什么，只要不影响饮食均衡，都可以让孩子自主选择。孩子想吃苹果，就不勉强他去吃香蕉。在孩子出去玩或走亲戚时，可以让他们自己来挑选自己想穿的衣服，不要都替孩子做主。在玩的时候，孩子不想遵守成人游戏规则也不要去怪他们，可以让孩子自主选择游戏和游戏方式。

刘冬的爸爸妈妈平时很在乎孩子的想法。在孩子很小的时候，就让他自己来做一些事情，所以他很早就已经能生活自理了。对于吃、穿、玩，妈妈爸爸也都很尊重他的意愿。

刘冬现在在同龄的孩子面前就显得要成熟一些，做事很有决断，也很有自信。有的时候，父母也会让孩子来参与家里的一些重大决定，并尊重他的意见，刘冬也为此而深感自豪。

父母给孩子吃、穿、玩的自由，就是让孩子能够更早更好地学会自主，做一个有主见的孩子。

4. 少给孩子下命令

父母在与孩子的相处中肯定会碰到这样的情况，孩子提出的建议根本就行不通，是明显错误的。这个时候最简便的做法就是直接地给孩子下命令，但是这种做法不利于孩子自主性的培养，应该多用一些启发式的话语来对孩子表述，让孩子明白还有更好的更合理的方法来做这件事。

5. 让孩子多参与到家庭生活中来

父母在与孩子相处的过程中，不要总觉得孩子就是孩子，要把孩子当作一个有决断能力的家庭成员来看待。在家里有家庭事务需要决断的时候，也要让孩子参与进来，让孩子感觉到自己也是家庭中的重要一员，以此增强孩子的自信心和自主能力。在以后遇到事情时，孩子就能对自己不喜欢、不愿意做的事情勇敢地说"不"。

教 子 箴 言

有主见才能够在为人处事的过程中很好地分析利弊得失，找准方向，做出准确的判断。有主见的人能选准自己的风格和道路，能更好地发挥自己的能力，最大限度地实现自我价值。

坏习惯 33 缺乏纪律观念

没有纪律,就不会有平心静气的信念,也不会有服从,
更不会有保护健康和预防危险的方法。

——俄国哲学家　赫尔岑

家教个案

　　王刚平时上课的时候,总是不把老师的话放在心上,不是这儿
看看就是那儿瞧瞧,还喜欢讲话。老师要王刚注意课堂纪律,可是
不到三分钟他又坚持不住了。看到别人的认真样,他还忍不住偷偷
的笑,把老师气得拿他没有办法,觉得这孩子真是管不了了。

　　妈妈也知道孩子的情况,她平时对孩子有点儿溺爱,没想到倒
是养成了他的这个坏毛病。打吧,一是舍不得,二是觉得不是好的
教育方法,跟他讲道理他也不听。

　　父母没有办法,只好让别的小朋友在上课的时候都别理他,让
他自己一个去闹腾。没人答理他,他就没有兴趣了。在大家的配合下,
王刚没有人可以说话了,就开始自己和自己玩了起来。

◎ 教育感悟

　　纪律一般是指要求人们遵守一定的规章、制度。孩子年幼,对纪律的概
念也比较模糊,出现了不遵守纪律的情况也不要过于苛责。孩子的纪律观念
是需要慢慢培养的,不能够急于求成。父母可以根据孩子在不同年龄段的特
点,适当给孩子定一些规矩,慢慢地培养孩子的纪律观念。孩子太缺乏纪律
也会给成长带来不利地影响。

　　纪律的典型形象,一般是要培养孩子听话,能自觉地守纪律,但是真正
的纪律是要建立在自由的基础之上的。人首先必须是自己的主人,这是第一

位的，在做了自己的主人之后，再去自觉地遵守相应的生活准则，此时自己就有自我控制能力了，而这种能力才能被称之为纪律。我们要培养孩子的应该是这种守纪律的能力。

父母不能抑制孩子的自发活动，也就是说在行为上要给孩子自由，让孩子能够自由地选择自己感兴趣的东西。孩子对一件事情有兴趣，就会反复地做这件事，在反复的练习中就会产生专注和秩序，长久的关注会让孩子感受到事物的内部规律，并去顺应这种规则，这也就是对纪律的遵守。

智力上的纪律是指专注，行为上的纪律是指顺从。父母对孩子纪律的培养，更应该关注的是对孩子智力上的纪律的培养，这是孩子将来能够持久地关注自己的兴趣点并取得相应的成功的关键。孩子不是天生就不爱守纪律，而是父母没有好好的对孩子进行教育和培养，没有使其养成一种健康的纪律观念。

生活中万事万物的运行都会有一定的规律，只有去遵循才会让事情有序和谐地发展下去，所以要培养孩子对纪律的尊重，让孩子能够养成最基本的纪律观念。这也是孩子能够正常和谐的在生活中与人相处的关键。

◎专家建议

父母要如何来培养孩子的纪律观念呢？可以从下面的一些方法中来对孩子进行相应地指引，具体如下：

1. 征求孩子的意见定规则

父母要想培养孩子的纪律观念，可以根据孩子的年龄来定相应的规则，让孩子学着去遵守，以此来培养孩子的纪律观念。在给孩子定规矩时，可以先征求孩子的意见，看看孩子有没有想法。

小平的妈妈平时给小平定生活规矩时都要先问一下小平的意见，有时候还可以采用孩子自己定出的规矩。

比如，小平从电视中知道吃糖对牙不好，便和妈妈说："以后，我一天只能吃两颗糖。妈妈你要监督我。"妈妈便同意了小平的这个规定。小平对于规定也比较接受，平时别人提出的规定，只要是合理的，小平就愿意去遵守。因此，他也是一个在生活中比较守规矩的孩子。

对于家规，大家都要来遵守。父母可以在征求了孩子的意见后定出规矩，孩子也会在心理上接受，而不会觉得是在强迫中执行，不会对条规有太多的抵触情绪。

2. 让孩子多参与一些群体活动

任何的群体活动都会有群体规范。父母让孩子多参与群体活动，让孩子接受群体规范的约束并明白遵守这种群体纪律的重要性。

如果孩子不守纪律就会受到相应的群体规范的惩罚，比如被排斥、得不到大家的喜爱等等。多参与到群体活动中的孩子就会明白守纪律的重要性，因为这是群体活动能够正常进行的保证。

3. 让孩子从兴趣中学习纪律观念

父母培养孩子守纪律并不是要孩子学会顺从，这不是守纪律的真正含义。孩子首先要学会做自己的主人，一个人只是遵从别人的意志就叫做没有主见。孩子要守的纪律是对于事情客观规律的一种遵从，这种规律是事物顺利发展的关键。

王允三岁的时候就开始学习跳舞，小小年纪的他从小就明白，在学舞的过程中最应该学会的就是遵守各种各样的规则。

王允跟妈妈说："如果我没有按照老师的规定来做动作，就是我做错了。要想学好舞蹈，就应该遵守这些规则和纪律。这是自己能够把舞蹈学精的保证。"妈妈对此深表赞同。王允喜欢舞蹈，也喜欢这些规则。

父母要尊重孩子的兴趣，孩子在关注自己兴趣的时候就会发现兴趣中的规律，发现只有顺从这些规则自己才能做得更好。孩子在遵从这些规则时，也就学会了守纪律。

4. 当孩子不守纪律时不要过于严厉

当孩子出现了不守纪律的情况时，千万不要马上对孩子进行严厉的批评，迫使孩子按规矩来。父母要先了解孩子为什么不守纪律，然后再让孩子明白，自己的这种行为会给集体带来怎样的不良影响。

可以在征询孩子同意的情况下，对孩子不守纪律的行为给予一定的惩罚，让孩子能够明白自己的错误所在，这才是教育的本意。

5. 让孩子参与家庭规则制定

当孩子的年龄大一点之后，就要让孩子也参与到家庭规则的制定中来，如，家庭中的作息时间表、家务分工表、奖惩的小规则等的制定。只有让孩子也参与到规则的制定中来，才能够让孩子积极地投入到对规则的遵守中去。

如果只是让孩子一个人来遵守，孩子就不会有太强的认同感。所以，一旦规则制定之后，就要全家人一起来共同遵守。

教 子 箴 言

父母不应该把纪律仅仅看成是教育的手段，纪律是教育过程的结果。生活中的一切事物，都要遵循一定的规矩才能够正常、和谐、顺利地发展下去。一个没有纪律观念的人是很难取得成功的。

坏习惯 34　懒惰

天分高的人如果懒惰成性，不自觉地去努力发展他的才能，则其取得的成就反而会不如天分低却勤奋努力的人。

——中国文学家　茅盾

家教个案

东林平时做事情总是拖拖拉拉，总是想着让妈妈来帮他做。平时，做完作业后他把作业本一扔就出去玩了，还得妈妈来帮他收拾。早晨起床得在妈妈的帮助下才能把自己给打理好。经常是妈妈觉得他做得不好，又很慢，看不过去了也就帮他把事情做完了。

东林在妈妈的帮忙下养成了一种懒散的习惯。平时在做自己的事情时都没什么主动性和积极性，态度也很不认真，就是做错了也觉得没有什么大不了的，因为还有爸爸妈妈来帮着自己呢。

在学习上，他也是想着要依赖父母，每天做作业也不认真，心想反正做完后还有人来帮自己检查，错了，也会有人来教自己。一碰到那些稍微有点儿难度的题目，他就空在那里等着父母来教，不愿意自己动脑筋。

◎ 教育感悟

孩子养成了懒惰的习惯，做事情懒散，没有干劲，很大的原因都是父母造成的。当孩子最开始想勤快一点儿的时候，父母总喜欢说："你还小，这种事情你做不了。"于是也就剥夺了孩子体验成功的机会。在孩子自己做事动作还不熟练显得很笨拙的时候，父母就马上来代劳了，这样也就让孩子失去了锻炼自己能力的机会，打击了孩子做事的积极性。

孩子的懒惰常常和生活的散漫是分不开的。先要让孩子养成有规律的生活，让生活能够井然有序地进行，这样就会减少孩子做事拖拉和疲沓的现象。

父母在平时生活中不要忽视了对孩子的劳动教育。不要因为心疼孩子、怕耽误孩子的学习、怕孩子受到伤害或者嫌弃孩子干活干的不好，就不让孩子加入到劳动中来了。这些思想都是导致孩子现在懒惰的原因。

父母可以给孩子关爱，但是不要溺爱。什么事都为孩子准备好，都不让孩子来做，只能打击孩子的劳动积极性，无法培养孩子的生活自理能力，孩子在心理上也就不能独立承担事情，没有很好的承受挫折的能力，一遇到失败就更加的没有生气和斗志了。同时，孩子在遇到事情时也会缺乏相应的耐力和坚持力，会很容易放弃。

现在的孩子在家庭中的地位都很突出，受到了过多的溺爱和迁就，这也是现在的孩子比以前的孩子要懒惰的原因。父母的这种过分溺爱的教育方式在孩子幼小的心灵中播下了"特殊化"的种子，让孩子形成了一种不良的思维习惯，觉得他人就应该为自己服务，自己懒惰是正常的。这样的孩子在生活中怕苦怕累，遇到困难就退缩、胆怯，没有独立解决事情的能力。

孩子要找到支撑自己去勤奋、努力的东西，这个东西可以是理想、尊严、责任、感恩、荣誉、事业、成就等。孩子之所以懒惰，是由于父母没有给孩子树立起这些信念来，孩子只要有了这些信念的支撑就自然会远离懒惰。

◎◉ 专家建议

懒惰是人的天性。如果缺乏一定的动力支撑，人就会渐渐地走向懒惰。父母要想改变孩子的懒惰习性，可以采用以下的一些方法：

1. 注重对孩子的劳动教育

平时的家庭劳动要让孩子积极地参加。年幼的孩子可以让他们先学会自理，自己的事情自己做，穿衣吃饭都要自己来。孩子大了一点之后，家里的清洁卫生等家务要让孩子来和大人一起轮流地承担。

东东上初二了，已经是一个做菜能手了。他在很小的时候，爸爸妈妈就让他帮着一起干家务活，所以他从小就能够生活自理。

东东年纪稍微大一点儿了之后，收拾房子、买菜做饭等事情父母也都让他慢慢地参与了进来。现在就算爸爸妈妈一个星期不在家，他也能够把自己照顾得好好的，把家收拾得干干净净的，因为平时的锻炼已经让东东成长为一个勤劳能干的孩子了。

平时父母要让孩子学着买菜、做饭，这些劳动教育会让孩子学着承担自己应有的家庭责任。

2. 让孩子养成规律的生活习惯

孩子懒惰和生活过于散漫也有关系。要让孩子的生活变得规律起来，父母就要合理的为孩子安排生活时间，让孩子的生活变得井然有序。这样孩子在做事情的时候就不会老是无限制地拖拖拉拉、疲疲沓沓的，不会在做事情时没有效率、激情和动力，也就不会不愿意去承担责任，更不会遇事就想要找别人帮忙。

3. 培养孩子的独立性

依赖性是孩子懒惰的重要原因，要让孩子克服懒惰的坏毛病就要让孩子先培养起独立解决问题的能力。只有具有了这种独立性，孩子在生活中才能够自己的事情自己做，不去依赖别人。

先让孩子在生活上学会自理，然后再从精神上学会独立。孩子的独立性是孩子成长的一个关键，孩子在体味到了独立的好处之后就不会再去依赖别人了。

4. 加强体育锻炼增强孩子的体质

有一些孩子的懒惰是由于身体的虚弱造成的。因为虚弱和疾病，孩子会变得不喜欢活动，也不喜欢做事，精神上也比较消极。

面对这样的孩子，父母就应该有计划地让孩子多参与锻炼，多参加户外活动，让孩子的身体质量得到改善的同时心境也随之改变。只要孩子的健康状况恢复了，精神也会得到恢复，再来培养孩子的勤劳品质就会更加容易。

5. 保护孩子对新鲜事物的好奇心

孩子在年幼的时候，会由于自己的好奇心而想投入到劳动中来。父母不要以"还小"作为理由来拒绝孩子，要保护孩子参与劳动的积极性。

苗苗才三岁，看见妈妈洗衣服，她也要来帮忙。妈妈便给了她一个小盆子和一双她的小袜子，让孩子来学着洗衣服。

苗苗看着泡泡在自己的手中飞上飞下兴奋的不得了。然后妈妈又教她如何用清水把洗好的袜子漂洗干净。一个过程下来，她就知道怎样洗衣服了。虽然用的洗衣粉和水比较多，但是看到孩子的收获，妈妈觉得这些也是值得的。

在孩子的好奇心得到充分满足的过程中，一是可以培养孩子爱劳动的情感，二是可以让孩子学会一些新的知识和技能。

教 子 箴 言

懒惰像生锈一样，比操劳更能够消耗身体。只有勤奋的人才能够时刻擦去自己思想中的铁锈，保持敏锐和上进，也更容易发挥出自己的全部潜能，走向成功。

坏习惯 35　没有爱心

> 无论是朋友还是陌生人遇到了危险，我们都要尽力帮助他，及时地付出自己的爱心。
>
> ——美国作家　马克·吐温

家教个案

　　王兵今天回到家跟妈妈说："学校里在组织献爱心活动，有一个同学得了白血病，所有的人都要给他捐款。"妈妈便对他说："这是很好的事情呀，你不是有自己的零花钱吗，多捐一些给这个孩子吧，他实在是太可怜了。"

　　王兵便问妈妈："我听别人说，这种病只要得上了就不会好，捐了钱也是白捐。我都不想捐了。"妈妈听到孩子这么说，便对他说："这也是一份生的希望啊。不去付出，没有人帮他，可能连这最后的希望也没有了。"

　　王兵听后，就拿出了五块钱，对妈妈说："给就给吧，大家都给，我要是不给，也很没有面子的。只是我现在这么帮助别人，我遇到困难的时候，不知道会不会有人来帮我啊。"妈妈听着孩子的唠叨，终于说出了一句话："你怎么这么的没有爱心啊。"王兵听到妈妈的话，觉得很不乐意，心想我都捐钱了怎么还说我没有爱心啊。

◉ 教育感悟

　　仁爱之心是人类最光辉灿烂的天性。教孩子学会做人，首先就要让孩子具有一颗仁爱之心。自私自利和以自我为中心是培养孩子爱心的大敌，会让孩子变成只在乎自己而不考虑别人的人。要想培养孩子的爱心，就要先从家庭教育入手。

　　父母要让孩子学会移情，也就是说，让孩子能够很好地去感受别人的情感，为别人着想，为别人的遭遇而悲而喜，培养出孩子爱人的能力。一个有爱的能力的人才能在以后的生活中更好地收获到来自别人的爱的回馈。设身处地为他人着想的品质是培养孩子爱心的基础。一个会为别人着想、愿意把别人的痛痒放在心上的人也会在他人陷入危难之中时，心生同情，给予爱的帮助。

让孩子学会接受爱，很多父母都做得很好，但是让孩子学会关怀人，很多父母却做得不够好。不是孩子天生不会爱人、不能爱人，而是父母平时的一些无心之举剥夺了孩子表达爱的机会，并且也没有为孩子提供奉献爱心的机会，让孩子没有地方去表达自己的爱心。时间一长，就会影响到孩子爱心的发展，使其变得不会疼爱人、关心人了。

爱心不是一天就能够培养出来的，需要父母从小就精心地呵护，一点一滴的让孩子渐渐地施展自己的爱心。孩子的爱心幼苗也是非常娇嫩脆弱的，如果父母对孩子的爱心行动给以打击或嘲笑，它就会很快地枯萎，而孩子的爱心一旦枯萎，想在孩子长大以后再重新去培养是非常困难的。

如果孩子对自己、对生活、对他人都能怀着一颗仁爱之心，孩子未来的人生也会收获到很多的幸福和欢乐。因为，爱人者，人恒爱之。

◉ 专家建议

孩子的爱心是稚嫩的，父母要好好的保护，让它能够苗壮地成长起来。培养孩子的爱心，父母可以尝试下面的方法：

1. 给孩子奉献爱心的机会

父母不能只是一味的去疼自己的孩子，什么事情都想要替孩子办好，这样会让孩子失去奉献爱心的机会。

5岁的小桃是个可爱的孩子，每次家里有什么新鲜的水果，她总是会先洗好一些给爸爸妈妈吃，他们俩也会高高兴兴地接受，夸奖小桃是个懂事的孩子。对于家里的很多事情，小桃都想尽一份自己的力，妈妈也总是满足孩子的这个愿望。

小桃在帮爸爸妈妈做事的过程中也感觉到了自己的力量所在，会产生一种被别人需要的感觉。小桃在生活中也是一个很有爱心的孩子，只要别人需要，她都会热心地去帮忙。

在生活中，有时候孩子想表现一下爱，比如先把好吃的给父母吃，却总是被拒绝，如此一来，孩子就渐渐地习惯了只接受爱而不付出爱了。

2. 父母做好孩子的榜样

父母的言行是孩子的镜子。在平时的生活中，父母首先自己要做一个有爱心、有社会公德心的人，这样才能给孩子树立一个好的榜样。如果父母在一些生活细节上没有展现出自己的爱心，就会给孩子带来错误的认识，觉得爱心不重要。

3. 让孩子多参与群体活动

孩子在与很多人一起玩乐的过程中，容易因对玩具的争抢而产生一些纠纷。这个时候就是培养孩子爱心的好机会，父母要从中给予引导，让孩子明白玩具是大家一起玩的，不属于某一个人。

童童的妈妈经常会邀请四五个小朋友一起到一个固定的场所去玩，让孩子们一起做游戏。

有时候大家在一起玩游戏的时候会争抢玩具，这时童童妈妈就会对孩子们说："东西是大家的，要一起玩，谁都不能独占。"而且还会教童童，在与别的小朋友发生纠纷的时候要主动地把玩具让给对方，使童童在分享别人高兴的情绪时也体会到了爱心的好处。

要想一起玩好一个游戏，就要遵守规则，考虑到每一个人的情绪，不能通过自己的强势来压迫别人。否则，只会失去和朋友玩的机会。

4. 通过音乐和游戏表演来培养孩子的爱心

孩子良好的行为规范和生活习惯通过反复的训练形成了一定的条件反射之后，就会成为孩子的自觉行为。年幼的孩子会比较反感说教，父母可以通过游戏的形式来培养孩子的爱心。一些音乐类的和表演类的游戏，会让孩子乐于接受。

通过这种方式来培养孩子的道德情感，既能够满足孩子的表演欲望，也可以在游戏中让孩子体验到关心他人的情感，让孩子养成去帮助弱者和谦让的习惯。

5.鼓励孩子的爱心举动

孩子在生活中流露出一些爱心的举动时，父母要给予鼓励。孩子的爱心其实是很稚嫩的，如果不好好加以保护，就会让孩子的爱心萌芽枯萎。

当父母看到孩子的言行中流露出了爱心时，不论在成人的眼里这种爱心是否成熟，都要给予鼓励，让孩子能够明白，自己的这种情感是一种好的、珍贵的情感。

教 子 箴 言

爱心是一种珍贵的情感。孩子的爱心是非常稚嫩的，你给予在乎，它就会长大；你忽视它，它就会渐渐地枯萎；你要是打击它，它就会死亡。所以父母一定要对孩子的爱心予以细心的呵护。

坏习惯 36　没有同情心

同情心是一个人的善良之根。一个富有同情心的人能够让爱的行为常伴左右，也会给自己带来更多的温暖和关爱。

——俄罗斯教育理论家　苏霍姆林斯基

家教个案

刘泉的父母对他非常宠爱，平时只要有好东西都是先想着他。这使他觉得父母为他付出都是应该的，他成了家里的"小皇帝"。有一天妈妈看到刚买回来的荔枝挺新鲜的，就想拿出一些送给邻居家的王奶奶。刘泉一听就不乐意了。

妈妈便对他说："奶奶平时对你也挺好的。现在奶奶病了，送点儿水果也是应该的。你应该自己送过去才对呢。怎么能吵着要自己先吃呢。"刘泉听到了之后，便对妈妈说："那你送过去吧。反正不关我的事，我少吃点儿就得了。"

妈妈看着孩子这种态度，很无奈地摇了摇头，觉得孩子真的是越娇惯越不像样子了。怎么会变得这么冷漠、不通人情呢。

◎ 教育感悟

同情心是培养孩子的完美个性和良好品德的重要因素之一。父母要想孩子拥有一个健全的人格，就要注重对孩子同情心的培养。年龄小的孩子，虽然还无法了解同情心的真正含义，但是在孩子表现出同情心的时候，父母一定要给予保护，否则，孩子的同情心幼芽会很容易就枯萎了。

同情心是一种珍贵的情感，是自己对别人的痛苦和不利地位表示出的应有的关心。这种感情对孩子个性的发展，尤其是情感的发展，以及良好的人际关系的发展是有很好的帮助的。一个富有同情心的孩子，往往是心地善良、性情温和、惹人喜爱、受人拥护的。而一个缺乏同情心的孩子，就容易走向冷漠、孤僻，让人无法接近，因为这类孩子心里没有别人，所以也就无法做到理解和尊重别人。

现在的独生子女越来越多，在家人的宠爱下，以自我为中心的意识也越来越强。如此一来，孩子就会觉得别人对自己付出同情与爱都是理所当然的，而自己对别人的付出却是不能够轻易做到的。很多时候，把自己的东西给别人会让这类没有同情心的孩子觉得特别地难受。

同情心也表现在能够设身处地的为别人着想上。这种能力是同情心萌生的基础，因为如果孩子不能够设身处地地感受到别人的痛苦，也就无法去同情别人。同情心是建立在对别人的理解和尊重的基础之上的，先要做到理解和尊重别人，然后才能去感受到他的痛苦，萌生出同情心。

同情心是一个人向善的心理基础。要想孩子成为一个成功的人，父母就要让孩子具备这样的心理情感。一个没有同情心的孩子，能力再高再强，也只能向一种坏的、不利于社会的方向去发展，只会危害更大。

◎ 专家建议

拥有了同情心的孩子能够更好地感受生活中的美好事物，能爱人，也易收获别人的爱。父母可以从以下方面来培养孩子的同情心：

1. 激发孩子本性的善良

父母要注意去激发孩子本性中的善良。孩子不是生来就没有同情心的，只是在平时的生活中被渐渐地打磨掉了。要想重新找寻回孩子本性中的善良，就需要父母的配合和努力。

父母可以在孩子面前表现出自己的弱势，让孩子先学会关怀自己最亲近的人，然后推己及人，关爱熟悉的人，最后是陌生人，从而激发出孩子本性中的善良。

2. 以身作则，用善的行动影响孩子

父母是对孩子影响最深刻的人。父母要想培养出孩子的善良之心，就要

多用自己的善举来影响和感染孩子，给孩子树立最好的行动榜样。

父母要关心自己身边最亲的人，多给予邻里、熟人自己力所能及的帮助，多参与到社会慈善活动中去，帮助更多需要关心和帮助的人。父母的这些善良的言行是孩子同情心茁壮成长的最好养料。

3. 鼓励孩子多参与慈善活动

父母要多鼓励孩子去参加学校里或社会中的慈善活动，让孩子能够更多地感受到帮助人、给人关爱所带来的温暖。同情心的培养是需要一定的氛围的，而这类活动能提供很好的氛围。

小品的爸爸经常会带着孩子参加慈善活动。有时候还会在星期天带着孩子到孤儿院和敬老院，去给大家一些力所能及的帮助。

小品在第一次看到那些孤儿的时候，心里受到了深深的震撼，回来就跟妈妈说："他们好可怜，但是他们比我坚强和能干。我很想去帮助他们，做他们的朋友。"妈妈看着孩子笑了，说："小品，你也是一个很棒的孩子，因为你有一颗同情之心。"

孩子在参与的过程中会明白生活中还有很多不幸的人需要大家的帮助，只要自己有能力，就要多给予别人以帮助。

4. 鼓励孩子多参与群体活动

在群体活动中，孩子可以学会如何去照顾别人，如何去调解相互之间的矛盾。

在群体活动中，越是会为别人考虑、能够配合多方意志的孩子，就越会受到欢迎。如此一来，就为孩子同情心的发展增添了一种很重要的品质——为别人考虑。

5. 培养孩子对动物的喜爱

要想培养孩子的同情心，有一个很简便、很实用的方法，就是让孩子饲养小动物。父母可以挑选一种孩子喜欢的小动物让孩子来饲养，孩子多与动物接触，心思就会更加的细腻，也就更能够体贴和安慰他人了。

洋洋的妈妈在他四岁生日的时候，送给他的生日礼物就是让他挑一个自己喜欢的小动物回来饲养。他喜欢狗，妈妈就带着他一起去挑了一只小狗回家。

妈妈让洋洋给小狗取了一个名字，叫豆豆。洋洋以后每天回家的第一件事就是看看他的豆豆在哪里。豆豆也把小主人看得特别亲，只要洋洋在家，就围着他转。洋洋由此学会了同情和关爱，现在是一个很会关心、体贴人的好孩子。

孩子在关心照顾动物的过程中所培养出的行为习惯会用到与人交往的过程中来。所以，一般来说养小动物的孩子比一般的孩子更具有同情心。

教 子 箴 言

丰富的同情心能够让孩子在与人交往的过程中更加关注别人的感受，愿意去与人分享和合作。这样的孩子也会受到更多人的喜爱和拥护，收获到更多的快乐。

坏习惯 37 不思进取

> 进取心能够加速一个人的成功。一个人追求的目标
> 越高，他的才能发展得越快。如果不思进取，就只能够
> 随波逐流或原地打转。

——俄国文学家 高尔基

家教个案

　　刘云现在的成绩在班里排中等，妈妈希望他能够再进步一点儿，他却觉得这样就已经很好了，没必要那么累，自己现在轻轻松松的学就能够有这样的成绩已经很不错了。刘云平时喜欢看动画片，只要是好看的动画片，他是一定不会放过的，每集必看。妈妈便感慨，孩子要是能把这种热情投入到学习中去就好了。

　　妈妈见孩子是怎么劝也听不进去，觉得孩子没有什么远大的人生目标，也没有太强的进取心。但是进取心也不是一天就能培养起来的，所以也只能够慢慢地来培养了。

教育感悟

　　进取心也就是不断地要求上进，立志要有所作为的心理状态。有进取心的孩子才能在自己的兴趣点上积极地投入，不怕困难，力争取得进步和成绩。培养出孩子的进取心后，才能充分地去挖掘孩子的潜能，让孩子更好地实现自己的人生价值。进取心是成功的起点。

　　要想培养孩子的进取心，必须让孩子克服拖沓懒散的行为习惯，因为这是进取心的大敌。孩子必须要学会主动地去做事情，而不能由别人推着自己来做事情。

　　进取心是驱使孩子能够积极主动地投入到学习中去的一种动力。这种心

理状态能够激发孩子的潜在力量，也会让孩子抱着一种积极勇敢的心态来面对困境，不屈服于暂时的落后和失败。进取心中也包括着一种求知、求新的欲望，会促使孩子主动地去获取新的知识，不断地充实和提高自己，以便更好地实现自己的人生价值。

一个有进取心的孩子一定也是一个思维活跃，感情丰富的孩子。由于不断地在更新自己的知识和阅历，视野也会变得越来越开阔，心胸变得越来越宽敞。这样的状态也更有利于孩子找准自己的人生方向，做好正确的定位，不会浪费更多的时间在懒散和迷茫中。在某种意义上，这也是对生命的一种延长。

进取心是孩子能以更短更快的速度获得成功的法宝，也是孩子能够更加充分地实现自己的人生价值的通道。父母一定不要忽略对孩子进取心的培养。

◎ 专家建议

强烈的进取心，能够为美丽的人生奠定可靠的基石。父母要想从小培养起孩子的进取心，可以采用下面的一些方法：

1. 为孩子设定一个可行的目标

目标对孩子的行为有导向和激励的功能。父母可以通过给孩子设定一个切实可行的目标来激发孩子的做事热情。目标不能过高，否则在失败的时候会打击孩子的积极追求；目标不要太空泛，要设定得比较具体，分成小块，以便每天都能够做一个比较。孩子达到相应的目标时要给予表扬。

小真的妈妈希望孩子长大后能到国外去留学。为了让小真学好英语，她每天都给小真安排了相应的学习任务。小真也积极地配合，因为这也是她的梦想。

小真在将目标具体化了之后，也就不会感到特别有压力，把心思全部放在每天的学习任务上。一段时间下来之后，孩子的学习热情和自主性有了明显的提高，养成了主动学习的好习惯。

一个具体可行的目标才能够让孩子更有信心地去一步一步地走近，从而避免孩子在中途遗失了自己的理想。

2. 给孩子树立一个榜样

孩子在面对伟大人物时都会有一种崇拜的心理，把他们作为激励自己努力向上的榜样。

小兵平时就很喜欢听爸爸给他讲中国四大伟人的故事，他很欣赏毛泽东的勇气和毅力。小兵觉得自己应该每天再多花一点儿时间来学习，而且还学着坚持天天看报读新闻。

通过一段时间的坚持，小兵确实能够更快的了解到生活中的一些变动，也更能找准自己的学习方向。在学习和生活中，他成了一个积极的、求上进的人。

父母也要善于利用名人来培养起孩子的上进心，让孩子能够积极进取地投入到生活和学习当中来。

3. 肯定孩子的成绩

很多时候孩子丧失上进心是由于父母总是看不见自己的成绩。父母看不到孩子的努力，或者用过高的要求来衡量孩子，会让孩子觉得自己再怎么努力也没有用，找不到自己付出后的满足感和快乐感，也就不会再去拼搏和努力。父母要在孩子努力之后及时地给予肯定，这样才能够给孩子持续进步的动力。

4. 让孩子看到自己的希望

每个人都有向上发展的本能，孩子也不例外。父母要让孩子了解自己的优点和长处，让孩子看到成功的希望，这是让孩子保持上进心的很重要的一点。如果连希望也没有了，当然也就不会再去追求上进。让孩子看到希望以后，再来指出孩子有哪些不足，怎么改进，这样才能让孩子有动力去追求进步。

5. 让孩子多参与合作竞争

合作竞争可以避免孩子在竞争中丧失自信心，而且让所有参加的孩子都能够获得自信和热情，比如像拔河等游戏可以激发孩子的求胜心，又不会在失败后损伤孩子的自信心。

在学习时也可以采用"小组合作竞赛"的方法。比如六个人一个组，平均分最高的小组就为获胜。这样的方法也可以在学校里提高孩子们学习的进取心，又不会损伤落后孩子的积极性。

教 子 箴 言

进取心是一个人可以永葆青春活力的秘方，也是让一个人的个人价值可以无尽地发挥，并且一次次战胜自己、超越自己的秘方。让孩子成为一个有进取心的人也就是让孩子领先了别人好几步。

坏习惯 38 自卑

> 自卑会让一个人的能力得不到充分的施展，让他更多的才华处于埋没状态。这样是不利于一个人来充分地实现自己的人生价值的。
>
> ——德国哲学家 黑格尔

家教个案

小语现在已经四岁了。可是她还是不能太流利地运用语言来表达自己的想法。很多时候，她一着急就变得结巴了，脸也憋得通红。在学校里大家经常会笑话她，这样一来，她就变得更加不爱说话了，胆子也明显变小了，做事情也畏畏缩缩的了。妈妈发现孩子在走路的时候总喜欢低着头，和别人说话的时候也不敢看着别人的眼睛。

孩子现在不爱去上学，每天早晨都是一个劲儿的磨蹭。有时候还会和妈妈说自己肚子痛上不了学了，妈妈带她去看医生，她倒是很高兴，但是每次都检查不出什么问题。这样一来，妈妈也发现了孩子的问题所在。

妈妈明白了女儿有一些自卑，对自己没有信心，所以才害怕到学校这样一个大环境中去，因为在那儿更会激发孩子的自卑情感。如何来帮自己的小孩找回自信呢？妈妈也陷入了困惑。

教育感悟

自卑就是自己看不上自己，觉得自己的能力和品质都要比别人低，是一种消极的情感体验，也是一种性格缺陷。孩子如果不能够客观真实地分析评价自己，就容易陷入自卑的阴影。而一个自卑的孩子往往会怀疑自己的能力，不敢去勇敢地表现自己，也会害怕与人交往，渐渐地会由孤独走向自我封闭，放弃本可以努力达到的目标，因此无法正常地体味生活的乐趣，也会对未来抱着一种悲观的态度。

孩子对自己的评价太低是自卑的实质。他们往往会觉得自己在身高、相貌、学习、人际、家境上不如别人，而且很容易由自己的一点不如人泛化到自己在所有的方面都不如人，从而陷入到自暴自弃的泥潭，无法自拔。这种不合理的泛化具有敏感性和掩饰性，这类孩子喜欢从别人的言行中找寻一些对自己不利的评价，而在面对自己的缺点时又会表现出否认和掩饰的态度，虚荣心也较强。

自卑与孩子童年时期所受到的影响有很大的关系。孩子在家庭生活中得不到父母的关爱，与其他孩子相比就得不到一种优越感；父母过于崇尚和追求完美，对孩子的要求过于苛刻，什么事都要求孩子做到十全十美，而对于孩子的不足之处又过于指责。这些因素都是导致孩子自卑的主要原因。童年的影响也会贯穿孩子的一生，小时候形成的自卑会在孩子以后的成长岁月中发挥消极的作用。

要克服孩子的自卑心，父母平时就要注意在生活中保护好孩子的自尊心，不要轻易地将孩子的缺点暴露在熟人和亲戚的面前，因为这样会让孩子觉得很没有面子，从而陷入自卑的状态中。父母本身能力很强也会对孩子形成一种心理上的压力，父母千万不要事事为孩子代劳，这样会影响到孩子自信心的发展。要多让孩子去发挥和培养自己的能力，让孩子在自己的知识、能力上找到自信。

专家建议

自卑是孩子成长和能力发挥的大敌。如果孩子在生活中有了自卑的倾向，父母一定要予以重视。建议父母采用下面的一些方法来应对孩子自卑的问题：

1. 提高孩子的自我评价

孩子自卑一般是由于对自己的能力评价过低，而且还不愿意接受别人的过高评价，总是喜欢拿自己的短处和别人的长处比，越比越觉得自己一无是处。

父母要让孩子正确地评价自己的优点和缺点，要经常地想一想自己的长处，并且主动去发展自己的长处，对于自己的努力也要给予肯定，不能因为一次失败就以偏概全。要让孩子多看自己的长处，多看自己的成绩，以增强自己的自信心。

2. 教孩子学会自我满足

自卑的孩子心理比较脆弱，面对打击容易消沉。父母要教会孩子不要对事情怀有过高的期望，也不要定立超出自己能力的目标。

如果是比较自卑的孩子，父母要把孩子的目标定得稍微低一点，让孩子能够比较容易地达成，避免失败的发生，以此增加孩子积极的思想情绪。这样每一次成功的经历都是对孩子的一种激励，以此让孩子学会自我满足，渐渐地走出自卑。

3. 鼓励孩子多交朋友

自卑的孩子多是孤僻、内向、不合群的，喜欢自己把自己孤立起来，不愿意和周围的人交往。因此，父母要多鼓励孩子去交朋友，这样就可以多一些时间和机会与人进行沟通和交流。

东东是一个话不多的孩子，平时总是自己一个人玩。爸爸觉得孩子这个样子不太好，就主动地帮孩子找了一个玩伴。

那是自己同事的孩子，叫丹阳，是一个阳光又快乐的孩子。东东在和他一起玩之后，话也开始多了起来，逐渐变得开朗和自信了。

朋友可以让孩子感受到自己的情绪，及时帮助自己排解那些消极的情绪。友谊的温暖能够让孩子不再孤独，从而使孩子变得开朗起来，恢复自信心。

4. 不要过于苛求孩子完美

父母给孩子定立的目标一定要合理，不要过高，否则会给孩子很大的心理压力，不利于孩子能力的正常发挥。

刘秀是个学习成绩很好的孩子，可是她话不多，平时也总是一副很不开心的样子，老师觉得这个孩子很自卑，但是不明白，一个学习这么好的孩子怎么还会出现自卑的情绪呢？一打听才知道，她的妈妈是个事事追求第一的人。

她要求孩子每次考试都要拿第一名。现在学校的学习压力也是很大的，孩子的每一个进步，都要付出很多的努力。刘秀觉得自己已经尽全力了，可还是很难拿第一，便陷入了自卑。

许多父母在孩子面前过于追求完美，只要孩子没有达到自己的要求，就对其进行责骂。很多孩子其实已经表现得很好了，可父母过于追求完美，导致他们对自己的能力产生了怀疑，从而陷入自卑的泥潭中。

5. 培养孩子坚强的意志

自卑的孩子多是意志薄弱者，一碰到失败就更加的失落，对于挫折的承受能力也比较差。父母要培养孩子面对困难时坚强的意志力。让失败和挫折成为激励孩子成功的动力，而不是一块块压得自己喘不过气来的石头。父母要培养孩子积极向上的心理品质，拥有了这种心态和品质，孩子也就会变得坚强和自信，从而摆脱消极和自卑的心态。

教子箴言

自卑是阻碍孩子能力充分发挥的绊脚石，会让孩子在困难和危险面前害怕、退缩、贬低自己，最终丧失自信，变成一个真正的弱者和失败者。

坏习惯 39　骄傲

> 骄傲自满是孩子前进途中的可怕陷阱。但是，最为
> 可怕的是，这个陷阱是孩子自己亲手去挖掘的。
>
> ——中国作家　老舍

家教个案

　　马琳的成绩在班里一直不错。但是她有一个问题，就是成绩很不稳定，总是呈曲线型发展。如果这一次考好了，那么下一次的成绩肯定会下滑。因为她只要一考好就会骄傲，在学习中也会表现出满不在乎和得意的情绪，影响了她的学习质量。

　　马琳的这种骄傲情绪让她无法全面良好地掌握书本中的知识。现在就算马琳平时考好了，父母也不敢表扬她，想通过这种方式来避免孩子的骄傲情绪，结果还是不太理想。她会自己控制不住自己地骄傲起来，思想上也就松懈了，对学习的认真度也会相应地下降，结果下次考试还是不理想。

教育感悟

　　自信是一件好事，但是如果变成了骄傲，就是坏事了。骄傲是影响孩子更上一层楼的大敌。孩子有了骄傲的情绪之后，就会变得目空一切，在遇到挫折之后，情绪又会很快地低落下来，严重的甚至会发展为自卑。因为骄傲的孩子对自己的期许都很高，不能够容忍自己失败，如果失败了就会觉得很丢脸，进而发展为自卑。

　　骄傲的孩子也不乐于接受别人的意见，尤其是批评的意见，他们往往表现得过于自信，看不起别人，而且虚荣心也会很重。他们在比赛中总是想要占上风，不能忍受自己的失败，如果失败了就会失去心理平衡，经受不住挫

折的打击。究其原因，骄傲的孩子不能够正确客观地认识自己、评价自己，对自己的期许过高。父母平时对孩子不合实情的赞扬和表扬也是导致孩子骄傲的重要原因。

孩子有了骄傲的情绪之后，容易变得心胸狭窄、意志薄弱、无法适应复杂情况的变化，也不利于孩子与他人之间友好的人际交往和沟通。而且骄傲的孩子大多能力较强，所以父母要小心地来处理孩子的骄傲情绪，不要损伤了孩子积极健康的情绪。

父母平时也不能把目光总是盯在孩子的优点上，对于孩子的缺点漠视不顾，这会让孩子也忽略自己的缺点，最后当这些缺点导致孩子失败的时候，父母就悔之晚矣。

专家建议

骄兵必败，这是一句古语。许多能力很强的人却失败了，重要的原因就是骄傲轻敌。父母可以采用下面的一些方法来及时引导孩子走出骄傲。

1. 不夸大地表扬孩子

正确地表扬是不会使孩子骄傲自满的，而父母无原则的、夸大其词的表扬孩子会让孩子对自己产生错觉，自我评价也会偏高。

原原很聪明，每次考试都能拿前几名。妈妈很自豪，逢人就夸自己的孩子。渐渐地，原原的骄傲情绪也就产生了，觉得自己确实很厉害。

这种情绪产生之后，原原上课就不像以前那么认真了，成绩也出现了不稳定的情况，时好时坏的。一个学期下来，他的名次下降了很多，妈妈也不好意思在别人的面前说自己的孩子很厉害了。

孩子身上的一切东西都处于一个生成阶段。父母过于关注孩子的优点或缺点不利于孩子的成长。不合理夸大孩子的优点是导致孩子骄傲的一个很重要的原因。

2. 提高对孩子的要求标准

当父母发现自己的孩子有了骄傲的情绪之后，可以提高对孩子的要求标准，让孩子明白，只有在达到那个标准之后，才能得到父母的认可。

小敏平时也有接受舞蹈培训，所以上舞蹈课时表现得很出色，老师总是夸奖她跳得是最好的，让其他的同学都来向小敏学习。作为班上舞蹈的佼佼者，在老师经常的表扬下，小敏的骄傲情绪渐渐地显露出来了。

上课时，老师偶尔会对她的动作做出指正。说话稍微重了一点，她的眼圈就红了。为此，妈妈便在以后的培训中对小敏提高了训练的要求，别人做得好的，她要做得更好，更标准。小敏为了自己做得更好，也就练习得更加努力了。

提高要求标准会给孩子一个无形的压力，也会让孩子去向更高、更好的目标努力。目标不要过高，否则会让孩子因为达不到要求而伤了自尊。父母要谨慎对待孩子的骄傲情绪，对孩子进行一些适时而慎重的表扬。

3. 让孩子接受挫折教育

适当地对孩子进行挫折教育可以打击孩子的骄傲情绪。父母发现孩子有了骄傲的情绪之后，可以人为地给孩子设置一定限度的挫折。这些挫折的目的不是去打击孩子，而是要让他能够正确地认识自己的能力，排除骄傲和急躁的情绪，从而取得更大的进步。

4. 关注孩子的缺点

父母不能因为孩子在某些方面能力过人就不去计较孩子的一些缺点了，对于孩子的骄傲、任性、没礼貌、挑食等不好的习惯都不要去迁就，而要在适当的时候给孩子指出来，让他知道自己在哪些方面还有不足，是需要改进的，以便孩子不断地去要求自己，提高自己的能力。

5.不以成绩评价孩子

很多父母喜欢用成绩的好坏来评价孩子，让孩子在学习成绩名列前茅之后就觉得自己是最棒的、最了不起的。如此一来，成绩优秀的学生就会形成成骄傲的情绪，而骄傲正是最能够伤害能力较强的人的一剂毒药。要想孩子能够长久地进步，就不要让孩子养成骄傲的坏习惯。

教 子 箴 言

骄傲会让人失掉客观评判的标准，拒绝对自己有益的劝告和友好的帮助。骄傲是阻碍孩子进步的绊脚石，要想取得长足进步，就要学会谦虚好学。

坏习惯 40 自私自利

自私自利的人收获不到帮助和关爱。如果你只考虑自己，别人也会渐渐地忽略你的存在，哪怕是在你最需要帮助的时候。

——中国文学家 吕坤

家教个案

王丰和妈妈一起回外婆家时专门带了一包玩具。到了外婆家，很多表兄妹都过来了，院子里一会儿就有了一大群的玩伴。妈妈让王丰去把自己的玩具拿出来和大家一起玩，没想到他却怎么也不肯。而大家一听说他有玩具又都特别想玩，妈妈就去把玩具拿了出来。

王丰一看这情景，就赶紧去把所有的玩具都放在自己的桌子上。大家一下子都围了过来，有的想玩电动火车，有的想玩转飞轮。王丰却不让别人动自己的玩具，自拿着玩具去旁边玩了起来。

妈妈看到他的样子，就批评了儿子几句，然后把玩具分给孩子们玩。

教育感悟

孩子的自私可能是缘于孩子天生的利己倾向。幼年时期的孩子，心理发育还没有完全成熟，往往会单纯地认为"我就是世界"。这种以自我为中心的想法会随着年龄的增长、经验的积累而渐渐改变，最终能够接纳别人，不再固执己见。父母对于年幼孩子的自私行为不要过于紧张，强行的说教很可能适得其反。

在孩子的成长过程中，父母对孩子的态度不要反复无常、表里不一。如果孩子一犯错，父母就开始嘲笑和打骂，会让孩子对父母产生畏惧，这样容易让孩子变得不喜欢和人接触，最终走向自我封闭，在自己的小天地里变得越来越自私自利。而另一个极端是过于溺爱，要什么给什么，也会让孩子产生极强的占有欲，唯我独尊，自私自利。

孩子的自私无论是对父母、对社会，还是对自己，都是有弊无利的，父母要早重视、早预防，让孩子用健康的心理来面对人生。父母要让孩子从小树立正确的物质观念，让孩子学会与朋友分享和合作；还要让孩子能够感受到付出和给予的快乐；让孩子体谅到父母为家庭付出的辛苦，学会关爱父母，并能帮父母做一些自己力所能及的事。

父母平时在家里要培养孩子的分享行为。吃东西要与大家一起分着吃，不能总是让孩子独享；家里要是有老人，还应该让孩子学会尊敬老人，有好东西也要先孝敬老人；吃饭时也不要总是拣一些好吃的、自己爱吃的来吃。从这些生活小细节让孩子学会分享，一个懂得分享的孩子，也就不会是一个自私的孩子。

自私的孩子只会把自己的路越走越窄，最后将自己陷入绝境。父母只有让孩子学会了付出，才能学会爱与宽容，生活也越来越开心，未来的路也能越来越宽阔。

专家建议

孩子的自私多是父母惯出来的。父母要想改掉孩子自私的坏毛病，可以用以下的方法来对孩子进行相应的指引：

1. 不能无原则地满足孩子的要求

父母要先对孩子提出的要求进行一下权衡，看是否合理，不能因为想讨孩子欢心或者不想让孩子要赖就满足他一些不合理的要求。

小明和妈妈去逛商场时看到一个动画片里面的机器人玩具，就非要妈妈给自己买一个。妈妈一看又是这种类型的，家里都快有一盒子了，就不想买。

他一看妈妈不乐意，就开始软磨硬泡。说这个是与家里那些不一样的，是自己最喜欢的机器人，它是威力最强的那一个。见妈妈表情很犹豫，他就哭闹了起来。老板也来帮着他说话，妈妈觉得太丢人了，就赶忙买好，带他离开了。

孩子一旦获得一次成功就会次次以此来达到自己的目的，觉得自己是抓到了父母的软肋。因此，父母不能无原则地满足孩子。

2. 让孩子多参与群体游戏

父母可以鼓励孩子多参加一些群体游戏。也可以让全家人一起来陪着孩子玩角色游戏，给每一个人分配不同的角色，然后策划一些需要互相帮助的情节，让孩子通过这种角色游戏，学会怎样帮助别人。

东东最喜欢玩的游戏就是和全家人一起来做角色游戏。他经常会选择一些最喜欢看的动画片来演，让爸爸来演大灰狼，自己是小羊，然后就在家里闹开了。孩子每次都玩得很开心。

有时候妈妈也会邀请一些小伙伴来家里玩。大家在一起，就可以演更多的角色了。孩子们模仿各种熟悉的生活场景，在游戏中学会了礼貌待人和关爱他人。

游戏中涉及了父母对孩子的关爱，也有孩子对父母的帮助和关爱，医生对病人的关爱，售货员对顾客的体贴和关爱等。让孩子先在游戏中学会关心人，尊重人。

3. 鼓励孩子乐于助人

帮助别人是克服孩子自私情绪的好办法。孩子在帮助他人的过程中会感受到来自别人的感激和尊重，这是孩子在平时与人交往的过程中不容易得到的。孩子会体会到付出和奉献的快乐，这是自私的大敌。当孩子学会帮助人、体贴人之后，自私也就会离孩子越来越远，而孩子也会收获到更多人的关爱。

4. 不要给孩子特殊待遇

生活中很多时候，父母总会不自然地给孩子一些特殊的待遇。比如吃西瓜时给孩子吃中间最甜的部分；吃饭时要给孩子单独做一份营养餐；买衣服也先为孩子考虑。

生活中给孩子太多的特殊待遇之后，就会让他觉得自己是重要的那一个，自己的利益和权利是不能被侵犯的，自私的种子就在孩子心里种下了。

5.让孩子学会尊老爱老

让孩子学会尊敬长辈，就会让孩子明白，并不是只有自己才是那个最需要保护的人。长辈，也是要尊敬和照顾的。

在日常生活中也要教育孩子，有好吃的东西要先让长辈来享用，然后才是自己。还要让孩子从小体味到父母生活的艰辛，这也是孩子学会体贴、尊重人，不以自我为中心的好办法。

教 子 箴 言

自私的人不会去关心和体贴别人，也就得不到分享的乐趣。不能去爱别人，也就得不到别人的关爱。这样的孩子是孤独的、狭隘的，是不适合与人合作的，也很难得到来自别人的帮助。

坏习惯 41　不守信用

信用是一个人品质的体现。良好的信用能够为自己换来更多的信赖和支持。在与人合作的过程中，更是需要良好的信用来做支持。

——瑞士教育学家　裴斯泰洛齐

家教个案

刘高和同学们一起到海边玩，大家说好了要带好自己的工具做沙城，可是他嫌麻烦就没有带。结果大家都带了，就他一个人没有带。

他一会儿要借这个人的，一会儿要借那个人的。说是用五分钟，结果十分钟了还是没有还的意思。最后，大家都不愿意再借工具给他了，他只好自己一个人用手和贝壳做工具。结果他的沙城建得最小，也最不成样子，让他很沮丧。

回家后，他还在想着自己那个小小的沙城，觉得是自己的不守信用害了自己。自己说话不算话，大家也就不信任自己了，更不愿意和自己玩了。刘高以前从来没有觉得不守信用有什么不好，今天算是真切地体会到了。

◎ 教育感悟

孩子不守信用，就会让愿意和他合作或分享的人越来越少，最终也会影响到孩子正常的人际关系发展。父母要让孩子学会遵守自己的诺言，答应别人的事一定要办到。如果自己能力不够，就应该诚恳地向对方说明原因，而不要轻易地去答应别人。要让孩子明白，诺言是很重要的一个东西，一诺千金。

年龄较小的孩子对信用的理解会比较模糊，很多时候他也不知道什么是对什么是错。父母就要在孩子还小的时候，在生活中向孩子灌输"说话要算话"

的思想意识，而且自己也要做到说话算话。父母是孩子的榜样，对孩子的行为有很深的影响，如果父母做不到信守承诺，那孩子出现不守信用的情况也就不足为怪了。

诚信是一个人的立身之本，要想与人合作，一个最基本的前提就是守信用。只有是一个守信之人，大家才会愿意与你合作，一起共事，才能获得别人的尊重和敬意。教孩子讲诚信其实也就是教孩子好好做人。

诚信的培养需要父母和孩子一起努力。如果因为父母教育不当而让孩子养成了不守信用的坏习惯，最终就会害了自己的孩子。

◎ 专家建议

教孩子讲信用也就是教孩子做人。父母要如何才能培养孩子讲信用的好习惯呢？可以采用下面的一些方法：

1. 父母要对孩子守承诺

父母不要轻易地就许给孩子很多承诺，否则，如果最后自己不能实现，又无法给孩子一个合理的解释，就会对孩子产生很大的负面影响。孩子对父母的不守承诺在刚开始的时候会非常气愤，习惯了之后，自己也就开始不守信用了。

王明的妈妈平时很喜欢用空头支票来打发他，每次都会哄着他说："你今天早点睡，明天就让你多和小朋友玩半个小时。"结果第二天还是要按原时间回家。

王明有时候也会和妈妈争吵。可是自己还小，怎么都说不过妈妈，最后还是被强迫执行了。这让他很气愤，经常为此懊恼半天却又无力反抗。久而久之，王明也养成了守信用的坏习惯，想以此来表示对妈妈的抗议。

当父母来责问孩子为什么不守信用的时候，他们会用他们稚嫩的声音来争辩："你还不是说话不算话，为什么就要说我呢？"是啊，父母都不能在孩子面前遵守自己的承诺，却要让孩子来遵守，这就有一些为难孩子了。

2. 让孩子在许诺别人时先三思

父母要让孩子明白自己承诺的重量。在答应别人什么事之前，都要先想一想自己能不能办到。如果没有这个能力，就要让别人去找其他人来帮忙，不要承诺自己办不到的事情，否则会渐渐失去别人的信任。诺言是承载着一定责任的，一定要让孩子体会到这份责任的重量。

3. 对于孩子不讲信用的行为要进行批评

父母发现孩子出现不讲信用的行为时，一定要提出批评，要让孩子明白，自己的行为是不受父母和大家欢迎的。父母不要对之采取漠视的态度，不能让孩子觉得心安理得，觉得这是一种很正常很自然的事情。如果是这样，那么诚信就更难在孩子的心里生根发芽了。

4. 表扬孩子的诚信行为

孩子不是生来就不讲信用的，在孩子刚刚学会为人处事时也会考虑到自己是不是要做到说话算话。

星期天，爸爸想带刘敏去郊外钓鱼，可是他却拒绝了。爸爸觉得很奇怪，也有一点儿生气，说："你不早就吵着要和我去吗？怎么现在答应你了，你又不去了，害我瞎准备。"

刘敏听后，就跟爸爸说："我已经答应让我的几个好朋友星期天一起到家里来玩游戏了，总不能说话不算话呀。"爸爸一听，就对他树起了大拇指，说："儿子做得对。"

很多时候孩子的表现会让大人都汗颜。他们会为了遵守自己的一个小小的诺言而付出很大的努力。父母在这个时候就要及时地给孩子以表扬，用赞许让诚信的种子在孩子心里生根发芽。

5. 诺言实现不了要让孩子解释

父母要让孩子在无法办到自己答应别人的事情时，给别人一个合理的解释，请求别人的原谅，这也是对自己的承诺的重视。

如果真的是事出有因，别人也会给予原谅的。千万不能没有办到答应的事，还要耍赖不承认，这会影响到孩子在别人心中的形象，也会被扣上一顶不讲信用的帽子。

教 子 箴 言

信用是现代社会中一种无法缺少的无形的个人资产。诚信的约束，不仅来自于外界，更重要的是来自于我们的内心。我们的自律心态和自身的道德力量会让人坚守诚信。

坏习惯42 不尊重长辈

> 不尊重别人父母的人，肯定也不会尊重自己的父母。而一个连自己的父母都不尊重的人，也就得不到他人的尊重。

——中国文学家 刘向

家教个案

苗苗的奶奶年纪大了，爸爸妈妈便把老人接到城里和自己一起住。每次吃东西，苗苗都会抢着要最好的，奶奶也总是让着自己的孙女。爸爸便对孩子说："这样子太没有礼貌了。"

受了批评的孩子对奶奶就更是心存芥蒂了。她平时也不喜欢和奶奶说话，奶奶主动和她说话时，她的语气也不是很好。久了，奶奶也就习惯了。

有一天，妈妈回来时看见孩子在上楼的时候被一位年纪大的老人撞了一下，苗苗不但没有扶一下那位走路不稳的老人，反而说："怎么不看着点儿，看把我的白袜子都踩脏了。"妈妈狠狠地训了苗苗几句。苗苗觉得很委屈，躲进屋子里不肯出来。

教育感悟

孩子出现不尊重长辈的情况，有一方面是由于平时父母对孩子过于溺爱，没有告诉孩子长幼有序的道理，孩子在长辈面前骄纵惯了，就会有很多不尊重长辈的言行发生；另一方面就是父母平时也不太注意对长辈的尊重，孩子耳濡目染，就会出现不尊重长辈的行为。

尊老敬老是中华民族的传统美德。对于孩子的要求，在具体行为上就是要做到听长辈的话，体贴长辈的劳动，不去打扰他们的工作和休息；当他们出现困难和苦恼时，能够帮助他们去排解；有什么好吃的、好用的东西，也要尽量让老人先吃、先用。当然双方要在平等互敬的原则上来交往，如果长辈对孩子无礼，孩子也就不会尊敬长辈了。

尊敬长辈，不仅要让孩子尊敬自己的亲人和熟悉的老人，还要尊敬生活中遇到的陌生长辈。要让孩子养成尊敬老人的优良品德。

父母千万不要认为，自己在孩子身上投入了金钱和关爱就能够收获到孩子的敬爱和感激之情。很多时候，情况恰恰相反，父母投入得越多，到头来却收获得越少。很多孩子在父母的溺爱下甚至还未成年就走上了犯罪的道路，让父母痛心不已，这都是源于父母忽视了对孩子的道德教育而酿下了苦果。

父母一定要培养孩子尊敬长辈的优良品德，让孩子能够真切地体会到父母的良苦用心，把父母放在心里，心怀感激地来尊敬和爱。

◎ 专家建议

如果孩子不尊敬长辈，父母要先反省一下是不是自己在对待孩子的态度中出了差错。父母可以用以下方法来培养孩子的尊老敬老品质：

1.家庭成员之间要相互尊重

父母要尊重长辈，夫妻之间也要相互尊重。家庭成员之间要多用一些"对不起"、"谢谢"之类的礼貌用语。

小优的爸爸脾气有一些暴躁，经常在妈妈向他唠叨时，向小优的妈妈嚷道："你给我闭嘴，烦不烦啊。"而妈妈也总是忍住了。

有一天，妈妈催促小优去洗澡，他竟然也不耐烦地嚷着让妈妈闭嘴。一旁的爸爸听了之后，也一笑置之。结果小优的胆子越来越大，性格也变得很乖张任性，对长辈的无礼举动越来越多。

如果父母对家庭中的某一位成员流露出轻视和不敬，很容易就会感染到孩子，孩子就会模仿大人的这种不尊重的态度。这样一来，也就出现了不尊重长辈的行为。父母不能对孩子的行为一笑置之，一定要清除其中的隐患。

2.要批评孩子的冒犯

父母对孩子做出的冒犯长辈的言行一定不要不介意地一笑而过，这样只会助长孩子的坏习气。

小江有点儿任性，因为父母平时太娇惯他了。有一天，他跟妈妈说自己想吃红烧肉，妈妈说奶奶牙不好，咱们做炖肉，大家都能吃。小江一听就火了，拿起一个西红柿就往地上砸。

妈妈一看，这可不得了了，就打了他一下。小江也怒了，就骂了妈妈一句。妈妈让他去面壁，决定等他冷静了之后再来对他进行批评教育。

当孩子在骂父母时，父母一定要在第一时间表现出震惊，然后是生气和愤怒，让孩子至少在情感上要体会到愧疚和不安，并留下一个深刻的印象，让他下次不敢轻易如此了。千万不要纵容孩子对长辈的不敬和冒犯。

3.让孩子学会感恩

在平时的生活中，父母要让孩子懂得适时地向别人表达感激之情，体现出一种对对方的尊重。父母可以当着孩子的面称赞保姆做的饭好吃，称赞爷爷养的花好，说妈妈出差辛苦。通过这些生活细节向孩子传送感恩的理念，让孩子能够感受到大家对家庭的付出，这样孩子也会乐于去奉献自己更多的关怀和尊重。

4.让孩子参与家庭事务

父母要让孩子多做一些力所能及的事情，通过劳动让孩子体味到父母的辛苦。这种劳动教育不能停，要一直伴随着孩子长大。

孩子参与家庭事务，一是可以让孩子学会各种生活自理的能力，二是避免父母对孩子过于溺爱，通过劳动让孩子也学会付出，而不只是一味地向父母索取。在这个过程中，也可以培养出孩子对父母的理解和感情，这是尊重的前提。

5. 教育孩子在公共场所尊敬长辈

一些公共场所是培养孩子尊老爱老的好地方。在公园里，主动和老人打招呼，帮老人提重物；在公交车上，给老人让座，进门时让老人先进。

在做这些行为时，孩子受到的夸奖和赞赏不是来自父母的，而是来自于公众的，这更能让孩子有一种成就感和满足感。在这些行为中，收获的快乐会激励孩子去敬老爱老。

教子箴言

要让孩子先学会尊敬自家的长辈，推广开来，也会去尊敬别家的长辈。尊敬长辈不是一时半会儿就能养成的，需要父母在平时细心地培育和指引。

坏习惯 43　没有公德心

> 每一个人都应该有这样的信心：人所能负的责任，我也可以承担；人所不能负的责任，我还是可以承担。如此，你才能不断改进自己的行为，做一个有公德心的社会公民。
>
> ——美国政治家　林肯

家教个案

刘向现在五岁了，他有一个坏习惯，就是到了公园里看到开得漂亮的花，都要去摘一朵下来自己玩。他也喜欢在小区里面的草坪上打滚，还喜欢在电梯里吐痰。

有几次保安看到他的这些行为后进行了善意的提醒，但是他丝毫没有要改的意思，还是我行我素。爸爸妈妈也觉得这些都是一些小事情，没什么大不了的，别人对自己孩子的行为提出批评的时候，父母还会出来帮着孩子说话。

对于刘向这样的孩子，大家表示很无奈。父母对他这些没有公德心的行为，表现得很漠视，只要孩子健康、学习好就行了，至于公德心，刘向的父母觉得这还不是最急需的。

◎ 教育感悟

公德是指社会上所有的人都应该遵守的公共道德和行为。这些道德和行为是大家所默认要遵守的，都存放在自己的心中，因此被称之为公德心。这也是每个人都应该遵守的最基本的德行，可以起到维护社会秩序的作用。如果缺少了这种公德心，我们就会生活在一个又脏又乱的世界里。这是很恐怖的一个现象，但是却时有发生，现在连一些小孩子也受到了不文明行为的感染。

父母要让孩子做一个有公德心的人，首先要在个人方面做到不妨害别人，不做破坏公德的事情，然后再去积极主动地协助孩子的公德行为，对于孩子不好的行为举止给予指正，为创造一个美丽的生活环境而尽自己的力量。尤其在公共场所，更是要做到注意公德，不随地吐痰、大小便，不乱扔垃圾，不攀折花草树木，不随意插队等。

公德行为存在于社会生活的方方面面。每一处场所都会有相应的规则需要大家来共同遵守和维护。一个社会文明水平的高低，反应在居民的公德行为上。是否有公德心是孩子素质高低的一个重要的反映，父母要想让孩子做一个文明的社会人，就要注意对孩子公德心的培养。

孩子没有公德心与父母的影响有很大的关系。父母如果平时对于一些公德细节就不放在心上，孩子跟着父母的样子来，也就变成了别人眼中没有公德心的孩子了。

公德行为看似平常、简单，却是一个人人格和思想的体现。在现实生活中，对遵守公德的行为要求也是无时无处不在，这就需要父母以身作则来好好地教导自己的孩子。

◎ 专家建议

公德心是为人处世的基本守则。父母一定要从小对孩子加以引导，并从以下几方面入手：

1. 从细节教导孩子

父母对孩子公德心的培养，要从一些细节着手。在平时的生活中也要时刻注意多教给孩子一些公德细节。

王语的妈妈平时就很喜欢教给她一些公德小细节，告诉她这是文明礼貌的行为。吃完雪糕，她一定要让孩子把纸扔到最近的垃圾筒里，一时找不到，就放在自己不用的塑料袋里，不能随地乱扔；教孩子等车时要好好排队，还要让年老和行动不方便的人先上车；在医院里，让孩子不要大声吵闹；走路，教孩子不要横穿马路。现在，王语已经能知道很多的公德细节了，也能去认真地遵守。

父母不要只是在理论上教孩子要如何讲公德，更要让孩子做好自己生活中的一些公德小细节。看见老人上车，就要让孩子知道年轻人应该给老、弱、病、残让座；手里有垃圾，就要教孩子一定要放入垃圾筒里；想上厕所了，就要去找卫生间，而不能随地大小便；撞到别人了，就要说"对不起"等。

2. 父母要做好孩子的榜样

父母平时也要注意对社会公德的遵守，这样才能给孩子一个良好的示范。

孩子的模仿能力是很强的，父母的行为对孩子的影响更深远。父母先要做一个有公德心的人，并且要在平时的生活中随时地体现出来，给孩子以好的影响。

3. 表扬孩子的公德行为

当孩子在生活中表现出一些好的公德行为时，父母要及时地给予孩子表扬，让孩子能够在正强化的作用下，继续坚持下去。来自父母的鼓励，是对孩子最有力的支持。

王东现在读六年级了。今天他坐公交车时上来一个老人，售票员一直在喊："请大家让个坐。"但就是没有人动。王东就站起来了。老人一看是一个孩子，就对他说："小朋友你坐吧，我身子骨结实得很。"但是他坚持让老人坐了下来，自己站到了终点。

王东看到大家淡漠的表情，心里觉得怪怪的。回家之后，妈妈知道了这件事就马上鼓励儿子，说："你做得很好，以后要坚持下去。"王东点了点头。

很多时候周围的人会对公德比较淡漠，当孩子有这样的举动时，也不会得到一些积极的夸奖，这个时候父母就要站出来，让孩子知道自己的行为是文明的，是很棒的。

4. 及时制止孩子不遵守公德的行为

父母平时无论在什么场合看到自己的孩子有不讲公德的举动，都要及时制止、批评，让孩子能够及时地知道自己的错误并改正。如果是漠视或默许，就会让孩子的行为持续下去，并且对自己的错误浑然不觉，让孩子的公德意识越来越淡薄，这不利于孩子良好品行的形成和文明素质的建立。

5. 让孩子学会社会礼仪

　　良好的礼仪能够让孩子懂得相应的文明规范。一个具有良好礼仪的孩子要遵守相应的社会公德是比较容易的。

　　其实公德行为也就是一种发扬文明礼貌的行为。讲公德就是让孩子在公共场所也能够讲文明、讲礼貌，做一个受人尊敬、也能尊敬人的人。所以要想培养孩子的公德心，应先让孩子学会相应的社会文明礼仪。

教 子 箴 言

　　公德心也是社会的良心。父母培养出孩子的公德心，能够让孩子更加清楚社会文明的底线在哪里。做一个守公德的人，是孩子个人素质的良好体现。

坏习惯 44　厌学

　　学习是追求知识和真理的必经途径，古今之成大事者必先不断地进行学习，积累丰富的知识，而后才能找到正确的人生方向。

——中国文学家　巴金

家教个案

　　圆圆上小学四年级了，她聪明伶俐，可就是讨厌上学。每天早晨，她总是在床上赖着不起来，妈妈提醒她："再不起来，上学就迟到了。"可她一听却睡得更加起劲。妈妈非常奇怪："这孩子怎么就跟书本和知识这么没有缘分呢？"

　　班主任告诉圆圆的父母："孩子很聪明，但是她不愿意学习，因此成绩也不理想，而且总是班里那个来得最晚走得最早的孩子。"妈妈听了老师说的话后更加郁闷，开始三天两头地在孩子耳边重复学习知识的重要性，还动情地跟女儿说："想当初我和你爸爸非常想上学，但是家里条件不允许。"

　　妈妈回忆往事时一把鼻涕一把泪，心想："即使孩子的心是铁做的也该感动得软化了吧。"可是圆圆根本不接茬，冷漠地说了一句："如果你再回忆你们的伤心史，我明天就把所有的书都给烧了。"

◎ 教育感悟

　　孩子刚接触世界，正处于储备知识、积累人生经验的关键时期。在这个时期，如果孩子不能充分运用自己的勤奋和智慧来获得更多的知识、学习更多的人生经验，那么将来的成功也就无从谈起了。

　　孩子厌学是一种不良的行为习惯，也是孩子心理不健康的重要表现。一个心理健康的孩子必然求知欲旺盛，对知识充满渴望，喜欢阅读，希望可以早点融入这个世界。

其实孩子刚出生的时候对世界和知识都有着强烈的好奇心，他们急切渴望了解这个世界，但是随着他们后天环境的不同影响，使得有些孩子产生了厌学情绪。

造成孩子厌学的原因有很多，其中最主要的是孩子学习压力过大，父母期望过高，从而使孩子对学习失去兴趣。孩子正处在身心发育的关键时期，过重的学习负担会影响他们身体和大脑的正常发育。许多父母为了使孩子不落后于人，平时对孩子要求严格，还给孩子报了各种课外辅导班，让孩子深为学习所累。在这种情况下，孩子出现厌学情绪就很正常了。

不过有一些孩子是因为父母疏于管理，使他们对学习不自觉地也失去了兴趣。这种厌学情绪的产生是由于孩子没有对知识建立起应有的正确认识，认为学习是一种任务，而不知道自己正在为将来的生活和工作做准备。

厌学是一种危险的信号，父母应该及时觉察并对孩子进行正确的引导。如果父母不对孩子的厌学习惯进行正确的引导，很可能导致孩子逃学，最后甚至干脆脱离学校和书本，造成孩子一生的遗憾。

由于学习负担重，或者考试临近，孩子压力突然增加，许多孩子都可能会有厌学的表现。对于孩子的这些表现，父母只要加以正确的引导，孩子就能认识到自己行为的错误，从而端正学习态度。但是如果父母听之任之，对这种情况充耳不闻，则很可能使孩子的行为进一步恶化。

◎ 专家建议

厌学会影响孩子学习知识，阻碍孩子的前途和未来，父母应该及时疏导孩子的厌学情绪，帮助孩子培养起对知识的兴趣。

1. 找出孩子厌学的原因

孩子厌学一定是有原因的，父母只有首先找出孩子厌学的原因，才能帮助孩子建立起对学习和知识的兴趣，才能真正帮助孩子克服厌学的坏习惯。

李慧的学习成绩一直不错，可是在上次考试中却意外地落后了。从那以后，她便开始对学习产生了厌烦。

妈妈觉察到了孩子的变化，得知孩子厌学的原因后，告诉孩子："学习是为了获得知识，不是为了超过别人。只要你每天都学到了知识，这就是成功。"妈妈的话让李慧茅塞顿开。

每个孩子都有可能产生厌学情绪，即使是成绩优秀的孩子也不例外。父母应该仔细观察孩子的行为表现，一旦发现孩子有厌学情绪，就要查找厌学的原因，再根据原因进行有针对性的疏导。

2. 激发孩子的学习兴趣

许多孩子厌学是因为对学习没有兴趣，也不知道学习知识是为了什么。兴趣是最好的老师，没有对学习的浓厚兴趣，孩子产生厌学的表现也就很自然了。

9岁的小健一直非常讨厌学习，尤其是数学。有一天，妈妈和他在客厅里聊天，突然说起了闰年。

于是妈妈问他："你知不知道闰年怎么计算？"小健说："数学正在学，但是不太清楚。"妈妈告诉他："去年（2008年）就是闰年，咱们家那个日历还在，你去比较一下它和今年的日历有什么不同就知道了。"

好奇的小健果然去查日历了，他又想起老师仿佛说过主要是2月的问题。那天晚上，讨厌数学的小健居然研究了一晚上数学书，把闰年弄得非常清楚。

父母要善于运用生活中的场景激发孩子的学习兴趣，让孩子知道学习知识不是为了应付考试，而是为了更好地生活。当孩子意识到知识的重要性后，他们就会努力去学习。父母还可以利用生活中的现象来为孩子设置疑问，让孩子在所学的知识中寻找答案，激起他们的学习兴趣。

3. 不强迫孩子进行学习

强迫孩子学习不能取得好的学习效果，只会让孩子更加讨厌学习，因此明智的父母不应该强迫孩子学习。孩子的心理尚不成熟，意志力较差，没有自觉学习的习惯，父母应该监督他们学习，但是一定要遵循孩子身心发展的规律，不要强迫孩子长时间进行学习或者学习他们不感兴趣的课外任务。

4.给孩子玩乐的时间

没有哪个孩子不热爱游戏和玩耍，鲁迅先生说孩子的天性就是游戏。孩子厌学的很大原因就是认为自己玩乐的时间都被书本和知识占领了，自己没有一点可以自由支配和玩乐的时间。孩子适当地玩乐可以让他们放松紧张的情绪，为明天的学习备好油打好气。

当孩子完成一定的学习任务后，父母可以允许他们拥有自己的时间，鼓励他们去和同伴玩耍，去草地上自由地奔跑或者去公园里放风筝。这些游戏可以让他们的身心获得完全的放松，从而更好地为学习做好身心上的准备。

5.告诉孩子知识的重要性

"知识就是力量"。"知识能够改变人的命运"。古今中外多少仁人志士都热烈地歌颂着知识。如果孩子能够及早知道追求知识的意义和知识对于人一生的影响，他们又怎么会舍得放下手里的书本呢？

父母可以多给孩子讲述一些知识改变命运的故事，让孩子及早知道学习知识和追求真理对人一生的重要意义。例如父母可以让孩子抄一些关于知识的名人名言，让这些语言激励孩子产生追求知识的强烈欲望。

教 子 箴 言

孩子正处于学习知识、积累经验的关键时期，厌学会使他们错失学习的最佳时机。因此，父母一定要采用科学、有效的方法引导孩子走出厌学的误区，重新积极、愉快地追求知识。

坏习惯 45　字迹潦草

字如其人，字是一个人的另一张脸面。清秀俊逸的字迹往往让人感觉如沐春风，给人以美的享受。而潦草无法辨认的书写不仅会影响他人的阅读，而且会给人留下不好的印象。

——中国书法家　松年

家教个案

刘东刚上小学一年级，可是字写得实在难以入目。他不是不会写，只是书写得实在太潦草了。妈妈整天跟他说："写工整一点，写好一点，慢一点没关系！"可就是没有用。有时候写字时，他一心求快，小小年纪竟然还用起连笔来了。

刚开始，对于这样的字，妈妈一律圈出来，让他重写。这样一来，又严重打击了孩子的学习兴趣，刘东变得不爱写作业了。妈妈没有办法，只能让他由着自己的性子来写，至少这样还可以把每天的功课做完。

对于孩子的字，妈妈也是很头疼。刘东跟妈妈解释："不是我不想好好写，只是一想到还有那么多的作业要做，心里就着急，哪里还有心思来一笔一画地写，都是边想就边写了。要是还一笔一画地写，不知道要花多少时间了，自己哪里还有时间来玩和看动画片啊。"妈妈也只好想办法从其他方面努力，争取让儿子能够又快又好地写字。

◉ 教育感悟

孩子的字迹潦草主要是因为在刚开始学写字的时候没有打好基础，写得横不像横，竖不像竖。他们还常随心所欲地写，不注意字的结构和应有的章法，信手涂抹，从而落下了字迹潦草的毛病。他们写起字来牵牵连连、歪歪扭扭，让人难以辨认。这是在刚开始写字时不认真造成的，慢慢就变成习惯了，想改一时还改不过来。

字如其人，一手好字往往能增加别人对孩子的好印象。有的时候，字还被比作人的另一张脸。孩子练好了字，在做作业和学习时，也会更加自信。老师看着书写漂亮的作业舒心，也会对孩子进行表扬。这些都可以激发孩子的学习兴趣。而且孩子字写得工整也可以减少因作业潦草而出错的情况。

字同时也反映出一个人的心境。孩子写字潦草，反映出他们学习时的浮躁心理。用这种心态来学习，肯定也难以取得良好的学习效果。如果孩子在年幼时就养成了这种字迹潦草的坏习惯，就是以后学习成绩再好，潦草的书写也会成为他的一大败笔。因此，孩子的书写，要从小起好头，越大越难更正。

文字是孩子将来在学习、工作和生活中表达自己的思想情感、与人交流信息的很重要的一个传播媒介。书写是伴随孩子一生的工具。因此，在孩子初学写字的时候，父母一定要帮孩子打好基本功。书写的内容包括正确的写字姿势，正确的执笔法等。在指导孩子进行书写训练时，父母也应该给孩子准备好相应的练字本等文具。父母应该努力帮孩子养成认真、工整书写的好习惯，让孩子能够写出一手好字，无疑可以让孩子受用一生。

◎ 专家建议

父母想要帮孩子改正写字潦草的习惯，可以采用下面的一些方法。

1. 保护好孩子写字的积极性和兴趣

刚入学的孩子对写字都有一种急切的愿望。他们很想要写字，也想写好字，父母一定要好好地保护孩子的这种兴趣和激情。

月月刚上学，对自己的铅笔、作业本、橡皮擦、文具盒都觉得很好奇。第一节课下课铃一响，她就缠着老师问："怎么还不写字呀？"老师笑了，说："下节课就教你们写'a'。"这可把月月高兴坏了。上课了，按照老师的指示，她在字格中小心地写着"a"。可是她越想写好越写不好，有的时候还把本子给弄破了，铅笔也折断了，还是没有老师写得好看。

月月跟妈妈说："写字好难。"妈妈笑了，把她写得好一点的都圈了出来，然后跟她说："这些就写得很好了，每个都能写到这样就很棒了。妈妈刚学写字的时候，比你差多啦，后来练着练着就写好了，你肯定可以比妈妈写得更好的。"

孩子刚写字时，基本功一定要练好。刚写字的孩子都是写米字格，就是想让孩子能够把笔画都写到位。父母应该鼓励孩子认真把最基本的每一个笔画都练好，对于写得好的，就要圈出来表扬，保持孩子的积极性。

2. 用正确的方法和姿势写字

"执笔不稳，其字难秀"。孩子刚写字时，身子要坐端正，不曲背，两肩一样高，胸离桌子一拳左右；头要正，让所写的字居于自己视线的正中；下臂平放在桌面上，右手拿笔，左手按住作业本；两臂自然撑开呈均衡对称；手指拿笔应该在笔尖上方约一寸处，大拇指端、食指端和中指第一骨关节夹住笔杆，均匀施力，三指握笔聚而不散；手指向掌心曲成空拳状，以便指端执笔达到伸缩自如，虎口约成圆形，便于灵活运笔，笔杆靠在食指指骨根部。

3. 让孩子从小学习书法

现在市场上有很多让小孩子用的书法字帖。父母可以在孩子刚学写字的时候，也为孩子买一本，尤其是一些与孩子课程配套的字帖，如语文课后的单元生字词类的字帖。这样还可以让孩子在练习字的时候，能够对所要学的东西作相关的记忆，一举两得。拼音的字帖也有很多，父母可以根据孩子的年级选择对应的字帖来让孩子练字。

刘萌在刚上一年级的时候，妈妈就给她买了一本一年级课后生字词的练字本给她，让她坚持每天写一页。一个月下来，字写得工整了好多，还把一学期的生字词都记了一遍。刘萌还认真地参看字帖上关于横竖撇捺写法的讲解，以及一些字的字形间架结构安排的规则等，然后照着字帖的要求来书写。

由于开始得早，所以她的字就根据字帖上的字形有了一个好的定型，字也越写越好看了。看着自己的字，刘萌自己都觉得很自豪。

幼年时期孩子的字形还没有定下来，也是练字的最佳时期。父母越早注意孩子的写字问题，也就会让孩子能够更早地获益。

4. 给孩子找一个同龄的写字榜样

给孩子找一个生活中字写得好的同龄小朋友作为学习榜样，让孩子跟写得好的孩子取经，改正孩子一些不良的写字习惯和心理习惯。在榜样的引导下，先帮孩子端正态度，然后让孩子用心理暗示的方法来要求自己做到榜样的水准。这种方法是比较有效的，也可以让孩子保持住积极性，因为同龄人的水准，对孩子来说还是比较好达到的。

5. 对于潦草的字要重写

如果父母多次诱导，孩子还是很潦草地写自己的作业，父母就要采用一些强制的手段来加强孩子写字的质量。每天找出十几个孩子写得特别潦草的字，让他们重写。切忌不要过多，这样会让孩子产生逆反情绪。要在孩子能够接受的范围内，让孩子来重写。这种惩罚方法既可以让孩子意识到书写的重要性，也能改进孩子的书写水平，可谓一举两得。同时，如果孩子的书写有进步，父母就应该逐步减少重写量，直到孩子自觉起来，能认真、工整地书写作业。

教 子 箴 言

字如其人，字也是反映孩子形象的一个方面，好字可以伴随孩子一生。一手好字无论是对自己还是对别人都是一种愉悦的享受。一手好字是孩子一生的财富。

坏习惯 46　注意力不集中

注意力是我们心灵的唯一门户。意识中的一切必然都要经过它才能进来。

——俄国教育学家　乌申斯基

家教个案

　　阳阳今年 11 岁，是个既聪明又活泼的四年级男孩，但注意力不集中，喜欢磨蹭。他上课时常常发呆，不时走神，要不就是手里不停地摆弄铅笔盒、橡皮泥、书包带等物品。

　　做作业的时候，他也总是找出些其他的事情来做，一会儿要上厕所，一会儿又要喝水。本来只是一个小时的作业量，他总要用两到三小时才能完成。不管作业多少，都要磨蹭到睡觉时间，正确率也不高。阳阳平时最不喜欢写作文，一个小时写不出两句话来，一篇作文他能写一天。

　　但若是书房外发出了什么声音，比如客厅里的电话响了，他总是第一个接电话的。有时妈妈接完电话后，他还要问谁打来的、发生什么事情了。因为注意力的不集中，阳阳的成绩一直都不太理想，自己往往也不知道究竟该做些什么。

◎ 教育感悟

　　注意力不集中是指难于长时间地把注意力集中于一件事情上，易冲动、易分心、没耐心、追求瞬间满足，缺乏观察的能力和聆听的技巧，无法做一成不变的事，如学习、听讲等。

　　专注，几乎是所有天才、有学识者的共同特征，同时，也是一个人的注意力高度集中于某一事物的能力。注意力的集中与否直接关系到一个人某项工作的成败，或者其事业能否取得成功。

　　古今中外凡有成就的人，大多对自己所从事的事业专心致志，甚至到了痴迷的程度。比尔·盖茨童年曾痴迷计算机，数学家陈景润童年痴迷看书、做题，昆虫学家法布尔在童年痴迷于观察昆虫习性，从早到晚伏在大石头旁看蚂蚁搬家。正是这种长久的专注，才使他们有了日后的成功。

父母要充分认识到注意力对成功的重要作用，提高培养孩子专注力的积极性、主动性、自觉性，才能使孩子真正做到集中注意力，克服学习上的坏毛病。在注意力集中的情况下，可以调动整个大脑神经系统来解决问题，从而能够高效率地完成学习和工作。相反地，分心就会降低学习效率，甚至于对本来可以弄懂的问题感到迷茫。事实上，每个孩子的头脑里都有着专注的成分，由于在引导上的差异才导致了后天在这方面的差距。

尤为重要的是，注意力还是智力结构中的一个重要组成部分，即一个人专心于某事物的能力。有些孩子活泼好动，坐不住，而且注意力分散，对学习缺乏兴趣，不善于支配自己的行动；也有些孩子做事三心二意，常常半途而废。如果不采取措施纠正，久而久之就会养成一种坏习惯，对任何事物都难以进行深入的思考，头脑简单，行为幼稚，这对于孩子的学习、成才都会带来非常不利的影响。

所以，只有在做事情的时候专心致志，孩子才能取得进步和成功。父母要想提高孩子的学习成绩，培养和开发他们的智力，第一步就是要做到培养和训练他们的注意力，养成孩子精神与注意力集中的良好习惯。

◎专家建议

注意力不集中是很多孩子成长中都会出现的问题。出现这样的情况，父母应该引起重视，一方面要冷静、细心地观察孩子的行为，找出孩子不专心的根本原因；另一方面，要耐心地帮助孩子加以解决。在培养孩子的注意力上，父母可以从以下几个方面入手：

1. 给孩子营建安静的学习环境

保证家庭环境的和谐。孩子应当处于一个安静的气氛中，避免家中太多的人出入。当孩子在做一件事时，大人不宜打搅，同时切忌买太多玩具及图书给孩子，以免使他们左顾右盼，不知所措。

孩子的书桌上除了文具和书籍外不适合再摆放其他物品，以免分散他的注意力。父母也不能允许孩子一边看电视、听音乐，一边做作业。当然，在孩子学习的时候，大人更不要在一旁大声说话、看电视，或者随意指派他去做别的事。

2. 要求孩子在规定的时间内完成作业或某一件事

现在孩子的学习任务相当繁重，如果作业太多，可以分段完成。另外，据研究显示，孩子分心的程度与年龄成反比。2岁的儿童，注意力集中的平均时间长度是7分钟，4岁为12分钟，5岁为14分钟。随着孩子年龄的增大，他会逐渐懂得把注意力放在重要的事情上，而日渐增加专注的时间。

因此，判断孩子是否专心应依据其年龄的专心时间长度，而非依据父母的主观感觉。当孩子在完成作业或者某一件事情的过程中时，应避免打扰他，给孩子一片适于注意力集中的园地。

有的父母会在孩子正专注于某件事的时候，出于对孩子的疼爱，问孩子要不要喝水、要不要吃水果、累不累、累了先休息一会儿等，殊不知，这往往会让孩子分心，注意力当然也就不能集中了。

3. 鼓励孩子做他感兴趣并可胜任的工作

孩子如果对某一件事情有浓厚的兴趣，父母可以大力地鼓励孩子去做，并且在做完了一件之后再开始做另外一件，投入的时间逐渐增加。对于家庭作业，父母应该帮助他们安排一下，做完一门功课可以休息一会儿，不要让孩子太过疲劳。

孩子学习时间不宜过长。不论是画画还是看书，都不宜规定孩子长时间地做某一件事。否则，即使孩子被迫学习，但是早已经心不在焉了，这样就毫无学习效率可言。有些父母觉得孩子动作慢，不允许孩子休息，还唠叨个没完，这就容易让孩子产生抵触心理，效果反而是负面的。

4. 培养孩子做事有始有终的习惯

让孩子做些力所能及的事。在做事之前，父母应让孩子懂得做事的目的，并引起做事的兴趣；在做事过程中，孩子遇到困难，父母要鼓励孩子克服眼前的困难，使孩子具有一定的责任感。这样，他们在做事的时候注意力就会集中起来，从而能够努力去克服一些难度适中的困难。久而久之，他们就能养成善始善终地做完每一件事的良好习惯。完成一件事的时候，父母要及时对他们进行鼓励评价，使孩子产生一种满足感、快乐感，从而激励他们学习时更加专注、认真。

5. 合理安排学习内容和顺序

研究表明，一般情况下，开始学习的头几分钟效率是比较低的，随后会略有上升，大约在 15 分钟后达到顶点。根据这一规律，可以先让孩子做一些较为容易的作业，在孩子注意力集中的时间再做稍难的作业。除此之外，还可以鼓励他们把口头作业与书面作业相互交替着做。

有一个母亲，她每次让孩子做作业的时候都把简单的题放在最前面。等简单的题做完，也就过去一些时间了，这时，习题也就偏难，但孩子却正处于一种学习的兴奋状态中，他不仅不会分心想别的事，而且学习钻研的劲头比平时都强了很多。

6. 培养孩子专心致志的品质，并给予适当的奖励

孩子喜欢做某件事情，注意力自然就会集中，思维也会处于异常活跃的状态。因此，可以选择性地给孩子分配一些他感兴趣的学习内容，并想办法使他对此保持长久的兴趣。

这样长此以往，让孩子养成专心致志的习惯。每个孩子都有较强的好胜心，希望得到成人的表扬，父母可利用这种心理，适当予以褒奖。奖励应以精神鼓励为主，也可稍作些物质上的奖励，但物质奖励不能频繁，尤其不可在每次学习之后都进行物质奖励。

教子箴言

孩子注意力的发展是成人教育的结果。父母要了解自己孩子在注意力方面的优点和缺点，耐心、冷静地处理好孩子注意力不集中的坏习惯，这样就能更好地开发孩子的智力。

坏习惯 47　不会独立思考

独立思考的能力是科学研究和创造发明的一项必备才能。在历史上任何一个较重要的科学上的创造和发明，都是和创造发明者的独立、深入地思考问题分不开的。

——中国数学家　华罗庚

家教个案

　　小雨是一个很喜欢画画的孩子。虽然只有七岁，但已经会画很多东西了。她画的小鸟、太阳、红花……每一样都非常漂亮，就像真的一样。每逢周末爸爸回家，都会拿着她的图画本看看，表扬她画得越来越好了。

　　有一天，爸爸说："小雨，这些东西你都画得好极了！现在，我给你出个题目，你把它画出来，好吗？"小雨快乐地点着头说："好！"爸爸说："你就画一幅名叫《快乐的节日》的画吧。"

　　小雨马上找出自己的两本图画书，一页一页地找起来。爸爸一看，原来小雨画的许多画都是照图画书上画出来的。于是，他拿走了图画书，让小雨自己想象着画。小雨就犯起难来，咬着笔头，朝屋子里东张西望。后来，她看着墙上一幅"欢度春节"的画认真地画了起来，但爸爸把那幅画用一张纸遮住后，小雨就怎么也画不出来了。于是，爸爸只好又把纸揭下来。

◎ 教育感悟

　　独立思考是每个人都具备的一种潜能。但是，这种潜能是否能够一触即发，则不尽然。

　　就算父母不教孩子怎样思考和处理所接触的事物，孩子也能从记忆、认识、分辨和整理中自行学会思考。但是在这个知识爆炸的社会里，如果一切由孩子自己去尝试摸索，在整个求学的过程中就很可能会落后，而且会走很多的弯路。

那些不会独立思考的孩子往往不能把握事物的本质，更无从分辨事物的原理，而孩子处理问题的能力正是从分辨中开始深化而来的，分辨则是最初级的思考。

通过对日常生活中事物的分辨、归纳和整理分析，孩子的思考能力开始进步，处理资料的方式和过程也愈来愈精细、熟练，愈来愈合乎逻辑性，这就是一个人的智力发展过程。很多孩子在学校里的功课不及别人，不是由于天赋不如别人，而是思考能力缺乏有效的教导，不能更好、更充分地发挥自己的独立思考能力。

导致孩子不会独立思考的原因还在于，没有培养好孩子善于发现问题的好习惯。心理学家海森堡说过，提出正确的问题往往就等于解决了问题的一大半。事实上，能提出问题就说明孩子在独立思考的过程中找到了解决问题的关键和突破口。如果面对难题不知从何入手，就肯定无法给出正确答案，而如果能提出自己的问题，就等于是迈出了解决的第一步，只要继续往下走，就有机会把题目做对、做好。

当然，父母在面对孩子这方面的问题时，要有自己正确、理性的认识。独立的思考能力需要用心培养，而它的成长需要土壤、水分和阳光。

◎ 专家建议

作为父母，要多和孩子进行交流，积极主动地引导，从简单入手，培养孩子独立思考的兴趣。主要可以从下面几个方面入手：

1. 激发孩子的好奇心

孩子的一举一动都蕴涵着创造力，尽管只是雏形，却又是伟大的。孩子爱搞"破坏"属于天性使然，是其创造力萌芽的一种体现。他们对各类陌生事物充满新鲜、好奇，并身体力行，欲用自己的双手探求这个世界。

合理利用孩子这方面的天性，多方引导、鼓励，孩子的创造萌芽就会得到进一步深化。反之，老实、文静、听话的好孩子、乖孩子，家庭虽少了"破坏"气氛，大人安心了，但孩子的天性却被抹杀了，培养出的孩子多半循规蹈矩、缺少头脑、依赖性强。好奇心是人类认识世界、探索自然和社会奥秘的重要心理品质，是促进想象力发展的重要条件。

2. 多问孩子为什么，尊重孩子提出的每个问题

无论是在生活上还是学习上，父母要多问孩子"为什么"，引导孩子思考知识的内在联系和前因后果，同时可以让他们耳濡目染，渐渐养成爱思考、爱提问的习惯，这样就更能够发现问题的所在。当孩子向父母提问时，不管问题有多么幼稚，都不可以粗暴地批评或者冷嘲热讽。尊重孩子提出的每一个问题就是尊重孩子的成长。

比如，每个孩子都会问："我是从哪儿来的？"有的父母可能觉得这个问题不大适合给孩子讲，于是说："去去去，没看我正忙着吗！"而聪明的父母则会很耐心、很巧妙地回答孩子，既尊重了孩子，也给孩子做好了榜样。

3. 教育孩子观察与思考相结合

观察是聪明的眼睛，孩子往往通过观察认识事物。在培养孩子观察的同时，应该引导他们积极思考，把观察过程和思考结合起来。科学家看到某种奇特现象，也是要经过一番思考才能有所收获的。接收信息而不处理信息就没有创造。父母应当教育孩子养成观察与思考相结合的好习惯，只有这样才能让孩子敏锐、独到、有见地。

父母在鼓励孩子勤于观察的同时，还要注意帮助孩子善于观察。著名哲学家黑格尔认为，培养观察力的最好方法是教他们在万物中寻求事物的"异中之同或同中之异"。

4. 陪孩子一起总结

当孩子学完一章，要求孩子立即进行总结，列出其中的知识点，并标明相互间的关系，还要在每个知识点后根据自己掌握的情况来打分。这可以成为孩子复习的依据，重点弥补自己的欠缺。如果孩子没有阶段性总结的习惯，父母可以带着他一起总结，把问题讨论清楚，再让孩子记下来。这能让孩子学会总结知识的基本方法，养成阶段性总结的习惯。

5. 在生活中，允许孩子发表自己的看法

不要总认为孩子什么都不懂，孩子的心灵深处绝对不是一片空白。不同年龄的孩子经常会有一串串精彩的想象。

有一个孩子问父亲：为什么月亮反射的光就不能是热的，我觉得它也应该是热的才对。父亲并没有批评他，而是说："是吗？我想你说的也许有道理，不过我们来做个实验吧。"父亲找来镜子，让镜子把阳光反射到孩子身上。

孩子一下就明白过来，很高兴地说："原来我错了！"这位父亲不仅让孩子明白了自己的错误，也让孩子敢于提出自己的看法，更重要的是，他教会孩子不仅要独立思考，还要多动手。

在日常生活中，当孩子对父母说出了真实看法，不管是错还是对，首先都应该鼓励孩子能独立思考。如果想法不对，父母可以以平等的态度提出自己的意见和建议，由孩子来自行判断，切记不可把自己的想法强加给孩子。

6. 鼓励孩子自己解决问题

当孩子遇到困难时，父母不要包办代替，直接告诉他们答案，也不要直接告诉他们解决问题的办法，而应该提示，引导孩子自己想办法解决。

通常情况下，父母往往低估了孩子，总认为他们不具备解决问题的能力和条件，从而插手"干预"。这就严重地影响了孩子的自主能力和处理问题的态度。自己解决问题还体现在让孩子自己动手上，父母可以常常指导孩子做一些小玩具和小实验，关键是让孩子自己做，并且要一丝不苟地去做。这是让孩子自主解决问题的基础和先决条件。

教 子 箴 言

独立思考的能力并不是生而有之，而是在后天学习中产生的。父母如果善于启发和诱导，就会给孩子的想象插上翅膀，让他们有自己独特的想象空间，孩子就能够养成善于思考的良好习惯。

坏习惯 48　不能独立完成作业

今天所做之事勿候明天，自己所做之事勿候他人。

——德国文学家　歌德

家教个案

彬彬上小学二年级了。刚入学时，活泼的他便对新学校、新环境产生了浓厚的兴趣，喜欢和小朋友们玩，乐于助人，尊敬老师，学习也很自觉。

然而，在二年级下学期，彬彬却添了一个让爸爸妈妈都非常头疼的毛病：回家后不能好好地写作业。活泼好动的彬彬写一会儿作业就玩一会儿，要么吃一会儿零食，要么就看一阵电视。作业还写不到一半，又惦记着去摆弄玩具，半个小时的作业磨磨蹭蹭地写两个多小时也没写完。爸爸妈妈在一边陪着他就能好一阵，可是一离开，彬彬就又开始淘气了。

爸爸妈妈忙碌了一天，晚上都很累了，而且也不可能总由大人陪着他写作业吧。看着彬彬无法独立完成作业，爸爸妈妈都非常担心。

◎ 教育感悟

独立完成作业已经不再是个陌生的概念。在目前的应试教育体制下，作业是不可回避的，每个孩子都必须要做。老师之所以让孩子做作业也是为了让孩子的技能得到发展，如收集、归纳。

独立完成作业，同时也是学生自我管理的一种表现，更是其思维能力的训练过程。面对作业中出现的问题，学生要积极主动地思考，及时分析问题出现的情境，有效提出解决策略，从而提高自身的学习水平。

能够独立完成作业的孩子往往能通过自己的独立思考灵活地分析问题、解决问题，进一步加深对所学新知识的理解和对新技能的掌握。这一过程也是对学生毅力的考验。做作业是学生每天必有的学习活动，如果不养成良好的作业习惯，就会一次又一次地放弃学习的机会。

不能独立完成作业的孩子，一方面对作业的认识度不够，不明白只有独立完成，知识才能真正为自己所掌握；另一方面是缺乏基本的自信，有的学生拿到题目，一碰到困难就问别人，或抄别人的，更有请父母帮忙解决的。这样习以为常后，就会形成一种依赖心理，对孩子的影响非常大，也非常不利。

造成孩子这种情况的原因有主观因素，也有客观因素。家庭环境的影响在其中占到很大的比重，父母对此一定要引起足够的重视。

◎◎ 专家建议

当孩子不能独立完成作业时，父母要让孩子认识到写作业是放学回家后最重要的事，做作业不能拖拉或迟延，要尽量通过自己的思考解决难题，不要轻易问人，不能依赖别人给出现成答案。对父母来说，还应该注意以下几点：

1. 积极配合老师督促孩子按时完成作业

孩子还没有养成良好的学习习惯时，需要父母经常督促。父母要适当适时地提醒孩子："该去做作业了！"当孩子找出各种借口不愿做作业时，父母要打破孩子的侥幸心理，严格要求孩子。

父母首先要让孩子明白为什么布置作业，并且告诉他作业是一定要做的，与其磨磨蹭蹭地做完，不如认认真真及时完成。让孩子知道上课所学的知识是需要通过练习来巩固的，写作业是每个学生的责任，是必须完成的。

2. 要纠正孩子平时养成的不良学习习惯

父母要提高孩子的动手能力，就要要求孩子多向独立性强的同学学习，不要什么事情都指望别人的帮助。鼓励孩子在遇到问题时做出属于自己的选择和判断，加强自主性和创造性。学会独立地思考问题并渐渐培养孩子独立的思维能力。

其次，让孩子学会安排时间。孩子是贪玩的，爱玩是孩子的天性，这没有什么错。但如果因为贪玩而耽误了必须要做的事情，那就需要好好纠正了。父母可以帮助孩子培养起学会安排时间的能力。对于没有良好学习习惯的孩子，刚开始时，父母可以给他安排一下先做什么、后做什么，什么时间可以玩，什么时间必须写作业。条件成熟后，可以在征求孩子意见的基础上，让孩子自己制订一份时间表。孩子自己安排的，他肯定是愿意去执行的。

3. 不要给孩子做替身和盲目地请家教

有的父母过于溺爱孩子，看着孩子年龄太小却有那么多的作业要做，生怕孩子会过于劳累，就会替孩子做作业，这样不仅影响孩子打好根基，还会造成不良后果。

另外，父母尽量不要陪孩子读书或做作业。父母在陪同时总会情不自禁地敦促孩子不要这样做，而要那样做。这些时断时续的语言刺激会分散孩子的注意力，同时，也会让孩子对父母产生强烈的依赖性，形成不愿独立思考、不愿独立完成作业的坏习惯。而部分父母以为这样是为孩子好，盲目地为孩子请家教，这就在无形中让孩子失去了学习上的独立自主与自信。

4. 要培养孩子课后复习和课前预习的习惯

完成作业只是复习的手段之一，老师和父母还要让孩子学会主动地、积极地、多样地进行复习。预习和复习同样重要，老师和父母要教育和引导学生预习将要学习的内容，看看哪些地方自己能看懂学懂，哪些地方自己不明白。这样，第二天听课就有了准备，既提高了听课的质量，又培养了孩子的自学能力，还锻炼了孩子学习的主动性和积极性。孩子预习的方法，老师和父母要由"引"到"扶"到"放"，使之逐步养成习惯。

父母要督促孩子，不管有没有作业，都要把当天所学的内容复习一遍。每学习完一个单元后，自己要小结一下，使知识更具条理化。它对孩子的要求是，每天学习的内容不算多，但一定要及时复习，把老师讲过的在大脑里再"放一次电影"。然后接着预习，把不懂的标出来，听课的时候着重听。

5.营造良好的学习环境

父母一定要营造良好的学习环境。当孩子学习时，父母一定要保持安静，如果父母一直保持着良好的读书、学习习惯，孩子就能耳濡目染。因为安静、和谐的环境会让孩子心静。假如爸爸在看报，妈妈在看书，孩子在写作业，这样的氛围该是多么温馨啊。

此外，要注意排除干扰孩子学习的因素。许多孩子习惯边听音乐边写作业，或边看电视边做作业，这是一种不好的习惯，会造成注意力的分散。

教 子 箴 言

作业的重点在于过程而不在于结果。在让孩子独立完成作业的过程中，父母不能只问对错，而要重点培养孩子的自信和良好的学习习惯。

坏习惯 49 学习偏科

> 从现在起我的知识面要拓宽，不能偏科，广博的知识是应变能力的基础。
>
> ——美国哲学家 爱默生

家教个案

马小军是个很聪明、喜欢思考的孩子，小学时学习成绩一直名列前茅。可是进入初中后，因为学习不太适应，成绩老上不来。

经过大半个学期的努力，期末成绩出来时，他有了很大的进步。老师们对他评价都很好，班主任也说他很好学、很刻苦，爱和同桌比着学，语文和数学成绩提高得非常快。他的期末成绩：数学 100 分、语文 96 分，他自己也感到非常满意。可是英语成绩却不是很理想，只考了 70 分。全校八百多人，如果去掉英语，他能在学校排到前十名，可加上英语却排到了 246 名。

平时，马小军非常喜欢数学，总是自觉地做很多习题。对待语文也还可以，除了看课本，还爱看一些课外书，写些随感杂记。可是一让他看英语他就不感兴趣了，情绪一点不高。他说："我不喜欢英语，学英语有什么用，我又不出国。"这样，每次考试时他的英语成绩都没有进步。

教育感悟

偏科是学习中比较普遍的一个现象。就像人的十个手指头伸出来总是有长有短一样，每个人都有自己擅长的方面，也有自己不擅长的方面。所以，偏科是正常的。

孩子偏科主要和孩子的兴趣有关。如果孩子对所学课程感兴趣，就会觉得很有意思，并会主动地去学习。相反，如果孩子对一个学科没有丝毫的兴趣，觉得它枯燥无味，孩子当然就不会积极地去学，也就不会有很好的成绩了。

另外，还要看老师的讲解能不能引起孩子的兴趣。比如，同一篇课文，如果老师能够用孩子感兴趣的语言和方式讲出来，孩子就会愿意去听，愿意去学；但如果老师只是平淡无味地讲述课文，让孩子听起来没劲，孩子就不愿意去学了，也会渐渐出现偏科的倾向。

偏科还和孩子的学习基础有关系。很多孩子在还没有上学的时候，父母就教过他们数数，并且会一些简单的加减法。孩子再接触这些的时候就会因为有基础而愿意去学，掌握起来也就会比较容易。但是，如果孩子根本就没有接触过数学，当然也就没有什么基础，学习起来就会显得比较吃力，成绩也不会理想。这样长此以往，孩子慢慢地就会丧失信心，也就会出现偏科的现象。

偏科无论是对孩子的学习还是成长都会有很大的危害。父母应当让孩子知道，不要专攻某一科，而要顾及全面，只有把各个科目都学好了，才能够适应升学和就业的需要。先就升学而言，如果能够全面发展，把每一门功课都学好，在升学的时候就肯定能够畅通无阻了。如果有一门功课是非常拔尖的，对于升学来说就更是如虎添翼。但是如果有一门偏科，那就很有可能在升学的时候因为这一科而影响到总分。再看下一步的就业方面，当孩子走向社会，不管是做哪方面的工作，都需要多方面的知识。

无论是孩子还是老师、父母，都应该充分认识到偏科的不利。克服偏科的现象需要父母充满智慧的教育、诱导和启发，同时，还要帮助孩子建立起克服偏科现象的决心和信心。

◎ 专家建议

孩子在学习中出现偏科的现象，在平时的考试成绩中就会体现出来。父母要随时观察、了解，发现孩子有偏科的情况，一定要及时提醒、纠正，把工作做在偏科的萌芽时期，尽量让孩子全面发展。父母可采取以下解决方法：

1. 激发孩子对不喜欢的学科的好奇心

好奇心是形成兴趣的先导。

明明喜欢文学，但对英语没有兴趣。爸爸知道后，告诉她，她现在所读的文学作品都是中国的，面还很窄；阅读过的外国作品也是经过别人翻译出来的，根本比不上原著精彩。爸爸还告诉她，要想看更多好作品，与作者进行更深入的心灵交流，就必须学好英语，读英文原著。于是，明明对英语产生了兴趣，并取得了好的成绩。

父母可以利用种种机会来激发孩子对不喜欢的学科的好奇心，如参观历史博物馆会让人对历史、考古等产生兴趣；而参观航天城自然使人对宇宙、天空产生好奇；学农能激发人去探究植物生长的奥秘；去外语角同样会使人产生了解他人、学习外语的强烈愿望。通过这种种的循循善诱，可以让孩子对以前不感兴趣的东西产生好奇心，从而增强兴趣。

2. 注意对偏科知识的积累

知识的积累是兴趣的源泉，只有在积累了丰富知识的前提下，兴趣才能更加广泛。首先，可以让孩子加强对自己不感兴趣学科的学习，并且给他规定任务，如每天学多少、记多少，隔几天还要让他自我总结一下，看自己对所学的知识掌握了多少。这样日积月累，就会改变自己对该科目的学习态度，逐渐对它产生兴趣。如果有师长或同学的帮助，并且对孩子在该学科学习中所取得的成绩给予及时鼓励与肯定，效果则会更佳。

3. 父母要给予帮助，且要有针对性

如果孩子在学习中遇到困难，父母可以与任课老师联系，了解教学进度，想办法给孩子补习功课，而不能对孩子偏科的现象放任不管。有的孩子偏科，是因为不理解开设各科课程的目的、意义，父母要给孩子讲清楚学好这些课程的意义，鼓励他们树立自信心，端正学习态度。同时应告诉孩子，学好各门功课不仅是为了掌握更多更全面的知识，更重要的是培养孩子的综合应用能力，以开发他们的智力。

4. 引导孩子学会兴趣转移

不同学科的学习可以相互影响、相互促进。比如利用对数学的兴趣可以寻找数学学习与物理、化学学习相联系或相似的地方，培养对物理、化学的

兴趣。同样，从数学的历史发展过程可以引起孩子对历史的兴趣，形成一个以数学为中心，物理、化学、历史多学科、多兴趣的学习体系。

5. 教导孩子对不擅长科目要从易到难

无论是孩子擅长还是不擅长的科目，父母都要教导他做题应该从简单的入手。对于孩子不擅长的科目，切忌一开始就选择那些太难的习题做。做难题只会浪费他们的时间，对孩子学习成绩的提高没有多大帮助，只能摧毁孩子的积极性和自信心。

从易到难，就是从简单一些的习题入手。有的父母过于心急，一开始就给孩子布置高难度的题目，孩子不仅做不了，而且也没有兴趣去做。这时候，父母就得认识到自己的失当，千万不可以再打骂孩子。另一些父母做得就比较好，让孩子先做他们会做的，然后再慢慢地深入，让他们先有信心、有兴趣，再一步一步地去攻克难题。

因此，只有让孩子牢牢掌握课本上最基础的知识，确保孩子对简单的题目已经全面掌握后再适当地提高题目难度，才能帮助孩子摆脱偏科的坏习惯。

6. 自觉地站在孩子一边，多给孩子鼓励和支持

父母要自觉地站在孩子的角度，用孩子的眼光、心理来看待和考虑问题，同时尽最大可能与孩子的心理保持一致。这样，孩子才能感受到父母对他的理解、尊重、支持和信任；也只有这样，当孩子遇到困难、障碍的时候，才能以良好的自信心和强大的毅力来突破它们。

孩子的成长和成功需要父母的鼓励、支持和肯定。因此，父母应该创造一个和谐融洽的家庭生活氛围，多与孩子心平气和地交流，走进孩子的内心，多给予孩子相应的理解、尊重、支持和信任，进而调动和激发孩子的积极情绪，来保证孩子学习的劲头。千万不要打击孩子，每当他取得一些进步时，都应该给予肯定，让孩子在享受快乐的过程中，不知不觉从偏科的泥潭中走出来。

教 子 箴 言

　　孩子偏科并不是一件可怕的事情，因为那毕竟只是暂时的。只要父母能够针对孩子的不足对症下药，然后采用合理的措施，孩子是完全可以摆脱偏科的困扰的。

坏习惯 50　考试作弊

知之为知之，不知为不知，是知也。

——中国古代思想家　孔子

家教个案

晓淘是个不爱说话的女孩子，喜欢独处，成绩一直不太理想。从小学到初中，学习一直排在班里中等以下。

老师很少会叫她回答问题，她平时在班里也得不到任何表扬，成绩好的同学也不和她玩。妈妈很为她的学习成绩担忧，也经常会辅导她做作业、预习和复习，但她的成绩就是上不去，妈妈感到很失望。

不知从什么时候起，晓淘开始在考试中作弊。要么趁监考老师不注意的时候偷看旁边同学的答案，或者和同学打手势、作暗语，要么夹带一些小纸条、把答案写在手心里等等。这次期末考试后，老师打电话到晓淘家里，要她的妈妈引起重视。

教育感悟

考试作弊，也是孩子学习过程中一种比较常见的现象，指抄袭、偷看别人的答案，或自己藏带与考试相关的材料，以提高自己的考试分数。

孩子在考试中作弊，原因有很多。首先是来自学校或班级的压力。在班级里，成绩优秀的学生总是受到老师的喜爱、同学的尊重，而这个"成绩"在很大程度上就是"考试成绩"。考试成绩欠佳的孩子，在班级中往往会处于被老师冷落、被同学歧视的位置。孩子作弊，从一定程度上讲，是为了赢得老师的关注与同学的信任。

其次，是来自父母的压力。在许多父母的观念中，以为"学习的好坏"就只是"考试分数的高低"，他们不知道，与分数同样重要，甚至比分数更重要的还有孩子健全的人格、优秀的品质、健康的体魄。孩子一旦考得不好，父母就大发雷霆，于是孩子迫于压力，不得不采用非常手段，来取得自身能力无法达到的分数。

另外，还有班级和社会中的不良风气。"考试抄袭"绝非个例，这种情况非常普遍。如果班级中有人在考试时作弊却并未被老师发现，或者被老师发现却并未受到严厉的惩罚，甚至他的"虚假成功"还获得了表扬，则必将在其他学生心中引发"诚信危机"，大家会纷纷效仿这种行为，作弊之风也就随之盛行。

社会上各类考试的作弊风气之甚、问题之严重更让人惊讶。夹带、翻书、偷看，甚至请人代考的行为也屡见不鲜。学生生活在社会之中，自然不可能脱离社会而独善其身，如果他们接触了不良的榜样，势必给心灵造成极大的冲击。

考试作弊的孩子，对自身也缺乏充分的自信心。其实每个作弊的孩子都具有一定程度的上进心，都想为父母争光，但是经历了一次又一次失败后，他们知道或者认为，凭自己的能力无法达到父母、老师和自己的要求，于是就会采用作弊这种非正常的方法。

作弊对孩子的影响和危害都非常大。它会直接造成孩子的依赖心理，致使成绩下滑，甚至一蹶不振。在考试中作弊，一旦形成习惯，将对以后的生活和工作都产生很不利的影响。

◎◉ 专家建议

如今，学习竞争日益激烈，孩子们过早地背负起了沉重的学习压力。在这些压力下，孩子形成了一种不正常的学习心态，从而使学习竞争走向畸形，出现越来越多的作弊现象。对于这种现象，父母应如何应对、如何解决呢？

1. 培养孩子高尚的道德品质

严格考试纪律是学校社会主义精神文明建设的重要内容，也是当代孩子道德品质修养的重要体现。

某个孩子曾经有过考试作弊的经历，为了帮助他改掉这个坏习惯，母亲告诉他："别人做出来的答案是别人的，就像人家身上的一件东西一样，你甘愿人家说你是拿别人东西的小偷吗？"孩子听后摇了摇头，并坚决地说自己不是小偷。从此之后，他再也没有偷看过同学的答案，也没有把自己的答案给别的同学看。

父母和老师要从校风建设和个体道德品质修养的高度去看待考试纪律的问题，而且应该让孩子认识到考试作弊是一种"知识偷盗"的不光彩行为。

2. 帮孩子树立刻苦严谨的思想

父母应该告诉孩子，考试的目的是为了检测这一段时间的学习情况，检验他对知识掌握的程度。学得不好没关系，发现问题后可以及时补充。但是如果用作弊这种方法来掩盖的话，就永远不会知道自己哪里存在问题了。

父母要教育孩子把注意力放到平时刻苦勤奋学习知识上去，而不要仅仅关注考试成绩的好坏。要认识到只有有了真才实学，才能为国家和社会作贡献，才能真正施展自身的才华和能力。

3. 教会孩子考场自我心理控制

父母要告诉孩子，当自己在考场上产生作弊意念时，就暗示自己"作弊可耻"、"我是一个诚实的人"等，并按先易后难的原则答卷。遇到答不出来的考题时也不要过分自责或焦虑，要鼓励自己以后加倍努力学习。在考场上，无论遇到什么情形，都要提醒自己克服作弊心理，避免做出作弊的行为。

4. 促使孩子勤奋学习，提高应试能力

有些孩子之所以考试作弊，主要是因为平时学习不努力，复习又不认真，应该记的不去记，应该练的不去练，造成心中无底，最后"空枪"上阵，这时只能铤而走险，以身试"法"了。

一个孩子作弊，受到父亲严厉的批评。但母亲并没有说他，而是更多地关心他平时的学习，让他努力把基础知识掌握牢固，然后不断地举一反三，帮助他提高了学习成绩。当他的学习成绩提高后，考试对于他来说也就不是一件困难的事了，当然，也就杜绝了考试作弊的坏习惯。

由此可见，要克服考试作弊的毛病，关键是要抓好平时的学习，全面系统地掌握知识。只有基础知识扎实了，应试的能力才会提高，自然也就用不着作弊了。

5. 帮孩子树立坚定的慎独观

所谓"慎独"，是指古人提倡的一种修身境界，意思是人们在个人独自居处的时候，也要自觉地严于律己，谨慎地对待自己的所思所行，防止有违道德的欲念和行为发生，从而使道义时时刻刻伴随主体之身。表现在考试中便是摒弃各种作弊念头和企图，做到独立完成答卷，自觉遵守考试纪律，保证考试的真实。

有些孩子对考试作弊不以为然，认为这是当下的一种社会风气，甚至还会不无情绪化地说："就算我不作弊，作弊的人还多着呢。"这时，父母要告诉孩子，宁可要"诚实的失败"，也不要"虚假的成功"。诚实的品德比分数更重要，诚信的缺失将导致整个社会的腐化与堕落。

诚实品德的养成绝非一朝一夕之功。父母应当言传身教、潜移默化，让孩子认识到作弊的害处，树立正确的人生观，提高孩子的修养。

6. 帮孩子树立正确的互助观

父母要告诉孩子，考试中帮助同学作弊是一种不正确的互助观，要理解同学间友谊的真正含义。要认识到考试时帮助朋友作弊不仅不能使他们得到真才实学，反而滋长了他们不劳而获的思想。这绝不是真正的友谊，这种做法实际上是害了同学。

有的孩子在发现别人作弊时，或者碍于情面，或者怕打击报复，故而熟视无睹，佯装不知。殊不知，这样做反而害了作弊的同学，助长了他的作弊行为，也不利于良好的学风和良好的成长环境的形成。因此，父母要教育孩子有责任和义务维护校风、学风，抵制不健康的互助心理和行为。

教 子 箴 言

孩子在学习过程中承受了很大的压力，从而形成了一种不正常、不健康的学习习惯，出现考试作弊现象。这时父母应该从根本入手，耐心解释并悉心指导，杜绝作弊行为的发生。

坏习惯 51 逃学

学校教育会对孩子一生的发展产生重要影响，孩子
将会从学校学会遵守纪律、与人相处等技巧。当然，最
重要的是孩子在学校将接受到更为系统的知识教育。

——瑞士教育学家 裴斯泰洛齐

家教个案

李然以前学习成绩很不错，但是最近他变得特别叛逆，最明显
的表现就是经常逃学。

在父母眼里，李然是个很听话的孩子，怎么也无法跟逃学扯上
关系的。因此，当正在医院查房的妈妈接到李然老师打来的电话时，
她简直惊呆了，儿子怎么可能会逃学呢？她十万火急地赶到学校，
跟老师了解完情况后，迅速找到李然平时比较好的同学了解了一下
儿子经常去的一些地方，便开始对学校周边进行拉网式搜索。李然
没去上网，也没有去台球室，茫然无助的妈妈正站在路边的一个公
园里发呆时，突然发现公园长凳上坐着一个熟悉的身影。

她走近一看，果然是儿子李然。他一个人百无聊赖地坐在长凳
上发呆，手里拿着一根苇草在玩……

◎ 教育感悟

从上面的案例中我们可以看出来，每个孩子，即使是平时表现很温和的
孩子，都可能会发生逃学行为。孩子逃学的原因不一而足，但有一点却是相
同的，他们认为学校生活不能让自己得到快乐。至于原因，可能来自学校，
也可能来自孩子的内心。

据某中学校长反映，在他们学校就读的学生中，高达10%的孩子都曾
逃过学，也就是说十个孩子里面就有一个孩子曾经逃过学。不可否认，很多

孩子逃学是为了出去玩，但也有很多孩子逃学后不知道去干什么，他们很可能在一个安静的地方发呆，事后就跟父母说自己要透透气。

逃学通常是指孩子不愿意去学校学习，或者在上课期间溜出学校去玩。有部分孩子逃学是因为对学校的恐惧，心理学上称为"学校恐惧症"。据有关调查表明，约有2%的孩子有"学校恐惧症"。他们拒绝上学，当父母要求他们去上学时便会产生害怕和惊恐的情绪反应，并伴随着一些生理上的症状如腹痛、头疼等。

一般长期逃学的孩子都患有"学校恐惧症"或者有"学校恐惧症"的前兆。孩子不愿意去学校主要是对学校环境的适应产生了问题。有些孩子在小时候过于依赖父母，遇到什么事情都向父母求救，因此一到学校这种必须"自己的事情自己处理"的环境中就产生了适应不良的情况。也有部分孩子是由于在学校经历了某些创伤，在学校体验不到任何乐趣，因此拒绝上学。

除了这些对学校有特定恐惧的孩子外，有一些孩子也偶尔会产生逃学的行为。这部分孩子可能由于学业压力过重，想逃避现实，或者由于青春期的到来使情绪产生了变化，总之都是由于孩子没有调整好自己的状态造成的，是一种不良的行为表现。

学校教育对人一生的发展都会产生重要影响，它可以为孩子提供系统的知识教育，也可以教会孩子如何与人相处，让孩子体会自由与纪律的意义。父母要防止孩子产生逃学的行为，即使发生了也要正确处理和应对。

◎ 专家建议

对于孩子逃学的这种不良行为表现，父母应该采取有效的措施对他们进行引导和教育，使他们重新走进校园，接受知识的熏陶。

1. 首先了解孩子逃学的原因

对于孩子逃学的不良行为，父母首先应该通过一定的途径了解孩子逃学的原因，然后针对孩子逃学的原因采取相应的措施进行指导和教育，使孩子重新回到校园里。

郑云学习成绩一直很好，可是他最近却经常逃学。妈妈听到这个消息时更惊讶，觉得难以置信。当她在网吧找到孩子时，妈妈虽然满腹疑虑，但并没有指责他，而是耐心地和他聊天，得知孩子逃学是因为语文老师在课堂上批评他不专心听讲。针对这个原因，她教育孩子要正确面对批评，认识到自己的错误。在妈妈的引导下，他又重新融入了学校这个大环境。

不找出病因，就不能治好病。孩子逃学了，父母首先要保持情绪的稳定，然后通过与孩子谈心或者与老师沟通等方式来了解孩子逃学的原因，根据原因采取相应的补救措施。

2. 不让孩子过于依赖父母

孩子对父母过于依赖是造成孩子对学校环境适应不良的主要原因。因此，父母不能太娇惯着孩子，要学会放手，让孩子自己处理自己的事情，不要让孩子把家当做避难所。

莉莉正在上小学二年级，她每天上学前都缠着妈妈，希望妈妈可以允许她不去上学。妈妈好说歹说才把她送到学校，与妈妈分别时她竟然泪流满面，仿佛受了多大委屈一样。有一次，她竟然还从学校逃回了家里，从此拒绝上学。妈妈也知道逃学不对，但是她实在不忍心看着孩子流泪和那失望的表情。

父母应该注重培养孩子独立的性格，尽早让他们去处理自己可以处理的事情。例如，孩子一岁了，会走路了，父母就不要总把他们抱在怀里；孩子五岁了，会整理自己的床铺和房间了，父母就不要再代劳了。

3. 指导孩子学会缓解压力

有些孩子逃学是为了逃避学校的学业压力，他们不知道如何缓解自己的压力，因此选择了离开学校的方式来逃避。

父母应该指导孩子正确地缓解压力，例如利用周末的时间带孩子去公园里游戏，也可以鼓励孩子向同学、朋友或者父母倾诉，父母可以多跟孩子谈心等，这些方式都能有助于孩子压力的缓解。

4. 多与学校老师沟通

孩子在学校的表现，当然是老师最清楚了。父母如果想了解孩子在校的表现，以便更好地管理和监督孩子的学习，就应该多与学校老师沟通。老师作为专业的教育工作者也比较了解孩子的心理状况，与老师沟通无疑能更有效地帮助自己对孩子进行教育。

父母应该多去学校与老师进行沟通，了解孩子在学校的表现，并跟老师反映一下孩子在家的表现，征求一下老师的意见，这样才能有效地防止孩子的逃学行为。如果父母工作很忙，也应该经常给老师打电话了解情况。

5. 防止孩子误交损友

孩子的意志力较差，较易受他人影响，许多孩子逃学是由于他人的带动。因此，父母应该为孩子把好朋友关，避免孩子因为交上损友而盲目地逃学。

父母应该通过与孩子聊天的方式来了解孩子身边的朋友，也可以鼓励孩子把朋友带回家里来玩，以便了解孩子朋友的品行和表现，鼓励孩子多与那些品行端正的朋友玩。对于带头逃学的孩子，父母可以找到他的父母，共同对其进行管束。

教 子 箴 言

其实不止是学习成绩差的孩子会逃学，许多在校表现优秀的孩子也可能会逃学。对于孩子的逃学行为，父母不应急于发怒，而应该在了解原因后有针对性地对他们进行教育。

坏习惯 52 没有学习目标

> 没有目标的学习就像在黑夜的海上航行，不知道船最终要行走到哪里，也不知道自己为什么要行走，这种学习对孩子是毫无益处的。
>
> ——德国教育学家 赫尔巴特

家教个案

顾明今年上初中二年级了，他很聪明，学习成绩一直很好。可是最近不知道怎么回事，他突然对学习没有兴趣了，一放学就赖在电脑前玩游戏。父母催促他，他也只是随口答应，却迟迟不动身去学习。

这天，放学回到家的顾明把书包往客厅的沙发上一丢，然后顺势坐在沙发上开始发呆。下班回家的爸爸见他如此光景，便询问他："为什么在这里发呆不去学习？"他没有说话，爸爸便坐在他旁边也不再说话。

沉默了一会儿的明明终于开口向爸爸透露，原来他最近感觉学习没有目标，不知道自己学这些知识做什么，也不知道自己到底要学到什么程度。爸爸握着孩子的手，告诉他："人类的知识就像海洋一样无边无际，穷尽一生也学不完的，但是每个人都应该有自己专长的领域，学习知识可以让人的生活更加美好。"

教育感悟

孩子没有学习目标，这不是什么新闻，许多孩子都不知道自己学习知识是为了什么。对于许多孩子来说，学习是他们的任务，而不是他们追求美好生活的必经途径。这也是许多孩子对学习感到厌烦、抗拒学校的原因所在。

孩子没有学习目标，原因有很多。有些孩子缺乏独立性，或者父母没有给他们安排独立生活和学习的机会，导致孩子只知道去做父母让他们做的事情，从来没考虑过自己为什么要这么做，要做到什么程度才可以。

有些孩子甚至说自己是为了让父母高兴才学习的。怀着这样的学习动机和目标的孩子不在少数，甚至还包括许多大学生，他们从来没想过学习是自己的事情。如果学习是帮助父母完成的任务，那么孩子当然只会把学习当做任务来完成，就谈不上会自己安排学习时间，树立正确的学习目标了，因为他们的学习目标就是为了父母。孩子之所以会有这样的想法，很大程度上是由父母的教养方式造成的。很多父母在指导孩子学习时经常说"你给我把语文作业写完，否则不让吃饭。"孩子经常听到这样的话，自然就会认为自己在为父母学习了。这也是孩子缺乏学习目标的重要原因。

远大的学习目标对孩子一生的学习和发展都有重要意义。只有知道自己的终点在哪里的人才能知道怎么走到终点，只有拥有学习目标的人才能努力学习，克服学习上的困难，勇往直前，不达到成功就不罢休。那些没有学习目标，认为自己学习是为了父母的孩子遇到困难时很容易退缩，而且在取得成功时也不能体会到真正的愉悦和满足。

◎ 专家建议

作为父母，应该帮助孩子树立起学习目标，这样才能让孩子真正勤奋地学习，遇到困难也能努力想办法克服。

1. 告诉孩子学习是他自己事情

那些认为学习是为了父母的孩子是缺乏正确学习目标的孩子，他们不明白人生是自己的，不明白自己的路要自己走，更不明白父母指导他们学习也是为了让他们拥有更好的人生。

郑琳的学习成绩很好，但她却并不喜欢学习。有一次，她写完作业后，妈妈递给她一个钢笔字帖让她练习，没想到琳琳却说："我不写，除非你给我十块钱。"妈妈听后非常生气，她告诉孩子："你练字不是为了我，而是你自己的事情，同样你学习也是你自己的事情，怎么可以跟妈妈要奖励？"

父母应该及早给孩子灌输这种意识，即学习是孩子自己的事情，他们的学习目标也不是为了父母。因此父母在督促孩子进行学习时要避免使用"你给我……"或者"如果你能为我……"这些句式，因为父母这些无意识的语言会使孩子觉得学习是为了父母。

2. 指导孩子树立长期的学习目标

当孩子到一定年龄之后，父母应该指导他们树立长期的学习目标，并且这个长期目标还应该能对孩子现在的学习起到激励作用。

小毅上初二了，他每天学习都非常用功，学习成绩也很好。以前，小毅也很不喜欢学习，而对养花、养鱼非常感兴趣。爸爸知道后，便对他说："养花养鱼也是一门知识，也需要学习，如果你现在打不好基础，将来就学不好这些知识。"

爸爸又给他举了很多例子，例如什么花适合什么温度、什么环境，这涉及化学、生物等方面的知识。小毅听了之后，表示以后要努力学习，成为一位生物学家。

父母应该指导孩子树立长期的学习目标，例如孩子对动植物感兴趣，父母就可以指导他们学习生物、生理知识。树立了长期的学习目标后，孩子就不会对知识和学习感到迷茫，就知道自己学习的最终方向了。

3. 告诉孩子为什么要学知识

许多孩子没有学习目标，是因为对知识的重要性认识不够。他们把学习当成学校和家庭分配给自己的任务，把学习当成一种负担。在这种错误的认识下，孩子当然不会有明确的学习目标，自然也难以自觉主动地进行学习了。

郑元培家里不太富裕，但他学习非常认真，学习成绩也很好。从小爸爸就告诉他："只有知识才能改变命运，学习了知识才能更好地为社会作贡献，才能提高自己的社会地位，才能获得更多的发展空间。"爸爸还给他讲了许多贫寒的人通过学习最终获得成功的故事，以此向他强调知识的重要性。

一个孩子只有知道知识的重要性之后，才能主动自觉地为自己设置学习目标，才会有学习的动力。因此父母应该经常给孩子讲解知识的重要性，通过名人的故事进行实例教育，也可以鼓励孩子把一些关于知识的名人格言摘录下来作为座右铭。

4. 指导孩子分解学习目标

孩子小时候总是说长大后要当科学家或者教师等，但是当他们在学习中遇到困难时却往往忘记了这些目标。父母应该指导孩子把每个学习目标分解成更小的目标，让他们在面对现实困难时找到具体的奋斗方向。

宇凡今年上初中三年级了，他希望可以学习医学知识，将来做医生救死扶伤。可是他遇到学习困难时却非常苦恼，他总是说："我有这么多题不会，以后怎么当医生啊？"妈妈告诉他："医生不是一天两天就能学成的，你得先打好知识的基础。所谓千里之行，始于足下啊，没有人能一蹴而就取得成功的。"宇凡听了之后觉得很有道理。

如果学习目标过于抽象，孩子就很难看到自己学习的意义，父母应该细心指导孩子分解学习目标，从一生的学习目标到现阶段的学习目标，再到具体的每一周、每一天的目标，例如孩子想学习篮球知识，父母可以指导他先学会基本的传球、运球等技巧，再把这些大的学习目标分散到每一天，规定每一天的训练目标等。

教 子 箴 言

没有目标的学习就像黑夜里的行路者，他们不知道哪里是终点，因此走走停停。父母应该帮助孩子建立起长期和短期的学习目标，激发孩子的求知欲望和学习兴趣，使他们的学习更有效率。

坏习惯 53 缺乏学习计划

孩子做事没有条理，学习没有计划，往往容易三天打鱼两天晒网，难以有效地去完成学习任务。

——俄国教育学家 乌申斯基

家教个案

张克斌上四年级了，父母非常宠爱他，他十岁了却还没有自己叠过被子、洗过衣服。他是个很聪明的孩子，三岁就能背诵十多首唐诗，学习能力很强，但是他的成绩却不太理想，因为他没有学习计划。

克斌的妈妈总是说他学习没有长性，经常是心血来潮了就认真学一天，不高兴了就连作业都不写。妈妈责备他，他竟然还振振有词地说自己还是小孩子，意志力没有那么强，其他人也都这样。可是邻居家的小杰就每天都坚持写作业，阅读课外书籍，学习成绩也很好。

妈妈也曾尝试着和他制订了一张学习计划表，但是他坚持了两天就放弃了，并且说这种模式化的生活不适合自己，还口口声声跟妈妈要自由时间。现在面对着孩子散漫的生活，妈妈也不知道怎么办才好，后悔以前太宠爱他了。

◎ 教育感悟

现在的中小学生中有许多孩子都毫无学习计划，总是"做一天和尚撞一天钟"，甚至有时候连钟都不想撞，一混就是一天过去了，不知道自己做了点什么、应该做点什么。

著名作家高尔基说"不知道明天该做什么的人是不幸的。"一个没有学习计划的孩子总是需要别人告诉他该做什么，那他就永远也学不会主动、自觉地学习。

孩子缺乏学习计划的主要原因在于父母错误的教养方式。现在的孩子受着几辈人的疼爱，父母为他们包办了一切，无意之间把孩子培养成了听话的机器，他们不需要自己思考和安排自己的生活，只需要服从父母的命令和安排即可。

许多父母甚至错误地认为孩子会在学校里接受系统的知识教育，学校都有完整的教育计划，每个科目的老师都有严格的教学计划，因此，孩子不需要有自己的计划，只要每天把老师安排的作业和任务完成即可。但是父母们没有意识到，学校或者老师的计划是针对全体学生的，而不是针对个别学生的。每个学生都有自己不同的特点，他们应该根据老师的要求制订出适合自己的学习计划。

学习计划就是规定自己在什么时间采取什么样的方法步骤达到什么学习目标。拥有学习计划的孩子一般学习成绩都比较优秀，因为他们学习目标明确，而且不好高骛远，每天踏踏实实地按照计划来学习。孩子在长短计划的指导下，每天完成规定的任务，日积月累便可以实现一个更大的目标，最后学有所成。

学习计划对于培养孩子良好的学习习惯也非常有帮助。孩子按部就班地学习，坚持不懈地努力完成规定的学习任务，长此以往便会形成良好的学习习惯。良好的学习习惯对于孩子一生的发展都将大有裨益。

孩子学习有计划，生活有条理，以后走上工作岗位才会知道如何安排自己的时间，如何更好地完成工作任务。因此，指导孩子学会制定学习计划，对孩子目前的学习和以后的发展都将大有好处的。

◎◉ 专家建议

父母应该努力培养孩子制订学习计划，以及严格遵守计划学习的良好习惯，这样才能让孩子实现预期的学习效果。

1. 帮助孩子分析自身特点

没有一种计划是万能的，每个孩子都有最适合自己的学习计划，照搬他人的学习计划对于孩子的学习没有任何帮助。制订属于孩子自己的学习计划，应该首先分析孩子的特点。

10岁的月灵正在上小学四年级，她做题速度很快，但是错得也很多。妈妈发现了女儿的这一特点后，便要求她把学习计划安排得稍微松一些，减慢做题的速度。刚开始月灵还不高兴："别人的妈妈都让他们快点做，掐点监督他们的学习，可是你怎么还让我慢慢做呢？"但是月灵照这个计划实行了几天后，她发现自己的答题正确率提高了。这让她非常高兴。

父母应该细心观察孩子的学习特点，根据孩子的特点制订学习计划。例如，孩子做题速度快，但是错得很多，在这个过程中孩子没有充足的时间进行思考，一心只求速度了，父母就应该指导孩子把学习时间稍稍延长。这样就能使孩子更稳定地答题了，也容易培养孩子谨慎的性格。

2. 要留给孩子休息、娱乐的时间

孩子的学习计划满满当当，没有一点剩余的时间，这容易让他们身心俱累。孩子还处在长身体的时候，需要充分的休息和适当的娱乐，因此，学习计划过满会导致孩子的抵抗情绪，最终不愿意再执行学习计划。

小岚是个很聪明的小姑娘，她在妈妈的指导下制订了一个学习计划。这个学习计划以周为单位，每天都有自由娱乐的时间，周末还有一个家庭的欢乐会。小岚一直都认真地执行着这个学习计划，感觉每天过得特别充实和自在。朋友问她："你为什么遵守学习计划还这么开心？"她说："我每天既可以完成学习任务，又可以享受自己的时间，当然快乐了。"

玩是孩子的天性，也是孩子放松心情的方式，因此，玩是孩子的正当权利，父母应该给予尊重。在制订学习计划时，父母一定要给孩子留出休息、娱乐的时间，例如写完作业后到上床休息前的那段时间可以自由支配，让孩子看看课外书，玩玩游戏等都可以。

3. 指导孩子合理分配学习任务和时间

学习计划能不能得到很好的实施，取得良好的效果，最重要的是看它能否合理地分配学习任务和时间。这种分配对于不同的孩子来说应该也是不同的，因为每个孩子都有自己最佳的学习和记忆时间。

父母应该根据孩子最佳的学习和记忆时间指导他们制订切实可行的学习

计划。例如，告诉孩子要在最佳的时间学习比较难的知识，而在其他时间学习比较容易的知识。这样合理地安排学习任务，可以让孩子大大提高学习计划的可执行性。

4. 指导孩子灵活调整学习计划

一个学习计划是否可行，最重要的是看实践后的效果。因此，当一个学习计划执行一段时间后，父母应该指导孩子总结一下学习效果，如果学习效果不佳则应当进行灵活的调整。例如把学习任务和学习时间重新安排一下，把学习目标定得更细一些，重新调整一下复习内容的主次关系等。

教 子 箴 言

孩子的学习计划就像是建筑工程的蓝图，既要有最终的模型框架图，也要有具体到每个房间每个角落的安排，并且在施工过程中应该根据实际的情况对蓝图的各个部分进行灵活的修改和调整。

坏习惯 54　不懂学习方法

> 不懂得学习方法而一味死读书、读死书的孩子，难以学有所成。学习一定要有方法，而且掌握了方法的孩子，不仅能轻松地进行学习，更能快乐地享受学习。
>
> ——英国教育学家　赫伯特·斯宾塞

家教个案

　　15 岁的小静正在上初中三年级，她学习非常勤奋，但是学习成绩却并不太理想。看到她每天晚上奋笔疾书的样子，父母也就不忍心责备她，而且非常心疼。

　　小静是班里典型的书呆子，她自制性特别强，很少和同学出去玩，下了课还在自己的座位上专心做题。有一次，小静因为专心做题而没有听见上课铃声响，以致于语文老师都进教室了，她的桌子上还摆满了数学资料。

　　老师问她："为什么课前不做好准备？"她低着头不说话。各科老师都纷纷向她的父母反映："孩子很勤奋，但是努力都用错了地方，不懂得学习方法，因此成绩难以提高。"小静回到家也非常刻苦，经常为了一道数学题一个人苦苦思索到深夜，她很少跟同学交流学习心得和体会，也不向同学请教解题方法和技巧。看到女儿如此表现，妈妈也很心急。

◎ 教育感悟

　　学习方法直接影响孩子的学习效率，学习效率又影响孩子的学习效果。一个孩子勤奋努力，却用错了方向，这是最让父母和老师头疼的事情。孩子不懂得学习方法就经常导致这种现象的产生，他们盲目地努力，只知道读书，却从来没有反思过怎样学习才能更有成效，才能让自己真正快乐。

许多孩子在没有完全理解透书本知识时就开始实行题海战术，做了大量的习题却毫无收获，对知识依旧一知半解，只是为了做题而做题，而不是为了巩固知识做题。通过对那些高考取得高分的同学的调查发现，那些轻松取得高分的学生通常都学习得很轻松，并且考试从来都是应对自如，这都是因为他们懂得学习诀窍的缘故。

美国著名未来教育学家托夫勒曾经说过："21世纪的文盲将不再是目不识丁的人，而是不会学习的人。指导孩子学会学习，懂得学习方法，是培养他们自学能力的关键。现代知识更新速度非常快，今天在学校学习到的知识可能到社会上已经不再适用了。因此，不懂学习方法，不会自我教育的人必将为社会所淘汰。"

据心理学家统计发现，孩子学习成绩的提高不仅需要学习的热情、勤奋、坚强的意志等因素，更需要科学、正确的学习方法。学习方法与孩子学业水平的关系十分密切，甚至直接决定孩子一生的发展。

俗话说"磨刀不误砍柴工"，学习也像砍柴一样，没有锋利的斧头，哪里能在有限的时间内砍到比别人更多的柴呢？因此，父母一定要指导孩子先把学习方法这把大斧磨锋利了，这样才能让他们在学习过程中披荆斩棘，顺利地收获学习成果。

◎ 专家建议

孩子不懂得学习方法，在题海里苦苦挣扎，成绩却一点也不见起色。父母应该帮助他们掌握科学正确的学习方法，使他们轻松、快乐地学习。

1. 指导孩子正确认识自己

让孩子正确认识自己学习的长处和短处，才能顺利找出最适合孩子的学习方法。没有一种方法可以放之四海而皆准，只有让孩子正确认识了自己之后，再借鉴别人的学习方法和经验，才能找到孩子自己的学习方法。

父母应该指导孩子认识到自己学习的长处和短处，例如孩子答题速度慢，但是正确率高，那孩子的主要问题是在保证正确率的前提下提高答题速度；当孩子答题慢时，就要分析他们是因为知识掌握得不够牢固还是因为学习不够专心，找出原因后对症下药即可。

2. 告诉孩子如何有效听课

孩子学习的大部分时间都是在学校完成的，学会利用课堂上的四十五分钟是孩子应该掌握的重要学习方法之一。许多父母抱怨为什么同一个老师教，我的孩子就是考不过别的孩子呢？那就是因为孩子不懂得听课的方法。

智珠刚上小学二年级。妈妈总是教她要认真听课，并且告诉她在上课前要把这一节课要用的书、文具准备好，在前一天要把课文预习一遍，有问题的地方可以画上记号。智珠每次都按照妈妈的方法去做，往往一节课下来收获颇多，而且能把自己不懂的地方学明白了，她感觉非常快乐。

父母应该指导孩子正确地听课，争取在课堂上把该掌握的知识都掌握了，回到家后再做一些题进行巩固。例如，告诉孩子在课前要认真预习，最重要的是要把疑难的地方标记出来，而且要把一节课需要的教材、参考资料和文具准备好；在上课时要有针对性地听。

3. 告诉孩子先学知识再做题

那些勤奋努力、学习成果却不佳的孩子，几乎都在进行题海战术，他们认为做题就能提高成绩，其实这正是他们不懂得学习方法的表现。学习的目标是学习知识，做题是巩固知识的过程，是为了掌握和学习知识。孩子重做题轻知识，正是本末倒置的错误方法。

马小鹏上四年级了，学习成绩非常好，练习册却不多。当同学们写完家庭作业都忙着做父母安排的各种练习题时，他却在优哉游哉地看课本。一次，一个同学问他："小鹏，你在这书上浪费什么时间啊？"小鹏心里觉得好笑，于是回答道："没有书里的知识，哪里会有练习啊？书上的知识才是我们真正要学的啊。"

父母不要给孩子买过多的练习题，而应该鼓励孩子先把书本知识弄明白，然后再买一些精选的练习题巩固一下就可以了。例如，许多父母总是规定孩子写完学校作业后必须再做一些额外的练习，这是毫无必要的。如果孩子还是不会做，那是书上的基础知识没掌握；如果孩子会做，那重复做相同的题对提高学习效果也没有用处。

4.教孩子掌握记忆的秘诀

记忆不能一劳永逸，巩固知识的基本条件就是不断地复习。根据有关心理学的遗忘规律，孩子在记忆知识后的前半个小时是遗忘得最快的，因此，父母应该告诉孩子第一轮复习应该安排在学习和记忆的半小时内。同时，父母还应该告诉孩子避免记忆的干扰，例如孩子学习完语文后，应该适当休息一下再去记忆历史，避免两种学科产生干扰。

5.教给孩子 SQ3R 学习法

罗宾生提出的这种学习方法是许多人都熟悉的一种好方法。SQ3R 是概览、问题、阅读、背诵和复习这几个词的英语首字母简写而成的。父母可以指导孩子概览时要注意标题、副标题以及重要句段，然后把注意力转移到关键内容上，提出问题。最后带着问题对课本进行阅读，找出答案后合上书本，根据标题等进行背诵。背诵不求精准，但是要把主要的点都提到。这些步骤完成后再进行最后的复习回顾。

在实际中，每个孩子的情况可能有一些差异，父母可以根据孩子的特点进行把握，但一定要遵守这五个步骤的顺序。

教 子 箴 言

古语有云"授人以鱼不如授人以渔"，因此，教给孩子学习方法比让孩子学习知识更加重要。因为学会了学习方法，孩子就可以随时随地进行学习了。为了培养孩子的自学能力，父母应该指导孩子学会科学的学习方法。

坏习惯 55 缺乏创造力

创造力是一种高度复杂的特质和能力。它包括具有创造性的人们的各种各样的品质，一般在问题解决的过程中显示出来。

——中国教育学家 林传鼎

家教个案

10 岁的小宇和 11 岁的小鹏是一对表兄弟。小宇是个活泼外向的孩子，脑子里装满了各种奇怪的想法，学习成绩也在中等以上。小鹏有点腼腆，不太爱说话，是父母眼中的听话孩子，学习成绩很好。每次带着小鹏去小表弟家做客的时候，他的父母总会感觉特别满足和骄傲。

大人们都在厨房里忙碌着，小宇也闲不住，一会儿端菜，一会儿帮妈妈择菜，还时不时冒出各种奇异的问题，问得大人一愣一愣的。可是令小鹏的妈妈奇怪的是，小宇妈妈却一点也不嫌烦，总是详细地为他讲解。再看看自己的儿子小鹏，安安静静地坐在沙发上看电视，特别有绅士风度，尤其是谈论到孩子的成绩时，小鹏的妈妈更是自豪得很。

可是小宇的妈妈却不以为然，她总是笑笑说只要孩子学得开心，成绩并不重要。小鹏妈妈心里非常不屑，可是那个学期市里科技小组选拔成员，小宇被选走了，而许多像小鹏这样的优等生却被拒之门外。

教育感悟

许多父母认为创造力是发明家才应该具备的能力，我的孩子以后不当发明家，不需要创造力。这种想法是极其错误的，没有创造力的人在任何领域都难取得大的发展。要想使孩子在未来世界里获得生存、发展的空间，我们必须培养孩子的创造力。

创造力是创造性解决问题的过程中表现出来的一种个性心理倾向，它一般表现为在一定目的驱使下，搜索自己头脑里储存的知识和信息，并重新组合这些信息，产生出某种新颖、独特、有社会价值的产品的一种能力。知识的充分储备是创造力产生的基本条件，如果孩子没有基本知识的储备就不可能有所创新。

现在的孩子普遍缺乏创造力，他们忙于应付学校的作业和父母为他们安排的各类课外辅导班，忙于为了各类考试而奔波劳碌。他们在各类考试中取得非常好的成绩，却发现自己在生活中遇到困难或者问题时，根本不知道如何运用已经学到的知识来解决。

许多孩子在考试中被问到水是不是导电体时都能做出正确的答案，可是当他们在生活中遇到电起火的情况时，却可能拿水去浇。创造力不是发明家才应该有的，而是人人都必须具备的。简单一点说，创造力就是发现问题、分析问题到解决问题的过程。知识都是来源于生活的，孩子能将自己学到的知识重新运用到生活实践中，其实这就是创造力在起作用。

任何想在这个社会获得生存和发展的人都必须有创造力，因此，父母应该重视培养孩子的创造力，使他们在将来的生活和工作中更加得心应手。一个没有创造力的孩子，学习再多的知识也是无益的，因为孩子学习知识在于运用，运用这些前人的优秀智慧来创造性地改变世界。

◎◉ 专家建议

创造力不是天生的，完全可以通过后天的训练得到培养和提高。

1. 激发孩子的好奇心

教育学家通过对那些拥有很强创造力的孩子进行调查发现，这些孩子一般对世界充满好奇，仿佛对自己遇到的事物都充满了浓厚的兴趣。创造和发明不是考试的标准答案，它往往是在孩子好奇心的推动下，通过创造性思维慢慢得到的。

父母应该多带孩子出去走走，不要整天让他们待在家里跟玩具玩，而要让他们走进社会或者大自然去感受，让他们对周围的环境保持新鲜感，产生很大的好奇心。尤其在孩子还小的时候，更应该多带他们出去接触新鲜的东西，激发他们的好奇心。

2. 鼓励孩子不懂就要学和问

孩子刚来到这个世界时，对一切都充满了好奇，最明显的表现就是喜欢发问。但是随着孩子年龄的增长，一些孩子保留了发问的习惯，而一些孩子则不再喜欢提问了，关键就是父母对孩子喜欢提问题的态度。

7岁的周宇是个活泼开朗的男孩，他每天都很开心，见到新鲜事物都要打破砂锅问到底，或者自己查阅科普资料，因此，他被特招进学校初中部的科技活动小组了。周宇的父母从他出生开始就重视孩子的每一个问题，不取笑孩子的幼稚，总是耐心地回答或者鼓励孩子自己去学习。

对于孩子幼稚的发问，许多父母懒于回答或者心里嫌烦，总是随便应付一句就算了，这不利于培养孩子的创造力。父母应该认真对待孩子的每一个问题，即使它们充满了孩子气，但是那是孩子求知欲和创造力的源泉。

3. 培养孩子的逆向思维

以退为进，欲擒故纵等成语的来源都是运用逆向思维的经典例子。当人们思考一个问题时，左思右想却想不出来好办法，不如退出原来的思路，从反面思考一下，常常能得到"柳暗花明又一村"的惊喜。发展孩子的逆向思维也是培养孩子创造力的重要途径。

当孩子为一道题苦苦思索得不到答案时，父母应该鼓励孩子从反面想想，例如孩子要解答一道数学题，做到一半却不知该如何继续了，父母可以告诉他们放弃具体的问题，把所有已知条件列出来，然后再回到具体问题的解答上。

4. 培养孩子分析和推理的能力

分析和推理能力是孩子创造力的重要衡量标准。分析和推理能力是指导孩子根据眼前所掌握的信息或者观察到的现象，运用已经学习到的知识对该现象或者信息进行分析，并推导出两者之间联系的能力。如果孩子没有这种基本的分析和推理能力，那么就不可能创造性地解决问题。

姚伟泽上小学四年级了，他非常乐于思考，也很擅长推理与分析。伟泽刚上学的时候，爸爸就常常拿一些推理题给他做，培养他的推理和思考能力。同时父母还经常让他分析日常生活中常见现象产生的原因，鼓励他说出自己的理由。

父母应该鼓励孩子说出自己的观点，并要求孩子说出自己的理由，或者给孩子一些材料，让孩子从中分析和提炼出主要的信息，这样的训练有助于提高孩子的信息提炼能力和严谨的创造性思维能力。

5. 鼓励孩子学以致用

知识是来源于生活的，孩子学习到的知识只有运用于生活才有意义，这种学以致用的方式也是培养孩子创造力的重要手段。孩子的创造力主要表现在解决问题的能力上，父母应该鼓励孩子多运用书本中学习到的知识，这样既可以巩固孩子的知识，也可以培养孩子解决问题的能力。例如孩子学闰年这个数学知识时，父母就可以让孩子去查查闰年和平年的日历，从而懂得日历是如何制作出来的。这样可以激发孩子学习知识的兴趣，也可以培养孩子解决生活中常见问题的能力。

教 子 箴 言

创造力不像天上的星辰一样遥不可及，它也不是发明家和科学家所特有的能力。要培养适应未来社会的优秀孩子，必须培养他们发现问题、分析问题、解决问题的基本能力，也就是创造力。

坏习惯 56 不爱动脑

人的大脑就像是一台机器，长时间不使用就会生锈，
而经常使用它则会让它越来越好用。

——德国文学家 福禄倍尔

家教个案

灵玉上小学四年级了，机灵得很，可就是不爱动脑筋，常常为
了快点写完作业出去玩而乱蒙乱猜，因此，学习成绩很差。

因为工作繁忙，灵玉的父母以前对她比较放任，没太管过她的
学习，直到有一天，他们无意之中看到孩子作业本上那些鲜红的叉。
妈妈把灵玉痛批了一顿，孩子伤心地坐在客厅里哭。妈妈回到房间
冷静了一会儿，重新走到女儿身边，要她把作业拿出来重新做一遍。

灵玉认真地做了起来，妈妈则在一旁观看。过了半个多小时，灵
玉把所有的题都做完了。妈妈惊奇地发现孩子居然全部做对了，她问
灵玉："为什么能做对要故意做错？"灵玉这才道出其中的缘由，原来
她不想动脑子去做，只想去玩。听完女儿的话，妈妈又愁了起来。

◎ 教育感悟

孩子对作业和学习采取应付的态度，不爱动脑筋思考问题，往往刚学习
了两分钟就感到头昏脑涨，向父母大倒苦水。父母以为孩子在学校学习过于
辛苦造成用脑过度，但事实上孩子这时候的头昏脑涨既有心理原因，也有生
理原因。

人的大脑就像一台机器，总是闲置不用会使它生锈，而经常科学地使用，
则会让它越来越好用。

人的大脑分工很明确。脑干主管心血管及呼吸功能活动，小脑负责保持

肢体的平衡和人体运动的协调，大脑是神经系统高级功能活动的部位。同时大脑的左右半球又分管着不同的功能活动。

当孩子们在学习时，大脑皮层处于兴奋状态，其他部位处于休息状态。学习时采取多种不同的方式，如记忆、书写、阅读、听讲等，可以使各个工作区域轮换着进行休息，保持大脑的持续兴奋状态。

同时，当孩子进行脑力劳动时，一般采取坐的姿势，血液循环相对缓慢，但是此时大脑需要消耗大量的氧气，而血液流动缓慢会造成大脑供氧不足，使孩子感觉疲劳。因此，如果孩子在感觉大脑疲劳时，让他站起来走动一下就又会精神抖擞了。

孩子不爱动脑还有一部分原因是对所学知识不感兴趣，不知道学习的目的。因此，激发孩子的学习兴趣，也可以帮助孩子克服不爱动脑的心理障碍。

让孩子科学地使用大脑，就要提醒孩子注意休息和学习的合理搭配。孩子的大脑是不会用坏的，正常情况下也不会影响孩子的大脑发育。因此，父母应该帮助孩子克服不爱动脑的坏习惯，培养孩子主动学习、快乐思考的好习惯。

◎ 专家建议

父母应该从孩子不爱开动脑筋的生理和心理原因出发，坚决把孩子这个坏习惯改正过来，培养真正爱学习、爱思考的好孩子。

1. 培养孩子独立思考的习惯

独立思考是每个人生活在这个世界上必须学会的一项技能，因此，父母应该注重培养孩子独立思考的能力，这样才能使他们时刻做出自己的思考和分析，不盲从他人，保持理性的态度。

在平时的生活中，父母应该鼓励孩子说出自己的想法，根据自己的推理得出判断，不要急着把答案告诉孩子，也不要让孩子只满足于答案，更不要压制孩子表达自己想法和理由的权利。

2. 教孩子掌握思考的技巧

思考需要一定的技巧，如果孩子没有掌握相关的技巧，就会在面对复杂的现象时不知所措，不知道该从哪里思考起，更无法将自己所学的知识运用出来。

父母在平时指导孩子学习时，应该注意把思考技巧的培养渗透进去。例如，当孩子苦苦思考一个问题却得不到答案时，要引导孩子从其他方面入手，也许就能找到答案。当孩子感觉题目给出的信息太多时，可以让孩子列出图表，把信息之间的关系理清楚后再进行分析等。

3. 适当调换孩子的学习内容

孩子在思考问题时，大脑左右半球分担的任务是不同的，因此，适当地调换学习内容有助于减少孩子的大脑疲劳，帮助他们开动脑筋思考问题。

志新是个四年级的小男孩。父母从小就教孩子注意科学用脑，这样可以预防孩子出现不爱动脑的不良现象。他们告诉孩子完成一定的语文作业可以做一会儿数学作业，但是不能一遇到难题就换作业写，如果实在是思考了很久还是没有得到答案就可以先放一放。在父母的指导下，志新非常喜欢思考，因此学习成绩也不错。

父母可以鼓励孩子适当地调换学习内容，例如语文作业和数学作业交替着写，但不能让孩子随意换着写，这样不利于孩子集中精力学习。一般可以要求孩子完成一定任务的语文作业，再去写数学作业。

4. 鼓励孩子多参加体育锻炼

适当的体育锻炼可以加快人体血液循环，为大脑的正常运行提供充足的氧气，最大程度地消除孩子的大脑疲劳，使孩子愿意开动脑筋来思考问题。

思静是个文静的小姑娘，她学习成绩很好，而且乐于思考问题。思静在父母的指导下每天坚持打羽毛球或者跑步，这些体育锻炼让她感觉神清气爽，学习起来也特别有劲。每次运动过后，她都感觉自己获得了一种全新的力量，使她乐于开动脑筋去思考那些疑难的问题，学习效率也非常高。

父母应该常带着孩子坚持参加体育锻炼，锻炼之后进行适当的休息再去学习，这时候孩子的大脑获得了充足的氧气，便会乐于动脑筋思考问题。

5. 告诉孩子注意劳逸结合

劳逸结合是指孩子长时间学习后要休息一定的时间，指导孩子运用这段时间对自己的心理和身体进行调整，然后再投入下一阶段的学习。学习一定要注意劳逸结合，也只有这样才能使大脑始终保持兴奋的状态，孩子才愿意开动脑筋来思考问题。

陈明远是个内向的男孩，正在上初中二年级。他学习很刻苦，但是成绩一直不太理想。明远的家庭条件不太好，但是父母宁愿自己辛苦也要供他上学，这给他增加了很大的压力，因此即使在休息时间他在拼命看书。明远不愿意在一个问题上花费太多时间，总是一带而过，学习也就没有效果，学多少遍都不如忘记得快。

父母要指导孩子制订完善的学习计划，不要强迫孩子进行长时间的学习，最好不要搞考前突击，平时要多积累并注意休息，这样在考试的时候自然就会胸有成竹了。

教 子 箴 言

"用进废退"规律是生物进化的基本规律。如果孩子的大脑长时间不使用，智力就得不到充分的发挥，从而一直处于较低的水平。如果孩子科学、合理地使用大脑，智力水平也就能得到较好的发展了。

坏习惯 57　不爱阅读

读书，这个我们习以为常的平凡过程，实际是人的
心灵和上下古今一切民族的伟大智慧相结合的过程。

——前苏联文学家　高尔基

家教个案

英凡十二岁了，正在上六年级。他非常喜欢看电视、玩游戏，但是不喜欢读书看报，学习成绩也很一般。

他还像个小大人一样对妈妈说："看电视一样可以使人增长见识，时代不同了，读书看报效率太低了。"听了他的话，妈妈有点哭笑不得，"这孩子人小鬼大啊！"她经过观察发现，持英凡这种态度和做法的孩子不在少数，他们都只爱电视不爱书，说起话来条条在理，要真正让他们自己去组织材料却是一窍不通。

有一次，妈妈翻看他的语文练习册。首先映入眼帘的就是那些鲜红的叉；其次就是孩子杂乱无章的字，写得东倒西歪的；再然后就是孩子逻辑不清楚、表达不明白的那些答案，有些甚至都不能构成一个完整的句子。尤其是阅读题，他几乎是全军覆没，因为他根本抓不住文章的大意，对重点句段理解不到位。

◎ 教育感悟

随着网络和电视的普及，现代人们的生活也经历了一场前所未有的变革。人们不习惯用笔了，都喜欢用电脑打字；人们不再愿意读书看报了，都喜欢直接从电脑上或者从电视上获得最新的资讯。这种变化同样体现在孩子身上。

著名作家赵丽宏在《永远不要做野蛮人》中写道："我曾经担心，现在的中学生课外阅读的范围越来越窄，能用于课外阅读的时间也越来越少，许

多人已经丧失了阅读文学名著的兴趣和欲望，而其他与课程和考试无关的书，他们更是难有机会涉猎。这是一个令人担忧，也多少使人感到悲哀的现象。"

伴随着网络和电视成长起来的孩子，他们的阅读时间和范围日益减少，而且他们的阅读兴趣也在慢慢削弱。许多孩子甚至只爱看电视、漫画，拒绝和排斥文字，孩子的课余时间也全部耗费在了电脑游戏、电视娱乐节目上。

作家李敖曾说"电视就是批量生产傻瓜的机器"。话虽然有些极端，却深刻地反映了一个现实：电视并不能使孩子博闻强记，甚至还会造成很大的负面效应。

孩子在看电视时，接受着大量信息的刺激，大脑还没来得及将前一部分信息整理好而后一部分信息又涌入了大脑……在这种情况下，孩子并不能学到真正的知识。同时，现在的电视节目良莠不齐，很多知识内容并没有经过制作者的认真推敲，很容易给孩子造成不良的影响。

阅读是孩子掌握知识的重要途径，它可以教会孩子许多书本中没有的知识。要使孩子扩大知识面、增长见识，一定要让孩子养成爱好阅读的好习惯。

◉ 专家建议

阅读习惯是孩子应该养成的一种基本习惯，阅读能够为孩子打开一个神奇的外部世界，增长孩子的见识，因此，父母应该努力培养孩子热爱阅读的习惯。

1. 给孩子创造良好的阅读环境

良好的阅读环境分为物质环境和精神环境。物质环境要求父母可以为孩子提供一个干净、整洁和安静的书房，让孩子可以全身心地投入到阅读活动中。精神环境则要求父母能够为孩子创造一个爱好读书的良好家庭氛围，父母经常阅读能够为培养孩子的阅读习惯起到指引和示范的作用。

郑一凡是个可爱的男孩，他学习成绩很好。一凡的父母都是高级知识分子，每天都坚持读书看报，他在父母的影响下也对阅读产生了浓厚的兴趣。父母为一凡准备了一间独立的书房，书房虽然不大，却有很多书，而且还非常安静。妈妈还要求他经常对自己的书籍进行整理，保持书房的清洁卫生。父母为一凡创造的良好阅读环境，让他对阅读越来越痴迷。

条件许可的情况下，父母应该为孩子提供一个安静、整洁的书房，避免孩子阅读时受到干扰。另外，父母也应该努力创造一个爱好阅读的家庭氛围，父母要经常和孩子一起交流读书体会，探讨一些时事热点问题等。

2. 引导孩子多动手摘录

俗话说"好记性不如烂笔头"，孩子多动手摘录好词好句可以让他们把那些好词好句及时地记下来，提高阅读的实用性，更可以让孩子有一种成就感，从而爱上阅读。

敏敏今年十岁了，她非常喜欢阅读。她有一个摘抄本，每次读到那些好词好句，她都会把它们认真地摘录下来，细细地品味。她不仅摘录好词好句，还经常翻看以前摘录下来的句子，并且努力把它们背诵下来。敏敏的作文写得非常好，她说这都得益于自己平常的摘录，每次到写作文时，那些优美的词句就都跑进脑子里来帮忙了。

阅读重在品味。父母应该鼓励孩子多动手摘录一些好词好句，仔细品味一下为什么写得好，为什么这样写可以打动人。另外，父母还可以让孩子经常背诵和复习这些好词好句，培养孩子丰富的语感和顺畅的文字表达能力。

3. 为孩子选择适合他们的书籍

考虑到孩子的年龄、阅读兴趣等个人特点，不同的孩子可能更适合读不同的书。中外名著对孩子益处颇多，但是孩子太小就未必能读懂。如果父母强迫孩子阅读就会使他们产生阅读疲劳，不利于培养孩子的阅读习惯。另一方面，现在的书籍多如牛毛，好的坏的都有，因此，父母对孩子所读书籍的把关和选择就显得更重要了。

4. 教会孩子阅读的方法

告诉孩子正确的阅读方法，这样他们阅读起来就会容易多了，从而提升阅读效果。因此，父母应该告诉孩子一些阅读的技巧。例如，读一本书之前先看看目录，认真读一下内容简介，了解这本书的大致结构和内容，然后再指导他们计划好时间来看这本书。另外，父母还应该鼓励孩子写读书笔记，这样可以增强孩子对所读内容的认识和体会，也能让孩子在阅读时更爱动脑筋思考。

5. 用名人的故事激励孩子爱上读书

古今中外那些成功人士都酷爱读书，列宁年轻时更是整天地泡在图书馆里看书，终于成长为一名伟大的革命家、思想家和诗人。父母应该利用名人的故事告诉孩子读书是每个渴望知识和追求成功的人都必须做的事情。在平时的生活中，父母可以多给孩子讲讲古人悬梁刺股、囊萤映雪、凿壁偷光等勤奋求学的故事，激励孩子爱上读书。

教 子 箴 言

书本知识远远难以满足求知的要求，多阅读其他课外书籍可以使孩子博闻强记，获得更多的知识。因此，父母一定要勉励孩子多读书、读好书，帮助他们爱上读书。

坏习惯 58 怕写作文

写作是一种表达个人思想感情的重要方式，也是培养孩子书面表达能力和逻辑组织能力的重要途径。

——英国文学家 赫胥黎

家教个案

10 岁的小洛数学成绩很好，可就是怕写作文。每次语文考试也是作文扣分最多，父母对此很无奈。

有一次，老师让他们以信的形式写一篇文章给父母、朋友或者亲人，把自己想对他们说的心里话写出来。回到家后，小洛迅速地完成了各科作业，最后就剩下这个作文了。他冥思苦想了半天，也没有理出个头绪来。妈妈见他迟迟没写完作业，知道老师今天肯定布置作文了。妈妈轻轻地走进小洛的书房，看到他正盯着作文题目发呆呢。

妈妈看到小洛写的是"给妈妈的一封信"，于是她问孩子："怎么想到这个题目的？"孩子说："老师的范文是给妈妈的信，并没有别的想法。"妈妈心里很不是滋味，自己辛苦养育了孩子十年，他居然想半天也不知道该对自己说点什么。

◎ 教育感悟

现在孩子的作文越来越没有创意，几乎都是出自同一模板。许多孩子接到老师布置的作文任务后便打开那些作文书，或者全盘抄袭，或者只进行一些细枝末节的改动。孩子害怕写作文，没有想写好作文的意识，写出来的作文假话连篇，没有真实的感情，让父母很头疼。

父母为孩子的作文水平而犯愁，更为他们害怕写作文的情绪犯愁。孩子的作文空洞，没有真实的生活体验，没有生动的内容支撑，这都是由于孩子害怕写作文造成的。

孩子为什么会害怕写作文呢？在平时的生活中，那些张口成篇的孩子并不少见，但若让他们写作文，他们就开始犯愁了，早就没了那滔滔不绝、口若悬河的气势。

孩子害怕写作文，关键是孩子不会写，不知道怎么写，造成这种现象的原因主要有以下几种：

第一是孩子平时没有留心观察过生活，对身边的人和事熟视无睹。许多孩子会在孩童时代对身边的事物充满兴趣，若能在这个时候得到父母的指引，他们就很可能会养成良好的观察习惯。但许多父母并没有在意孩子早期的这些表现，更没有作出适当的引导，这是导致孩子不会观察生活的原因。没有作文材料的积累，自然难以写出作文来。

第二是孩子的词汇、句子积累得太少。现在的孩子沉浸在网络游戏和电视上，极少有孩子能够养成良好的阅读和积累好词好句的习惯，这使得许多孩子有话说不出，他们不知道用什么词来形容自己看到、听到的景象，甚至有的连基本事物的名称都不知道，造成许多行文笑话。

第三是孩子缺少高质量的写作训练。有了素材，有了词句的积累，如何把它们组合成一篇自己的文章呢，这就需要良好的写作技巧。许多孩子天花乱坠地说了一通，经常是写到最后，题都不知道跑到哪里去了。

孩子作文水平低会严重影响孩子的书面表达能力，影响孩子成才。因此，父母要注重培养孩子爱好写作文的习惯。

◎专家建议

培养一个爱写作文的孩子并不难，父母应该从以下几点着手：

1. 指导孩子多观察生活

社会生活是文学创作的第一源泉，文学作品的主要任务也是再现人类特定环境下的生活。孩子害怕写作文，提起笔来没有素材，这都是因为孩子平时没有留心观察、感受生活造成的。

丁盼上五年级了，她的作文写得非常好，能把每个景物都描写得栩栩如生，描写场景时也常给人一种身临其境的感觉。丁盼的父母从小就很注重培养孩子观察生活的习惯，他们经常带她去公园玩。当孩子对某个花或者草感兴趣时，父母会耐心地为她讲解，并且引导她细心地观察。丁盼在父母的引导下，非常善于发现身边景物的特点，而且会进行细致的观察。因此，她积累了很多写作素材，写起作文来也非常顺利。

父母应该尽量多带孩子出去游玩，但是在游玩过程中不应该对所遇到的事和物一带而过，而要指导他们进行细致的观察。例如去公园玩时，如果孩子在僻静的小道上奔跑，丝毫不去留意身边的景物，父母就应该作出示范，故意去闻闻花的味道。孩子看到父母的行为，也会模仿，然后父母就可以借机引导他们观察景物了。

2. 指导孩子养成良好的阅读习惯

阅读可以使孩子明理，更可以使孩子积累丰富的优美的词句。如果孩子脑海里有许多生动的事物形象，可就是不知道该怎么表达出来，这就是平时阅读和积累得太少造成的。

小力上六年级了，很害怕写作文。但小力很喜欢看电视，对各种漫画、卡通形象都很熟悉，可是让他写一篇关于某个卡通形象的介绍，他却写不出来。

原来小力非常不喜欢阅读，妈妈给他买了很多书，他连翻都没翻过。这跟小力的父母也有关系，因为他们自己整天忙着工作，有空的时候就玩，从来不阅读。在这种影响下，孩子也就没能养成阅读的习惯。

父母应该根据孩子的年龄、阅读习惯等个人特点，给孩子挑选一些对提高他们词汇积累有帮助的书籍。例如可以给低年级的孩子买一些简单的童话书，给高年级的买一些文学名著等，父母平时也应该多阅读，给孩子塑造一个良好的榜样和读书氛围。

3. 指导孩子养成写日记的好习惯

指导孩子写日记、写随笔也是一个锻炼孩子写作能力的好办法，父母在培养孩子这个习惯时，要求不要过于严格。日记、随笔与作文的不同之处在于前者只是让孩子养成乐于抒发自己情感的习惯，对主题和格式没有严格的要求。

父母可以规定孩子每日完成一篇日记，低年级的孩子可以要求字数少一些，100 字左右即可，重要的是鼓励孩子动笔去写，去把自己的心理感受写出来。当父母带着孩子出去游玩时，应该鼓励孩子写一些随笔或者观察记录。

4. 训练孩子的作文技巧

写作技巧不高也是孩子害怕写作文的重要原因。孩子不知道如何行文，常常会长篇大论一通，最后却发现严重偏离了中心意思。

父母应该多与孩子交流写作文的心得体会，告诉孩子要紧扣中心意思来写作文。如果有条件，父母可以给孩子报一些相应的作文技巧辅导班，培养一下孩子的行文技巧。

教 子 箴 言

万丈高楼平地起，写作文不是建空中楼阁，应该打好坚实的基础。没有深厚的词语积累，没有丰富的素材收集，不掌握巧妙的行文方法，作文当然会成为孩子学习道路上的拦路虎。

坏习惯 59 不会合作

一个巴掌拍不响，众人抬柴火焰高。许多人一起朝着共同的目标而努力将会产生一股更强大的力量。

——俄国文学家 托尔斯泰

家教个案

十岁的婷婷学习很认真，成绩也很好，经常有很多同学会来向她讨教问题，可是她却非常不乐意帮大家解答。

有一次，婷婷正在写作业，一个同学安静地走到她身边，直到她解出手中的题，才问她："婷婷，是否能教我一道数学题？"婷婷露出不悦的神色，推托说："我要赶着上厕所。"女孩悻悻地走开了，去向别的同学请教去了。回家后，她骄傲地跟妈妈说起同学向她请教的事情来。妈妈也很高兴，于是问她："你跟同学交流得开心吗？"

哪里知道婷婷居然说："我才不教她们呢，把她们教会了，我的第一名就没了，再说，多浪费我的时间啊！"妈妈听了之后，便问她："如果婷婷自己有不会做的题，想向别人请教，希望别人这样对待自己吗？"婷婷羞愧地低下了头，说："我以后不会再这样了。"

◎ 教育感悟

没有合作就不可能有人类社会。在现实生活中，各行各业之间共同运行、互相合作，社会才得以运行，人们才得以安居乐业。因此，合作是当代社会每个人都必须具备的品质，一个不懂得合作的人必将被社会淘汰。父母要积极培养孩子的合作意识和能力，以使他们在未来的社会中获得更多的发展机会。

研究表明，现在的独生子女中有80%具有不同程度的攻击性需要，也就是说他们不能愉快地接纳别人，只在乎自己的感受和体会。

孩子不懂得合作跟父母的教养方式密切相关，如果父母不懂得合作的重要意义，一心只想让孩子比别人强，这样就容易造成孩子人格的缺陷，也不利于他们合作习惯的养成。

一个孩子无论才华多么出众，也无法兼顾到所有的方面。所谓"智者千虑，必有一失"，而合作可以将"失"减为零。三个臭皮匠可以顶上一个诸葛亮，群体的力量是无穷大的，甲没想到的地方乙可能就想到了。合作可以使失误减少到最低程度。

在这个需要合作的时代，父母应该努力培养孩子的合作意识。平时父母应该多鼓励孩子参加团体活动，让他们积极地与他人交往。同时要培养孩子尊重他人、理解他人的良好品格，让他们懂得与人交往的技巧，在与人交往的过程中学会宽容和妥协，克服现代孩子普遍的以自我为中心的坏毛病，为提升孩子的合作能力奠定基础。

◎◉ 专家建议

孩子不懂得合作是他们人格的一种缺陷，也是孩子能力欠缺的表现。作为父母，要培养能够适应社会的优秀孩子，必须指导他们养成合作的习惯。

1. 告诉孩子尊重、悦纳他人

尊重他人是完善个人修养的基本前提。一个不懂得尊重他人的孩子，必然不能学会合作。合作是几人的努力，也是各方短处的相互遏制和长处的相互补充。因此，如果不懂得尊重和悦纳他人的长处和不足，就必然不能实现良好的合作。

父母应该告诉孩子，在与他人交谈时要多倾听、少发言，尤其不要打断他人的话，因为这是极其不尊重他人的表现。父母还应该让孩子接受他人的长处和不足，因为没有人是十全十美的，只有愉快地接纳他人，才能实现良好的合作。

2. 告诉孩子合作的重要作用

谁懂得合作，谁就能赢得人脉，获得成功。小到简单的家庭生活，大到整个人类社会，处处都存在着合作。没有合作，就不可能拥有现在这种自由而规律的生活。

郑悦的学习成绩非常好，还在班里担任班长的职务。她是老师的得力助手，也是同学们拥戴的对象。每次组织班集体活动时，她都非常注重同学之间的相互合作，因此，每次大家都能玩得非常尽兴。她的父母从小就告诉她合作的重要作用，而且她也深刻体会到了合作在现代社会中的重要意义。小小年纪的郑悦知道，如果不懂得与人合作，就无法顺利地在社会上生活。

父母应该多给孩子讲述一些合作的故事，引导孩子认识到合作的重要作用。或者让孩子观察自然界的一些现象，让孩子从中体会合作的意义。例如带孩子观看蚂蚁搬家的情景，让他们感受众志成城、齐心协力所产生的巨大作用。

3. 让孩子体会"单干"的挫败感

在日常的生活中也有许多工作需要多人合作才能完成，而一个人单干常常会浪费时间和精力，且难以取得成功。父母可以让孩子体会一下"单干"的挫败感，让他们认识到合作的意义。

孩子们各自拿着自己的积木在堆，可是好几个小时过去了，他们没有一个人能顺利地堆出形状来。父母此时可以指导他们进行合作，让他们一起来堆积木，体会集体的智慧和力量。

4. 让孩子有成功合作的体验

成功合作的体验是强化孩子的合作意识，养成孩子合作习惯的重要方法。成功的合作不一定要求达到某个具体的目标，父母应该努力让孩子在集体合作中体会到乐趣。例如让孩子一起堆积木，指导孩子们进行分工合作，鼓励孩子们为集体做贡献。如果孩子们能够在活动中玩得开心并且学会尊重他人，那就是非常成功的合作。

5. 训练孩子参与合作的技巧

合作，也意味着个体的意愿必须服从集体的目标，如果集体中每个成员都各行其道、互不相让，那么这种合作就是失败的。因此，孩子必须学会一定的合作技巧，学会牺牲自己的某些利益来成全集体利益。

丽丽今年刚上高中一年级。因为她从小就开始学舞蹈，所以她的舞跳得非常好，在市里的比赛中得了不少奖。有一次，学校要举行春节文艺汇演，需要在一个戏剧表演节目中插入一段舞蹈。节目组找到了丽丽，请她帮忙，丽丽倒也很高兴地答应了。

可是过了没几天，丽丽就跟妈妈诉苦："他们根本不懂得舞蹈，让我瞎跳。我不想参加这个节目了。"妈妈便告诉她："这是个戏剧节目，不是舞蹈表演。你不能光用自己的眼光来看问题，而要考虑到整个节目的需要啊。"丽丽听了之后，也觉得在理。那天过后，她又高兴地投入到彩排活动中了。

父母在培养孩子的合作精神时，应该告诉孩子一些合作的技巧。例如，如果在合作过程中出现了问题，就要及时与同伴沟通，不要太计较个人得失，而要多关注集体的利益。

教子箴言

只有合作才会有双赢，只有合作才能带来世界的和平。在当今社会，合作被提到了一个前所未有的高度，而一个人的合作能力也直接决定他一生的成败。因此，父母要指导孩子学会与人合作。

坏习惯 60 不懂竞争

高尚的竞争是一切卓越才能的源泉。没有竞争的社会将永远不能获得发展，没有竞争的孩子也难以在社会上取得成就。

——英国哲学家 休谟

家教个案

允文有点内向，爱好也很广泛。他以前学习很努力，成绩也很好。但自从转入市重点小学后，他就不能总是得第一名了。

有一次，允文数学考了一百分，英语考了九十九分，语文考了九十五分。这样的成绩如果放在他以前的学校和班级，肯定能拿第一名，可是在这个学校他却沦为第十名。拿回成绩单的那一天，允文表现得格外平静和轻松，他说："我不想跟别人去比，毕竟人外有人，天外有天嘛。"

虽然孩子说得也在理，可是妈妈却分明从孩子的口气里听出了一丝无奈。其实孩子以前就没有竞争意识，每次也只关注自己的成绩如何，从来不在乎名次。细心的妈妈发现，孩子从来不提比他优秀的同学，总是说："我这个成绩放在以前的班级肯定是第一名！"这些话妈妈听在耳朵里，觉得很不是滋味。

◎ 教育感悟

现在的许多孩子都不懂得真正的竞争，要么就是盲目嫉妒他人，并试图采取不正当的手段来赢得成功；要么就是没有竞争意识，任凭外面风吹雨打，我只管我自己的一家一门。这两种情况都是孩子不懂得竞争的典型表现。

许多孩子平时学习不用功，考试时就采取作弊等不正当的竞争手段取得好成绩，这是孩子缺乏正当竞争意识的表现。现在，孩子的学习压力越来越大，而他们又有一种强烈的表现自我、突破自我的渴望。孩子内心的强烈愿望与现实的巨大落差让他们产生了畸形的竞争观念，一到考试就开始打着"不管黑猫白猫，取得好成绩就是好猫"的旗号进行不正当竞争的准备。

孩子缺乏竞争意识的另一种表现就是刻意忽略竞争的存在。在某种情况下，孩子的这种逃避和忽略的心理可以在一定程度上缓解他们的心理压力，但是却可能使孩子心生倦怠，不愿意与他人竞争，只想躲在家门里闭关自赏。

社会发展离不开竞争。事实上，在人类的任何领域都存在着竞争，我们每个人都生活在激烈的竞争当中。同时，我们每个人也是由于竞争才得以生存下来的。达尔文的生物进化论认为"物竞天择，适者生存"，我们人类之所以能够生存下来，就是由于我们在物种的竞争中获得了胜利。因此，竞争是人的天性，也是每个人必须具备的。

竞争有好坏之分，只有那种通过正当的途径获得的胜利才值得骄傲，自然界和人类社会都不可能承认那种投机取巧的胜利。在自然界，即使有一些应该淘汰的物种侥幸生存了下来，但是它们也会在下一轮或者下下一轮的物种竞争中被淘汰出局。社会上的竞争也是如此，依靠投机取巧的不正当竞争手段获得的胜利只可能是暂时的，因为竞争无处不在，也永远不会停止，不合格的人最终会被红牌罚出局。

◎ 专家建议

竞争可以激发孩子的智慧和才能，但是如果他们的竞争意识不能得到良好的培养，就有可能使他们走上不正当竞争或者不愿意竞争的错误道路。因此，父母应该努力培养孩子正确的竞争习惯。

1. 为孩子树立正确的竞争意识

竞争不是为了最后的成功和胜利，而是为了让自己的才华得到充分的施展。那种不问过程只求结果的竞争是不正确的、狭隘的，竞争者应该有宽广的胸怀。竞争不应该充满阴险和狡诈，那种通过不正当手段取得的胜利是令人不齿的。

云慧上五年级了，她的语文和英语成绩都很好，但是数学成绩却不太好。为了得第一名，她决定和班里的一位数学高手"合作"。数学高手在考数学时让云慧抄袭他的答案，而云慧则会在英语考试时为他"指点迷津"。

妈妈无意之中得知孩子这个自以为聪明的荒唐计划时，感到非常失望。她对孩子说："学习不是为了得第一，也不是为了分数，而是要让自己学到更多的知识，你平时不向这位同学请教数学，考试时倒打起作弊的主意来了。"听完妈妈的话，云慧觉得很羞愧。

父母应该帮孩子树立正确的竞争意识，告诉孩子要光明正大地竞争，而不应使用阴险狡诈的手段。另外，父母在生活中也要树立良好的竞争意识，不要运用歪门邪道与同事或者他人竞争，以免给孩子造成不良影响。

2. 告诉他们要做好孩子更需要竞争

"好孩子应该把大的梨让给他人！"这是孔融让梨的故事带给我们的启示，于是好孩子注定了要牺牲、要奉献、要委屈自己的渴望。父母们应该改变这种育儿观，当孩子们年龄相当、能力相同的时候，谁都没有义务要无条件地退出竞争。

小玮今年十岁，他还有个九岁的弟弟。一天，妈妈拿着两个苹果问孩子："谁想要这个又大又红的苹果？"小玮和弟弟都没有说话。妈妈有点疑惑："你们难道都想吃小的吗？"小玮摇摇头说："好孩子要把好东西让给别人！"妈妈笑着说："那你为什么不直接说想让给弟弟呢？你有这种想法很好，但是好孩子并不代表要委屈自己去成全别人，好孩子才更需要竞争呢！"于是妈妈宣布他和弟弟谁先整理好自己的房间，谁就可以拿到这个好苹果。通过努力，小玮赢得了那个红苹果。

好孩子更需要有竞争的意识和行为，因为只有竞争才是以后生存、发展的正确道路。父母应该抛弃那些陈旧的育儿观念，培养敢于竞争的好孩子，

3. 多鼓励孩子参加集体竞赛

集体竞赛可以培养孩子的竞争意识，也可以让孩子体会到合作的乐趣。以班、组为单位的竞赛可以让孩子在为集体奉献力量时充分发挥自己的潜能，培养孩子良好的竞争意识，激发孩子的上进心。父母应该鼓励孩子多参加那些以集体为单位的竞争比赛，例如让孩子参加接力跑比赛。这样的竞争模式可以极大地激发孩子的上进心，促使孩子发挥自己的潜能。

4. 指导孩子正确面对竞争中的成败

有竞争就会有成败，这是很自然的现象。许多孩子过于重视竞争的结果，失败了就伤心欲绝，成功了就欢天喜地。这种心理很可能导致不正当的竞争行为和孩子畸形竞争意识的形成。

父母应该告诉孩子竞争最重要的不是结果，而是孩子为了获取竞争的胜利而不断完善自己的过程。当孩子为失败而叹气的时候，父母应该提醒他们注意到自己从竞争中学到的知识和经验，而不要只关注最后的结果。

教 子 箴 言

合理正当的竞争可以激发孩子的求知欲望，使他们保持一种昂扬向上的精神状态，使他们学习到更多的知识、积累更多的经验，使孩子释放出自己的潜能。

坏习惯 61　不会人际交往

一个人事业上的成功，只有15%是基于他的专业技术，另外的85%要靠人际关系，即与人相处和合作的品德与能力。

——美国成功学家　卡耐基

家教个案

王靖玲上初二了，她的学习成绩很好。因此，向她请教问题的同学也很多。有一次，靖玲正在写作业，班里有个同学拿了道数学题过来请教她。靖玲看了一眼那道题，觉得与自己前几天看过的一道题非常像，便没有经过仔细审题就直接把解题过程写了出来，并认真地给那位同学分析了一遍。

几天后，班里举行数学考试，正好考到了那道题。靖玲在答题时意外地发现上次给同学讲解的方法和结果都是错误的。考试结果出来后，那个同学非常气愤地指责她，并且说："如果你不愿意教我可以拒绝啊，为什么要告诉我错的答案？"

靖玲也很委屈，她说："我又不是故意的，再说这么多天了，你自己怎么一点也没发现呢？"因此，她拒绝道歉，可是同学们都一边倒地倾向于那位同学，从此谁都不愿意理她了。为此，靖玲很苦恼。

◎ 教育感悟

多与他人交往可以培养孩子乐观、开朗的性格，更可以使他们通过彼此的交流与沟通获得更多的知识，学到更多的优秀品格，懂得为人处世的道理。

孩子不懂得人际交往，对同学、老师没有礼貌，就得不到大家的欢迎和喜爱。造成这种现象的原因有很多。首先，现在的孩子都是独生子女，他们更喜欢独处，而不喜欢与人分享，也不愿意与人打交道。另一方面，由于父母的过度宠爱导致孩子对父母过于依赖，从而拒绝去参加人际交往。

开放的社会需要那些善于与人沟通和交流的人才，即使一个计算机程序员也需要不断地与其他程序员以及他的项目主管进行沟通，否则他也只能闭门造车，难以写出优秀的程序。父母在生活中不注重孩子的交往问题，不关心孩子是否有朋友，也不关心孩子在班集体里是否与其他人相处融洽，就会导致孩子交往能力低下。这种"小家子意识"的育儿观导致孩子养在深闺不识人。

从古到今，与人相处一直是一个自然人转化为一个社会人所需要完成的关键任务。没有人与人之间的相处，就不会有人类的延续，也就不会有人类社会的发展和人类文明的进步。随着知识经济时代的到来，社会信息量不断增多，社会化程度越来越高，社会对人的素质要求也越来越高。

虽然从表面看来，人们与电脑和机器打交道的时间越来越多，但事实上，真正能取得成就的人必然更乐于与人打交道，并且善于与人相处和交往。

歌德说："人不能孤独地生活，他需要社会。"许多成功人士的成长经历告诉我们，那些善于处理人际关系的人走到哪里都能受到大家的欢迎，他们的才能也能得到充分的发挥。培养与人交往的能力是孩子合作精神产生的根本前提，通常情况下那些善于与人交往的人所在的群体也更容易取得成功。因此，父母们应该注重培养孩子的交际能力，不仅不能限制孩子交朋友，而且要善于给孩子找朋友，并且帮助孩子维持朋友关系。

◉ 专家建议

培养孩子的人际交往能力需要父母从以下几个方面进行努力：

1. 为孩子的人际交往创造条件

要培养孩子的交往能力就必须为孩子创造良好的条件，那就是让孩子多接触他人，多与他人待在一起，尤其是同龄的孩子。交往的技能只有在交往中才能学会，父母应该努力为孩子创造交往的条件，鼓励他们与人接触、交流。

女孩青青刚十岁。她非常内向，不喜欢与人说话，就喜欢赖在父母怀里撒娇。眼见着女儿这个样子，父母心里也非常着急。妈妈想出了个好办法，她决定减少女儿呆在家里的时间，避免她有机会向自己撒娇。

于是她根据女儿喜欢舞蹈的兴趣为她报了一个舞蹈兴趣班，这样孩子就可以多接触同龄的孩子和老师了。刚开始的时候，青青非常不适应群体的环境。经过父母的引导，她慢慢地适应了新环境，同时，她也变得越来越开朗了，和班里同学也经常有说有笑的。

父母应该多为孩子创造人际交往的实践机会，鼓励他们走出家门，广交朋友，如参加一些舞蹈兴趣班或者鼓励孩子去健身房健身等。平时在家里，不要让孩子粘着父母，而应该鼓励他们出去和小伙伴们玩，或者邀请同学和朋友来家里做客等。

2. 鼓励孩子参加集体活动

现在的孩子多为独生子女，平时与小朋友相处的机会也非常少。在学校里虽然也有一些玩伴，但是大部分时间都在学习，而且都是一些熟悉的面孔，根本不能满足孩子人际交往的需要。因此，鼓励孩子参加集体活动就非常有必要了。

思雨是个13岁的女生，她是个非常懂事、有教养的孩子，很善于人际交往。思雨在妈妈的鼓励下参加过许多同龄人组成的集体活动，例如暑假的夏令营活动，她在那些活动中认识了很多朋友，而且都结下了深厚的友谊。集体活动中的每个参与者都有自己不同的想法和经历，大家在一起畅谈学习和理想，让思雨在精神上获得了极大的满足，并且也增长了见识。

父母应该多鼓励孩子参加集体活动，小到学校的班际或者校际联谊活动，大到全国各地的假期夏令营活动。孩子多参加这些活动就会更快地学会如何与人相处，学会宽容和尊重别人，学到许多课本中难以学到的知识。

3. 指导孩子正确交朋友

一个良友可以在学习、生活中帮助孩子，鼓励他们积极进取，保持愉快的精神状态。但是一个损友却会使孩子变得消极内向，甚至变成一个令人头疼的坏孩子。因此，父母在鼓励孩子多交朋友、多与人交往时，也应该告诉孩子如何正确地交朋友，避免孩子因为交到损友而堕落。

4．帮助孩子处理人际矛盾

孩子之间也常常发生矛盾，那么孩子与伙伴们发生矛盾时，应该怎么办呢？父母不能取笑孩子之间的矛盾产生的原因，即使那可能只是一只玩具。父母可以帮助、指引孩子处理人际矛盾，但是不能过度地干涉，例如可以鼓励孩子去跟伙伴道歉，即使矛盾是由于伙伴的错误造成的，也应该指导孩子主动伸出言和之手。

5．帮孩子克服社交恐惧

许多孩子一到人多的场合就表现得非常拘谨和不自在，有的还故意躲到角落里，生怕别人发现。这样的孩子极有可能发展为"社交恐惧症"患者。当我们进入到一个新的环境中时，恐惧心理是不可避免的，但是一般人都能克服这种心理，很快融入到新的环境中。

因此，父母要鼓励孩子大胆地走到大家面前，了解别人的同时也向别人介绍自己，这样孩子对环境和人熟悉后便不会再有恐惧的心理，就能够安心地享受集体的快乐了。

教 子 箴 言

人是社会的人，每个人都必须与人交往，这既是生存的需要也是心理的需要。因此，父母在早期的家庭教育中应该培养孩子与人交往的意识，并指导孩子掌握一定的社交技巧和处理人际矛盾的方法。

坏习惯 62 迷恋电视

电视中的许多场景绝不是真实的生活。在现实生活中，人们必须埋头做自己的工作，而非像电视里演的那样天天泡在咖啡馆里。

——美国商人 比尔·盖茨

家教个案

王垦是个小电视迷，平时只要一打开电视，就会锁定幼儿频道，而且一看就是几个小时，就连吃饭也是在电视机前面吃的，想拉都拉不开。妈妈看着儿子的样子，觉得很担心："这样下去，他的眼睛怎么受得了啊？"于是，她就想着用小恩小惠来收买儿子，可是这也只能是短期的，三两天就不管用了。再说，妈妈也没有精力去找出那么多的方法来诱惑孩子离开电视。

王星沉迷电视后，就不太合群了。爸爸也觉得很不可思议，儿子正是喜欢玩闹的年纪，却没想到他竟然宁愿待在家里看电视，也不愿意到外面去和别的孩子一起玩游戏。孩子过度地沉迷于电视，对身体肯定是不好的，对这个家里的小电视迷，父母很忧心。

◎ 教育感悟

长久地泡在电视机旁容易影响孩子正常的身心发育。长久不活动，尤其是没有室外活动，会让孩子的抵抗力下降，容易得各种各样的疾病。如果是长时间地盯着屏幕，眼睛就会处于一种紧张的状态，很容易导致孩子的视力下降。长时期地坐着，容易形成骨骼畸形，还会影响到食欲，导致孩子过瘦或过胖。

长时间看电视的孩子，在智力的发育上也会受到影响。因为看电视时孩子的大脑思维活动减少，不能主动地去思考问题，而只是在被动地接受电视中的画面形象，这样会阻碍智力的发育。看电视过多的孩子在个性上也会比较畏怯、退缩、沉默、迟钝，无法形成良好的人格特征。

长期地处于室内，还会影响到孩子的人际关系交往能力，因为没有更好地与外界进行交流和沟通，慢慢地孩子也就丧失了与外界交往的能力。

另外，电视的高仿真性和模拟性会让年幼的孩子误把电视中的情景当成真实的生活，增加孩子的不安全心理，因为电视里演绎的危险总是比现实生活中的比例大得多。沉迷于电视中的孩子容易做出侵犯他人的举动，这也是受到影视中的暴力污染的影响，最终影响到他们心理的健康发育。

孩子沉迷于电视是弊大于利，现在对于孩子沉迷于电视的批判呼声也是越来越高。随着越来越多因电视而病弱的孩子的出现，让孩子学会远离电视，投入到真实的生活中来，是父母不可忽略的责任。

◎ 专家建议

孩子过于沉迷电视，父母要怎么办呢？下面是一些教父母将孩子从电视前拉开的好办法，避免让电视抢走了孩子。

1. 帮孩子选择有益的电视节目

适当地看一些少儿节目能够开阔孩子的眼界，增加孩子的知识。但是过于沉迷电视弊大于利。

东东平时喜欢和奶奶一起在家玩。奶奶一个人在家没事，祖孙俩就一老一小地坐在电视机前看电视。奶奶看的都是一些成人连续剧，什么热播就看什么，东东也迷上了这些故事。

有时候他整个星期天都在家看电视，甚至有时候奶奶都出去遛弯儿了，他还在看一些成人剧呢。妈妈看到之后，很生气，便跟他约法三章，说以后只能看少儿频道的节目，要是再看其他的就给他锁定频道。

一定要帮孩子选择有益的节目，如动物世界、科技之光，以及少儿频道的一些节目。千万不要让孩子迷上看成人的节目，避免让孩子接触那些言情的、暴力凶杀的不健康节目。

2.控制孩子看电视的次数和时间

活动对于越是年幼的孩子就越是需要，一定要控制好孩子看电视的时间，让孩子能够有充足的时间去参加一些户外活动和游戏。长时间地坐着也是不利于孩子的身体健康的，年幼的孩子看电视的时间应该以三十分钟为宜。

小明最近迷上电视了。妈妈对他说："你现在才四岁，看多了对眼睛不好，而且戴眼镜会让人看起来很丑的。"妈妈每天只准小明看半个小时的少儿节目，然后就要出去和大家玩。小明也比较遵守，每天在楼下的小花园里和大家一起玩球、跳绳等。

父母一定要严格控制孩子看电视的次数和时间，避免孩子把过多的时间放在电视上，而忽略了其他的活动。

3.尽量让孩子的生活丰富

父母平时可以为孩子组织一些活动，让孩子的生活变得丰富起来。平时在家里，父母也可以陪孩子一起来玩一些设计好的游戏，充分地调动孩子的积极性，让孩子在游戏中找到自己的乐趣，也可以让孩子学习音乐或书法。父母要尽量让孩子拥有丰富的生活内容，避免孩子因为感到无聊而沉迷于电视。

4.给孩子多准备一些室内玩具

父母可以多给孩子买一些少儿画册以及手工、折纸、剪纸、粘贴类的少儿用品。这些活动可以锻炼孩子的动手能力、思维能力和学习能力，是启发孩子智力的好办法，同时还可以让孩子远离电视。

5.父母以身作则

父母平时也不要太沉迷于电视，要以身作则，因为很多时候孩子看电视都是跟着父母一起看的。父母平时要给孩子创造一个健康的家庭生活环境，到了孩子学习和睡觉的时候，父母也应该关上电视机。一个好的生活环境也有利于孩子从沉迷的电视节目中走出来。父母对孩子的示范作用是非常大的。

教 子 箴 言

　　孩子沉迷于电视中，会耗费孩子大量的时间和精力。如果想更好地实现孩子的人生价值，父母就要鼓励孩子毅然地关上电视，走入自己的学习和生活中。

坏习惯 63 网瘾

沉迷于网络中的虚拟世界，就会渐渐地远离真实鲜活的现实世界。网瘾也像毒瘾一样在悄悄地吞食孩子健康的身体和灵魂。

——中国教育学家 刘传德

家教个案

王兵现在每天都要上网去玩自己喜欢的游戏。他还创下了自己的最高纪录，就是能够在星期天从早晨起床一直玩到晚上睡觉。吃饭都是在电脑前吃的，妈妈怎么拉也拉不走，他说自己在冲关呢。对于一些热门的游戏他更是热衷，平时只要跟人一谈起游戏就精神抖擞的。他现在对网络有了很强的依赖，很多朋友也是在网上认识的。

王兵现在是一天不上网就觉得心里特别难受，好像是被世界抛弃了似的，魂不守舍的。身体也是越来越瘦，表情也木木的，不太爱答理人，明显就是一个"网络人"了。妈妈很害怕孩子因为网瘾而自闭，她不断地劝他好好地吃饭睡觉，离开互联网。王兵自己也说："我知道上网不好，可就是控制不住自己，像中了毒瘾一样。"

◉ 教育感悟

网络是一个虚拟而迷幻的空间，由于背后的主体也是一个个实体的人在操控，所以会让沉迷于其中的人觉得特别真实，而不能自拔。网瘾像是精神上的鸦片，孩子一旦染上，就很难轻易地走出来。孩子沉迷于网络之后，精神上和身体上都会受到相应的摧残，从而走向委靡。

现在的孩子多为独子，没有可以好好交流的对象。由于学习和生活的压力，精神上容易空虚，所以很容易在进入网络时染上网瘾。他们把网络看成了自己精神上的寄托。

现在，上网聊天、交友、网恋是青少年获得理解的一种很重要的途径。而青少年的心理发育还不太成熟，对于一些不健康的网站和游戏往往是抱着一种好奇的心理来看一看，结果一发不可收拾，沉迷于其中了。

孩子迷恋上网络之后，会产生诸多精神阻碍和一些异常的心理疾病。在平时的学习和生活中，常常会出现举止失常、神情恍惚的现象，有时候还会胡言乱语，性格也会渐渐地走向孤僻。而且他们常常会出现一些比较怪异的举动，让人觉得这个人就像是生活在另一个世界一样。

孩子染上网瘾之后，父母的强制手段也只能管得了一时，不能从根本上解除掉孩子的网瘾。父母要学着走进孩子的心里，让孩子能够在现实生活中感受到来自父母的关爱，从而感受到温暖，不必总是在网络上寻求精神上的寄托。

网瘾是吸食孩子精神的海洛因，父母一定要让染上网瘾的孩子早日走出这个虚幻的世界，过上正常而真实的生活。

◎◉ 专家建议

对于染上了网瘾的孩子，父母可以用下面的一些方法来对孩子进行相应的引导和相关治疗，具体的方法如下：

1. 父母要加强与孩子的沟通

对于染上网瘾的孩子，父母要及时加强跟孩子之间的交流和沟通，让孩子能够感受到来自父母的精神关怀。父母要以一种积极平等的态度来和孩子交流，不要因为孩子有了网瘾就对他们进行打骂，这样只会把孩子更深地推进网络。孩子就是因为在现实世界中找不到自己的精神寄托，才会转向网络的，因此，父母的爱是引着孩子从网络中走出来的首要条件。

2. 转移孩子的注意力

对于还没有严重成瘾的孩子，父母如果看到孩子和网络接触的时间过长，就要转移孩子的注意力。父母可以想办法丰富孩子的生活，根据他们的爱好，在物质上给予一定的支持，让孩子去培养其他的兴趣。

小兴现在有些迷恋电脑游戏，每次放学后都要上网，一玩就可以玩两三个小时，但他还觉得自己没有玩过瘾。爸爸看到这种情况后，就主动地来问小兴："你有没有特别喜欢的体育运动啊？现在你们班上的孩子都在玩什么呀？你有没有特别想学的啊？"

小兴想了想说："想玩滑冰。班里好多男孩都会了，我还不会呢。"爸爸第二天就给他买了一双新的溜冰鞋，还给他找了一个会滑冰的小伙伴，让儿子和他一起玩。由于新奇，小兴也就很乐意地去玩滑冰了。这样一来，孩子从滑冰中又找到了新的兴趣，也就不再想着他的网络游戏了。

父母可以先征询孩子的意见，看孩子最喜欢的是哪个活动。然后根据情况给予积极的支持，要买的用具就积极地去买，要报的班就积极给孩子报，将孩子对网络的兴趣成功地转移出来。

3. 陪孩子去找心理医生

父母在孩子网瘾比较严重的情况下，一定要陪着孩子去找心理医生。让医生来诊断一下孩子的病情到了什么程度，然后再给出相应的治疗措施。父母要积极地配合医生的指导去引导孩子，利用专业的治疗措施和手段来帮助孩子走出网瘾。

4. 每天要定时定期地和孩子交流

对于严重成瘾的孩子，父母最好每天和孩子进行沟通。也可以请孩子比较喜欢的同龄人、朋友或兄弟姐妹来和孩子聊天。这样做可以让现实中人际交流的增加缓解孩子追求网络虚拟交流的冲动。

小丙染上了网瘾，妈妈陪他一起去找了心理医生。医生谈到了要定期定时来和孩子交流沟通。妈妈便让家里的人每天轮着来陪小丙聊天，家里有什么事了，也要听听小丙的意见。她还让孩子陪着家人一起去选购东西，从各个方面给小丙关心。

小丙刚开始觉得和家里人说话很没有意思，但是看着亲人对自己的爱，自己也开始积极地配合。一个月下来，他终于完全戒掉了网瘾。

来自现实的、真实的人际交流和感动能够让孩子渐渐地再次感受到来自现实的温暖，这是很利于孩子走出网络这个虚拟空间的。

5. 让家庭生活更丰富

父母要注意给孩子营造一个有情趣的家庭生活环境，让他们能够在生活中找到更多的快乐，因为每个孩子都喜欢新鲜有趣的生活。如果孩子平时的生活太单调，太过于千篇一律，就会让孩子觉得没有新意。这样一来，变幻莫测的网络世界对孩子就是一个很大的吸引。丰富的家庭生活也是预防孩子染上网瘾的一个好方法。

教 子 箴 言

来自虚幻的网络世界的诱惑，很容易让自制力不强的孩子上瘾。孩子沉迷于网络就会浪费自己宝贵的青春和健康的体魄。

坏习惯 64 迷恋电子游戏

要抵制不良的网络游戏，注意自我保护。适度游戏可以益脑，如果过于沉迷只会给身体带来严重的伤害。

——中国网络专家 刘振刚

家教个案

王海家新买了一台电脑。爸爸发现自从家里有了电脑之后，孩子就变得特别乖了，出门的时间明显比以前少了。爸爸想这可是培养孩子电脑特长的好机会，就给孩子买了好多关于电脑应用的书籍。他想让孩子能够及早入门，对电脑产生兴趣。一个学期下来了，孩子的学习成绩却下降了不少，眼镜度数也上升了不少。爸爸很纳闷，他仔细地观察了孩子一段时间后发现，原来孩子在躲着自己玩游戏呢。他有时候甚至还把电脑放在床上躲在被子里玩。

被爸爸抓到以后，王海向爸爸坦承了自己的情况。原来他不仅玩游戏，而且还非常沉迷。为了不让父母发现，所以一直都是借学习的名义在偷着玩。他还说自己对于很复杂的电脑知识一点儿兴趣也没有。但是电脑里面的游戏实在是太好玩了，他玩过第一次以后，就天天都想着了。每天都要玩上两三个小时，有时候实在是没有尽兴，就躲在被子里，再玩上一两个小时。

教育感悟

长时间地玩电脑游戏，会让精神一直都处于一种很紧张的状态，这对孩子危害很大。首先会损害孩子的身体健康，让他们在平时的生活中觉得头晕眼花、全身无力，过度沉迷游戏的孩子还会出现双手颤抖、视力急剧下降的现象。另外在心理上，会让孩子出现情绪低落、思维迟钝的现象，而且通常会做出一些很怪异的举动来。这是由于孩子的交感神经功能出现紊乱失调的情况而导致的。

面对电子游戏，孩子的自控能力是比较差的，一旦沉溺于其中，就会难以自拔。父母要在孩子有点儿黏上电脑游戏的时候及时转移孩子的注意力，但干预方式千万不要过于简单、粗暴。

如果孩子沉迷于电子游戏了，也不要过于惊慌，如果父母先对此不知所措了，就更没有好的办法来让孩子走出电子游戏的阴影了。同时，父母还要注意多增加孩子的社会交往活动，让孩子尽量减少和游戏接触的时间，经常检查电脑，对一些暴力过多的游戏要及时删除。

电脑游戏也并非一律都不能让孩子碰，但在孩子玩游戏前要让他们明白一个道理，即游戏是给有自觉性的孩子玩的。如果孩子想玩游戏，那一定要遵守父母和孩子定下的相关约定，比如玩哪一种游戏，玩多长时间等。只要孩子能够做到，就可以让他玩游戏。如果孩子没有自觉性，总是想着玩，其他的事都不认真做了，那就要进行严格的控制了。

电脑游戏可以是孩子学习电脑的一个好的启蒙点，但是一定要注意不要让孩子玩得太过度，而成了一个电子游戏迷。

◎专家建议

孩子迷上了电子游戏，父母要怎么办呢？下面是一些经验和方法，可以供父母们参考，具体如下：

1. 控制孩子的上网时间

现在越来越多的孩子成了电子游戏迷，在四五岁的时候，父母就已经让孩子接触到电子游戏了。

针对这种情况，父母一定要做到把好两个关：一是在游戏的选择上把好关，选一些简单益智类的游戏，不要让孩子接触一些成人的较暴力的游戏；二是在时间上帮孩子把好关，如果是玩四十分钟，最多只能拖到当时正在玩的那个游戏结束，让孩子心理上比较容易承受。不要乱了规定，让孩子玩了一次又一次，结果严重超时。

东东四岁就开始玩电脑游戏了，他最爱玩的就是超级玛利，每次胜利了都会很高兴。渐渐地，孩子的技术也高了起来，他也很有成就感。

有几次爸爸说要关电脑的时候，他都要赖想再多玩几次。爸爸就很严肃地跟他说："一天只能玩半个小时，如果你不能做到自觉，爸爸就每天把你玩的时间再减少五分钟，如果你遵守了，就再增加回来。"

孩子在玩游戏的过程中，很容易失去对时间的控制。父母一定要帮孩子把好时间关，让孩子能够有效地控制游戏时间。

2. 不要采用强制手段

当孩子沉迷于电子游戏之后，一定不要采用强制手段，将孩子打一顿或把电脑锁定，这样只会让孩子更加远离父母，把孩子赶向网吧这些公共场所继续玩乐，造成更坏的后果。

刘悉是个电子游戏迷，当父母发现问题的严重性时，他的精神已经很委靡了，晚上睡觉都睡不好，总是处于一种莫名的兴奋中。他的睡眠质量很萎，白天也像是在梦游。

爸爸知道以后，狠狠地打了他一顿，可还是没有用。没有办法，妈妈便带着他去看了心理医生。在医生的指导下，父母也知道了自己的做法不对，开始采用科学积极的方法来对孩子进行治疗。

父母要多关爱孩子，让孩子能够明白沉迷于电子游戏的危害，并积极地去配合心理医生进行相应的治疗。

3. 培养孩子新的兴趣点

父母在发现孩子过于依赖电子游戏的时候，要及时转移孩子的兴趣点，让孩子能够从中走出来，走进一个健康的兴趣中去。例如周末多带孩子一起出去玩，一是开阔眼界，二是丰富家庭生活。父母还可以培养孩子健康积极的兴趣，比如游泳、爬山、摄像、画画。只有孩子多走出家门，才会发现生活中还有很多新奇的事物比电子游戏有趣，这样他们便会自动疏远电子游戏了。

4. 给孩子多找几个玩伴

孩子有时候愿意待在家里玩游戏，是因为找不到可以和自己玩的人。父母可以在小区里多搞一些联谊活动，让孩子们相互认识。这样孩子也就可以不用担心没有同龄的玩伴一起玩了。孩子的天性还是喜欢玩的，同龄人之间的玩乐会比电子游戏更有趣。多一些玩伴，大家共同想主意，孩子每天都可以玩出一些新花样。

5. 培养孩子健康的心理

研究发现，一些有心理缺陷的孩子更容易沉迷于电子游戏。父母要注意培养孩子健康的心理，让孩子能够具有良好的自制力，能够很好地控制好自己的行为。一个自律性很高的孩子是不会很容易就沉迷到电子游戏中去的。他们也会玩，但是都会在要求的时间内停止，并迅速地把精力放到其他的事情上。

教 子 箴 言

电子游戏只能让孩子变成一个只会在简单、重复而又虚拟的世界里生活的人，他们自己把自己麻醉，让自己在精神和肉体上都陷入萎缩而又不能自拔。

坏习惯 65　早恋

爱情是一种美好的人生情感，但早恋却是一枚青涩
的酸果。千万不要急于去摘取，否则只会品尝到更多的
苦涩与无奈。

——中国文学家　张志新

家教个案

刘苗发现自己现在出现了一种奇怪的现象，只要一看到班上的
王焘心里就会特别激动。她总是希望他能够关注到她，上课的时候，
也总是不自觉地向他坐的那个方向看。

他是班上的优等生，每次考试他都是班上的前三名，还很会打
篮球。每次比赛，他都能拿到最高分，班上有好几个女孩子都对他
很爱慕。刘苗发现自己也渐渐地成了其中的一员。

刘苗每天都会故意地制造一些机会靠近他，看他对自己会有什
么反应。有时候，他会有一些不在意，她就觉得很伤心。有时候为
了他的一个眼神，刘苗会一节课听不进老师讲的一个字。

她把这些感受都写在了自己的日记本上。一个人的时候她就翻
出来，一篇接着一篇地看。半个学期下来，刘苗的成绩在班上退了
五六名，她知道是什么原因，可就是控制不了自己的情绪。

◎ 教育感悟

早恋是指发生在心理和心智都不成熟的孩子身上的一种不健康的爱恋。
此时的他们彼此之间很少真正建立恋爱关系，只是对异性产生兴趣，表现出
痴情和暗恋的倾向。在这个阶段产生感情的冲动是正常的，这是孩子成长过
程中正常的生理和心理发育阶段。它是青少年在性心理发育的基础上，由心
理转化为行为的一个过程，也是成长中的孩子对于男女关系的探索和学习。

父母如果发现自己的孩子陷入了早恋，千万不要进行打击和压抑，也不要去告诉其他的人，这都会对孩子造成严重的伤害，不利于孩子的心理健康。父母要多给予关心、体贴和理解，最好是用冷处理的办法，让孩子自己作出正确的抉择。对于孩子在此期间的一些情感冲突，也要给予正确的疏解。

　　孩子陷入早恋是很痛苦的一件事。对于孩子而言，产生恋爱情感时，有激动，也会有伤感，还要面对社会的压力，甚至是性欲的纠缠，这些都会给孩子带来深切而又真实的烦恼。此时的父母就要学会洞悉孩子的心理，能以理解、尊重孩子的态度来听他们倾诉，也要给以严肃的忠告。

　　父母要教孩子自尊自爱，区分开什么是友情什么是爱情。适当地向孩子讲爱情的道德性和责任性，还要给孩子进行正确的性知识教育，培养孩子正确的性意识。父母应该让孩子学会保护好自己，同时也不要做出伤害别人的事情。还要让孩子明白早恋和婚姻是完全不同的两码事，二者是有很大的区别的，一定要理智地来对待早恋时的情感。

　　告诉孩子早恋是很美好的，可以珍藏。但不要去想着天长地久，忘记了自己人生中的其他一些也很珍贵的事情。

◎专家建议

　　当父母发现自己的孩子早恋后，不要惊慌，可以采用以下的一些方法来及时正确地引导孩子，具体如下：

1. 当孩子进入青春期后，及时进行性教育

　　父母在孩子进入青春期以后，一定不要忘了及时对孩子进行性知识的相关教育。让孩子能正确了解什么是性、恋爱、婚姻，先给孩子打好早恋的预防针。这些知识都是孩子在进入青春期以后，必须要及时了解的。

　　在王月上了初中以后，妈妈在平时和孩子聊天的时候，就经常和她聊一些自己年轻时候的故事。她告诉女儿自己像她这么大的时候，心里有了喜欢的人时的心情。因为妈妈的信任，王月也把自己的经历告诉妈妈。

　　妈妈就对她说这种事情是每个女孩子都会经历的，不用不好意思，这是每个人必经的一个成长过程。她还告诉了孩子一些相关的性知识，给孩子打好了预防针。

在性教育方面，父母的教导对孩子来说是最好的，也是最深刻的。所以在孩子进入青春期以后，一定不要忘了对孩子进行相应的性知识的教育。

2. 对孩子的早恋情况进行冷处理

当父母发现自己的孩子在早恋时不要惊慌失措，而要进行冷处理，如果采取强硬手段，则必会引发孩子更加剧烈的反抗。

一天，妈妈在收拾小玉房间的时候，看到了她的日记本，发现孩子正在早恋。星期天去书店买书时，母女俩正好看到了《少年维特之烦恼》，妈妈趁机说："女儿呀，你现在也到了要了解爱情的时候了，把这本书买回去给你看看吧。"

妈妈在以后的生活中，经常会有意地向孩子透露自己年少时的一些有关早恋的事，从中给孩子一些启发，让女儿明白，自己年纪还太小，学业才是自己最重要的事情。如果现在相爱了却没有能力来承担家庭，生活就会充满坎坷和烦恼，所以一定要理智地对待自己的情感。

父母对于孩子的感情，要多理解、体贴，给以热情、严肃的忠告，最好不要过于惊动孩子，冷处理就行了。

3. 鼓励孩子积极地投身到校园活动中去

平时学校里也会举办许多丰富多彩的校内活动，像郊游、联谊以及一些社会公益活动。对于这些事情都要积极地鼓励孩子去参加，让孩子能够把自己的精力投入到这些对身心有益的活动中去，也可以有效地转移孩子对情感的困扰情绪。

鼓励孩子多读一些文学名著，孩子在这个时候，阅读能力都有了很大的提高，正是多读书的好时节。文学名著可以让孩子了解到什么是人的情感，错误的情感会给人生带来怎样的伤害等。这也是教育孩子如何处理情感的教科书。

4. 鼓励孩子多与异性正常交往

父母平时要鼓励孩子多与异性交往，让孩子能在正常的交往中打消对异性的神秘感。青春期和异性的正常交往也可以让孩子能够了解到异性之间的情感交流是怎么回事。

如果孩子能够与异性进行正常的友谊来往，那么就算孩子在平时的学习生活中对某人产生了爱慕之心，也不会因为过于压抑而做出越轨的行为，而会把这份感情珍藏在心里。对于早恋，父母越隔绝越压抑，孩子的情绪也就越是难以平复。

5. 父母要多给孩子关爱

父母平时要多给孩子关爱，生活在家庭关系不好、父母亲情冷漠的家庭中的孩子，更容易在早恋中寻得安慰。这种温暖和爱慕非常让这类孩子着迷，并且会很快走入禁区，和异性发生关系，甚至可能发生怀孕的事情。所以父母一定要多给青春期孩子心理上的关爱，让他们感觉到自己不孤独、不缺少爱，以免孩子走入误区，影响到成长。

教 子 箴 言

早恋是孩子早年学习过程中的一个很大的障碍，但是每个孩子都会有自己的青春期。孩子在面对早恋的苦恼时，父母千万不要冲动行事，以免造成更大的伤害。

坏习惯 66　追星

说真的，我不喜欢"明星"这个词。因为有多少明星转瞬即逝，又有多少明星黯淡无光。如果只是疯狂地追星，而忘了自己的正事，就更是得不偿失了。

——法国运动员　普拉蒂尼

家教个案

刘美上初中了，对明星很崇拜。只要是自己喜欢的明星出新唱片了，她准会在第一时间去买，说这才是对他们最好的支持。她的零花钱也多是用来追星了。

前不久听说自己喜欢的明星要来她住的城市签唱，这可高兴坏了刘美，又正好是在星期天，她早晨五点钟就起床匆匆地走了。

爸爸妈妈还从没看到孩子这么早起过床。但刘美去的时候已经晚了，因为有人比她还要积极，半夜就去了。这样她就排在了后面，一个上午过去了，还没有轮到她。她又不愿意走，只好继续站着等。

妈妈看孩子一直没回来，就赶过去找他，结果看到刘美已经饿得眼冒金星了，原来孩子早饭就没吃，她赶忙给孩子买了一些吃的喝的来，陪着孩子又站了两个多小时，才终于拿到了名星的签名唱片。

◎ 教育感悟

现在孩子的追星现象比较热。一是由于媒体对娱乐明星的大力宣传和吹捧，让孩子对这些明星产生了强烈兴趣。打开电视，哪儿都是明星的身影，这也让孩子对明星热潮的冲击无处可逃。

而媒体对于一些在平凡岗位上工作的劳模、英雄人物的宣传力度，无论是从形势上还是从力度上都比不上娱乐明星，让孩子们只是很尊重这类英雄人物，却很难去疯狂地崇拜。有人说现在是一个娱乐的时代，而这类娱乐明星能很好地带给孩子娱乐，也让孩子们喜欢去追寻这种快乐。

很多孩子是在想做明星的愿望的刺激下而做出疯狂的追星行为的。现在的平民选秀活动也让孩子觉得自己离明星的梦更近了一步，所以很多孩子会去模仿一些明星的言谈、举止、唱腔。父母对于孩子的追星行为，不能完全禁止，只要孩子的言行没有超出自己的正常生活范围，对学习和生活没有带来太多干扰，父母也可以接受。

父母要给孩子正确的引导，虽然追星有一定的合理性，但是由于孩子的年龄还小，自控能力比较差，他们很容易会追星追到丧失了理智，变得疯狂、偏执，有的孩子还会因为没有看到自己的偶像而服毒自杀，所以父母要给予引导，让孩子能够健康"文明"理智地追星。

孩子追星本来无可厚非，可是当孩子发展到逃学、旷课、服毒等行为时，就激起所有父母的观注和重视了。

◎◉ 专家建议

孩子疯狂追星，父母也会很头疼，如何给孩子建立一个健康的追求明星的观念呢？父母可以采用下面的一些办法：

1. 引导孩子理智行事

孩子追星是现在大多数父母都会碰到的一个问题，只是孩子追星的程度各有不同而已。父母在孩子追星时，不能坚决地予以反对，因为这样反而会激起孩子的逆反心理。

萌萌现在非常喜欢张靓颖，只要是她的歌，萌萌都非常喜欢听。她把张靓颖几乎所有的歌都存在了自己的 MP3 里，一有时间就拿出来听。本来就是班上英语科代表的她，现在对英语的学习兴趣也更高了。

以前她还不太注意英语单词的发音，现在听到张靓颖的歌之后，觉得每一个音符都很美，因此，她也就特别注意自己的发音了，使英语口语水平有了很大的提高，受到了老师的表扬。妈妈觉得孩子的这种追星行为很好，每次还主动去帮孩子关注一下有关张靓颖的新闻和消息。

要学会尊重和理解孩子所喜欢的明星，挖掘出他们身上积极的健康的品质，让孩子去学习、模仿。父母还可以利用孩子对偶像的热情，鼓励孩子向好的方面去发展。孩子能够理智地去追星,对于父母而言,是一举两得的事情,既让孩子获得了快乐,也让孩子找到学习的榜样。

2. 不要简单地斥责打骂孩子

当父母看到自己的孩子盲目追星时,不能只是简单地斥责、打骂孩子,这样是熄灭不了他们心中的狂热激情的,反而会让他们心中的这把火越烧越旺。对于这类孩子可以适当地带他去看一下心理医生,看孩子是不是已经产生了严重的心理障碍。总之父母要用科学的方法来对孩子进行心理上的引导。

3. 适当地对孩子进行一些挫折教育

现在的孩子在父母的照顾下吃得好、穿得好,什么都不用愁,既没有得到很好的锻炼,又没有好的学习榜样,缺乏上进心。所以在看到明星时,就会向往和喜欢他们的生活,产生迷恋和疯狂的崇拜行为。

王华平时在家就是一个很听话的孩子,家里有什么事他都能够帮着爸爸妈妈来承担。父母也很赞赏孩子的这份责任心和孝心。现在班上的孩子都有自己喜欢的明星,王华也有,他喜欢刘德华,更喜欢他身上的勤奋精神。

王华也觉得自己的任何收获都是靠自己的努力付出才得到的。班上很多孩子追星追得很疯狂,为了签唱课都不上了,平时也是趁老师不注意就塞耳机听歌。他觉得这都是浪费青春和父母钱财的行为,他是绝对不会这么做的。

父母不能让孩子过于养尊处优,要让孩子能够多接触到生活中的挫折和艰辛,让他们体味到自己的生活要靠自己来创造。

4. 让孩子学习明星身上的闪光点

对于孩子迷恋明星的行为,父母首先要对孩子喜欢的明星做出相应的了解和认知,尊重孩子的决定和选择,然后,帮孩子找出明星身上的闪光点。作为公众人物,明星身上的闪光点很多,其实很多明星都是很勤奋地对待自己的工作的。

父母要让孩子明白,任何人的收获都是靠艰辛的付出才换来的,明星也一样。孩子要多学习他们对待工作的热情和努力,把这种精神也运用到自己的学习和生活中来。鼓励孩子学习他们身上好的精神品质，而不要去学他们的言行和动作。

5. 允许孩子有正常健康的追星行为

父母要认识到孩子追星也有它合理的一面，对于孩子的一些健康的正常的、不影响自己和他人的生活和学习的追星行为还是可以鼓励的。孩子可以有自己的偶像，可以去听他们的歌，也可以对这些人保持较高的热情，这也是一个人对自己喜欢的事物的一种正常的情感表露。父母千万不要去嘲笑孩子的这些行为。

教子箴言

孩子有了自己的偶像不是什么坏的事情，要提倡孩子去吸取偶像身上积极的精神来激励自己去努力，去进步。偶像的力量是很大的，父母在教育孩子时要利用好这种力量。

敬启：

由于没有联系方式，我们未能联系到本书封面图片的版权人，谨致深深的歉意。敬请图片版权人见到本书后，及时与罗女士（010-64965058）联系，以便我们按照国家有关规定支付稿酬并赠送样书。